PE. JÉSUS BENEDITO DOS SANTOS

PRESBÍTEROS SINODAIS

COMUNHÃO, PARTICIPAÇÃO E MISSÃO

EDITORA
SANTUÁRIO

Coordenação editorial: Ana Lúcia de Castro Leite
Revisão: Luana Galvão
Diagramação e capa: Bruno Olivoto

Dados Internacionais de Catalogação na Publicação (CIP) de acordo com ISBD

S237p Santos, Jésus Benedito dos

Presbíteros sinodais: comunhão, participação e missão / Jésus Benedito dos Santos. - Aparecida : Editora Santuário, 2022.
240 p. ; 16cm x 23cm.

Inclui índice e bibliografia.
ISBN: 978-65-5527-198-0

1. Religião. 2. Cristianismo. 3. Presbíteros. I. Título.

2022-1192 CDD 240
CDU 24

Elaborado por Odilio Hilario Moreira Junior - CRB-8/9949

Índice para catálogo sistemático:
1. Religião : Cristianismo 240
2. Religião : Cristianismo 24

1ª impressão

Rua Pe. Claro Monteiro, 342 – 12570-000 – Aparecida-SP
Tel.: 12 3104-2000 – Televendas: 0800 0 16 00 04
www.editorasantuario.com.br
vendas@editorasantuario.com.br

AGRADECIMENTOS

Sou grato a todas as pessoas que contribuíram para elaboração deste livro, especialmente aos irmãos presbíteros de nosso imenso Brasil; grato especialmente aos meus pais, Joaquim Ribeiro dos Santos e Maria da Conceição Aparecida Ribeiro, heróis na luta pela vida; grato aos meus irmãos (as), cunhados (as), sobrinhos (as); grato aos leigos (as) das paróquias por onde passei e aos amigos (as) de caminhada e de fé, de modo especial a M. Silva Santos. Agradeço à Editora Santuário que está publicando esta obra e a todos que estão proporcionando aos nossos presbíteros, aos leitores e às leitoras a oportunidade de aprofundar na questão da sinodalidade, a partir da Igreja comunhão, participação e missão.

EPÍGRAFE

Dizem que, na Ásia Meridional, os índios utilizam um recurso para capturar os macacos: amarram um coco cheio de arroz em uma árvore. O coco tem uma abertura suficiente para que o macaco enfie a mão vazia, mas não é tão grande que o permita tirar a mão cheia de arroz. Em uma explicação alegórica comportamental, o macaco acaba sendo capturado pela sua rigidez moral. Sua inflexibilidade não permite que ele analise se é melhor abrir mão do arroz e preservar a vida, ou ficar com a mão fechada segurando o arroz e ser capturado. Isso se dá uma vez que o macaco, na discussão interna, é inflexível, não abre mão de uma posição nem que isso lhe custe o que ele tem de mais precioso.

Moral da história: não precisamos ir longe para ver que isso acontece também com os seres humanos. Quantas vezes presenciamos discussões tão sem pé nem cabeça, com posições tão radicais e extremadas? E mais, se prestarmos uma atenção maior, nós nos vemos protagonizando esse papelão. Vale a pena escutar o outro, dialogar e ser flexível, colocando-nos no lugar do outro, facilitando com isso o entendimento ao invés da discórdia; vale a pena ser sinodal, abrindo-se para acolher novos pontos de vista e aprender com a sabedoria do outro, não ficando preso às próprias teorias e aos conhecimentos do passado, nem preso aos instintos egoístas de sobrevivência e poder.

SUMÁRIO

APRESENTAÇÃO

Nas mãos, temos mais um livro do Pe. Jésus Benedito. Há muito tempo, sua vida e obra têm sido dedicadas aos temas referentes à vida presbiteral, partindo sempre da experiência de vários anos de formador no seminário, na vida paroquial, na pastoral presbiteral, nos estudos e nas assessorias ao clero diocesano e religioso em várias partes do Brasil.

Hoje, quando o tema da sinodalidade ganha espaço e relevância, incentivado pelo Papa Francisco e pelos bispos, ecoando as inspirações do Concílio Vaticano II, refletir sobre "Presbíteros sinodais: comunhão, participação e missão" é fundamental. Por quê? Porque a história e a experiência eclesial, especialmente a partir das Igrejas Particulares, mostram como é importante o papel do clero (bispos, presbíteros e diáconos) na animação da vida do Povo de Deus. O estado de ânimo e a motivação de um clero influenciam muito a caminhada da Igreja. E como precisamos disso para uma caminhada sinodal! Não é à toa que um dos graves desafios à vivência da sinodalidade é justamente o clericalismo, presente não só no próprio clero, mas também enraizado na mente e nas atitudes de muitos cristãos leigos e leigas.

O livro chega em boa hora, e é agora, no *kairós* do presente em que vivemos, quando o Espírito Santo, alma da Igreja, inspira a vivência da comunhão e da missão, ajudando a discernir os sinais dos tempos à luz da Palavra de Deus, Jesus Cristo, o enviado do Pai. Trata-se, ao estilo peculiar do autor, de um livro provocativo, que permite pensar, acolher, divergir, elaborar sínteses e vislumbrar propostas a partir do exposto. Não poderia ser diferente, nem tudo é perfeito, o caminho se faz ao caminhar. O autor nos ajuda a enxergar o ministério ordenado sob a luz da sinodalidade. Faz-nos redescobrir a beleza e a importância da vocação de sermos instrumentos nas mãos de Deus para a comunhão, participação e missão da Igreja, construtores de pontes e não de muros. Lembra-nos de que precisamos fundamentar a vida e a missão não apenas em meras análises humanas e bem articulados planos pastorais, mas também em uma autêntica espiritualidade a partir do mistério do próprio Deus, Uno e Trino, ou seja, necessitamos de uma motivação teologal, de uma experiência de fé, sem a qual tudo perde o sentido.

Na origem da Igreja, os seguidores de Jesus, antes de receberem o nome de cristãos, em Antioquia (cf. At 11,26), eram conhecidos como "os do caminho" (At 9,2). Ali, desde o início, encontramos todos na Igreja caminhando juntos, sem exceção, partilhando as mesmas tristezas e alegrias, em um só coração e em uma só alma, trazendo muitos para o caminho, Jesus Cristo, não por imposição, mas por atração, pelo seu modo e por sua beleza de vida. Os fundamentos da sinodalidade, portanto, estão na origem da vida eclesial. Não se trata de modismos. Bem compreendida, a vivência sinodal faz parte da autêntica tradição da Igreja. Somos um só corpo, somos de Cristo! Somos, portanto, os do caminho, para caminharmos juntos, com Ele e entre nós, na comunhão, na participação e na missão, sempre juntos.

Com a alegria que brota do Evangelho, caminhemos juntos como presbíteros (este é o convite do livro!): na proximidade com Deus, entre nós, com nossos bispos e com o nosso povo, não obstante a cruz de cada dia! De acordo com cada situação, como lembra o Papa Francisco, às vezes, precisaremos saber ir à frente, atrás ou no meio do rebanho, mas sempre juntos, nunca sozinhos. Presbíteros sinodais, pastores com cheiro de ovelhas!

"Faz escuro, mas eu canto", dizia Thiago de Melo. Vivemos tempos desafiantes! Mas precisamos prosseguir no caminho! Dando por acabada esta, talvez desnecessária, apresentação, cujo objetivo não é outro senão o de motivar a leitura de "Presbíteros sinodais: comunhão, participação e missão", parafraseamos um trecho de um poema de Drummond: Não serei o presbítero...

"Não serei o poeta, de um mundo caduco.
Também não cantarei o mundo futuro.
Estou preso à vida e olho meus companheiros.
Estão taciturnos, mas nutrem grandes esperanças.
Entre eles, considero a enorme realidade.
O presente é tão grande, não nos afastemos.
Não nos afastemos muito, vamos de mãos dadas."

Boa leitura!

Pe Eduardo Rodrigues da Silva
Presbítero da Arquidiocese de Pouso Alegre, MG

INTRODUÇÃO

"Não é bom que o homem esteja só" (Gn 2,18). Essa frase, colocada na boca de Deus, sugere que a realização plena do homem acontece na relação e não na solidão. O homem não foi criado para viver sozinho, mas para viver em uma relação a partir do princípio do amor, reconhecendo no outro a "sua face". O texto bíblico continua mostrando que os outros seres criados e toda a natureza não responderá ao desejo de felicidade completa que o homem sente nem resolverá o problema da sua solidão. Neste mundo que Deus lhe confiou, ele não encontrou "uma auxiliar semelhante a ele" (Gn 2,20). Para que o homem se realize completamente, Deus vai intervir de novo criando a mulher. O interessante é notar que foi depois de um "sono profundo". Por que depois do "sono profundo"? Primeiro, porque criar é mistério de Deus, cabendo ao homem acolher a "outra face" com um grito de alegria, reconhecendo-a como a companhia que lhe faz falta, o seu complemento, o seu outro eu: "Esta é realmente osso dos meus ossos e carne da minha carne" (Gn 2,23). Reconhecer o outro como a "outra face" que lhe completa, tira-lhe a solidão e lhe faz feliz e, de outro lado, como diferente, sendo chamado à unidade e comunhão, formando "uma só carne", é o princípio da sinodalidade.

O caminho sinodal pode significar um desenvolvimento mais positivo e esperançoso no repertório católico romano dos últimos anos, potencializando a missão, a participação e a comunhão. Mesmo sabendo que a sinodalidade é um caminho difícil, de outro lado, é mais evangélico, sendo essencial para abrir espaço para o que há de paradoxal no catolicismo, para uma forma católica que permita incluir e santificar todas as questões complexas que têm surgido ao longo da caminhada histórica da Igreja nos séculos. Sabe-se que, em uma Igreja pouco sinodal, muitas descobertas, reivindicações e muitos desejos dos fiéis e dos ministros ordenados, postos em livros, revistas, sites, cartazes ou levados em forma de protestos ou reinvindicação nos encontros eclesiásticos, acabam sempre sendo abandonados, ignorados ou desqualificados, pois são tidos como revoltosos, descontentes ou fora do "caminho sólido" trilhado tradicionalmente. Às vezes, tem-se a impressão de que nada de novo pode ou deve ser colocado, havendo uma "guerra velada", "oculta", "disfarçada" no meio do povo de Deus em geral e, por que não dizer, entre os ministros ordenados.

Em uma Igreja sinodal, todas as visões de Igreja, Deus, mundo e ser humano, devem ser acolhidas e discernidas em um diálogo comunitário e fraterno, exigindo escuta, acolhida e abertura de coração para ouvir o que o Espírito diz às Igrejas. Uma Igreja sinodal se prima por escutar verdadeiramente a todos, garantindo sua participação no processo de decisão. Isso significa necessariamente um reequilíbrio de poder na Igreja – não apenas entre o clero e os leigos, ou entre os homens e as mulheres, mas também (por exemplo) entre o status e/ou poder do dinheiro e as contribuições dos que não têm voz, sendo a sinodalidade essencial para recuperar a legitimidade dos espaços eclesiais.

A consciência sinodal é a de que estamos no mesmo barco e enfrentamos as mesmas alegrias, tristezas, os mesmos anseios e desafios do nosso tempo. Como Povo de Deus, somos chamados a assumir as alegrias e as dores de nossos irmãos e nossas irmãs. Isso exige uma conversão eclesial nas formas de se relacionar com o poder, com o econômico, com as políticas internas da Igreja, com os ministérios ordenados e não ordenados, enfim, com tudo o que envolve a caminhada do Povo de Deus. A Igreja inteira é chamada à conversão em vista de viver a fidelidade à Trindade Santa. Tal via mestra tende a nos levar à renovação, sob a ação do Espírito Santo e da escuta da Palavra de Deus, vivendo mais intensamente a comunhão, a participação e a missão. Para "caminharmos juntos", é necessário que nos deixemos educar pelo Espírito para uma mentalidade verdadeiramente sinodal, entrando com coragem e liberdade de coração em um processo de conversão, sem o qual não será possível aquela "reforma perene da qual a Igreja, como instituição humana e terrena, necessita perpetuamente" (EG 26).

Sabe-se que a autocracia sempre foi tida como mais rápida e limpa que a democracia que exige discernimento, diálogo e abertura de coração. De outro lado, a prática sinodal, embora mais lenta e conflituosa, é o modo mais perfeito de viver a Igreja de Jesus. Percebe-se que, muitas vezes, ou, na maioria das vezes, a sinodalidade passou longe dos ministros ordenados, grupos, pastorais, movimentos, leigos e leigas, sendo uma prática estranha a todos.

Quando levantamos a bandeira da sinodalidade, muitos podem se opor a esse caminho por ver nele um cavalo de Troia para a mudança ou um caminho diverso daquilo que sempre imperou: a unidade da Igreja é mantida "fortalecendo a autoridade dos pastores". Na verdade, a sinodalidade visa promover mudanças necessárias para potencializar a comunhão, a participação e a missão da Igreja. Tal comunhão se dá não pelo fortalecimento da autoridade dos pastores, mas pela participação conjunta de todo o Povo de Deus.

Sem sombra de dúvida, sabemos que o caminho sinodal é o caminho da Igreja de Jesus, caminho que busca oferecer espaços para discutir abertamente questões complexas, sem uma ruptura da comunhão. Isso significa uma mudança copernicana de mentalidade e comportamento em relação ao passado que argumentava que a unidade da Igreja era mantida "fortalecendo a autoridade dos pastores". Na visão sinodal, manter a comunhão hoje "requer circularidade, reciprocidade, caminhar juntos". Esse novo modo de ver significa uma reconfiguração nas relações de poder e responsabilidade entre os fiéis e os ministros ordenados, enraizada na crença de que o Espírito Santo age por meio de todo o Povo de Deus. A sinodalidade significa vencer o medo e abrir as "portas" dentro de nós mesmos, confiando que o Espírito Santo nos guiará.

Quando olhamos para o sentido etimológico da expressão sinodal, vemos que o termo grego "sínodo" significa "caminhar juntos". A sinodalidade expressa a participação e a comunhão em vista da missão.

A unidade, a variedade e a universalidade do Povo de Deus se manifestam no caminho sinodal. Para o Papa Francisco, o conceito de sínodo é "fácil de exprimir em palavras, mas não de ser colocado em prática". Ser uma Igreja Sinodal nada mais é do que explicitar o que diz a *Lumen Gentium* (12): "A totalidade dos fiéis que receberam a unção do Espírito Santo não pode enganar-se na fé; e esta sua propriedade peculiar manifesta-se por meio do sentir sobrenatural da fé do povo todo, quando este, 'desde os Bispos até ao último dos leigos fiéis', manifesta consenso universal em matéria de fé e costumes". Assim, a sinodalidade nos leva a viver o reconhecimento da ação do Espírito Santo em cada irmão no seio da Igreja e no mundo. A abertura ao Espírito Santo leva-nos a viver a misericórdia para com todos, estando abertos ao diálogo, caminhando como irmãos e irmãs: "Vós todos sois irmãos" (Mt 23,8).

Hoje, mais do que nunca, faz-se necessário ter um ministro ordenado autêntico, bem como leigos e leigas que vistam a "camisa da Igreja nas pastorais e nos movimentos" e, acima de tudo, que sejam sinodais. A sinodalidade precisa tanto de estruturas adequadas, quanto de convicção por parte das pessoas. Ela nos leva a vencer o modelo tradicional de governo paroquial, centrado no sacerdócio monocrático ou de um leigo ou uma leiga autocráticos, isto é, apegados a suas ideias, não aceitando caminhar juntos. Podemos dizer que viver a sinodalidade é viver a essência de ser cristão ou que a verdadeira identidade cristã está na capacidade de viver a sinodalidade, não sendo verdadeira religião se não se traduzir em comportamentos sinodais.

Sabemos o desafio da empreitada de falar de um ministro ordenado sinodal. Ser um ministro ordenado sinodal é ter as marcas de Jesus, o Bom Pastor, levando a mensagem do seu Evangelho sem o radicalismo da direita ortodoxa nem da esquerda progressista. Sabe-se que a acentuação de uma ou de outra posição pode levar ao extremismo de um lado ou de outro. O extremismo não é evangélico, mas sim, a proximidade, o diálogo, a misericórdia, a fraternidade, a comunhão, em uma palavra, a sinodalidade. Alcançar a sinodalidade é o caminho da vida, o caminho da fraternidade universal. Todos, indistintamente, somos convidados a voltar "à fonte e recuperar o frescor original do Evangelho", marcado pela sinodalidade.

Neste livro iremos abordar algumas exigências e consequências do caminho sinodal da Igreja. Nas trilhas do Concílio Vaticano II, o caminho sinodal é o caminho de Jesus, dirigido ao Povo de Deus, e isso cria um sentido sobrenatural de fé e moral (o *sensus fidei fidelium*) entre todos os fiéis quando eles concordam "desde os bispos até os últimos fiéis leigos". O caminho sinodal exige dos cristãos uma abertura renovada, sendo um caminho do diálogo, do encontro, da inclusão e da comunhão. Em uma visão não sinodal, arriscar-se a abrir para a discussão sobre a guia do Espírito Santo seria contra a natureza da burocracia que acredita tudo depender de quem está no poder. Já, em uma visão de fé, esse é o caminho deixado por Jesus para seus discípulos, caminho apontado pelo Concílio Vaticano II, no qual se "investiga os sinais dos tempos e interpreta-os à luz do Evangelho" (GS, n. 4).

Este livro está dividido em cinco partes. Vamos trabalhar: na primeira parte: "Sinodalidade: Caminho para a Igreja do terceiro milênio"; na segunda parte: "Sinodalidade: caminho do Evangelho de Jesus"; na terceira parte: "Sinodalidade: comunhão, participação e missão"; na quarta parte: "Por uma espiritualidade sinodal"; e na quinta parte: "O presbítero sinodal: homem da comunhão, participação e missão". Boa jornada de leitura! Que o Espírito Santo seja seu guia e Maria, a intercessora. Amém!

PARTE I

SINODALIDADE: CAMINHO PARA A IGREJA DO TERCEIRO MILÊNIO

O que significa ser Igreja sinodal? Que passos precisamos dar para sermos uma Igreja sinodal? Quais são os espaços de diálogo e comunhão dentro da Igreja e como potencializá-los ainda mais? Onde precisa abrir espaço para o diálogo e que caminho seguir?

Sinodalidade significa caminhar juntos, caminhar na mesma direção. Isso é uma perspectiva teológica, pastoral e eclesiológica de estrutura que possibilita a participação de todos, não excluindo ninguém; é recuperar a essência da Igreja; é trazer para o hoje de nosso ministério o modo de Jesus, que disse: "Eu sou o caminho, a verdade e a vida" (Jo 14,6). Olhando para Jesus, e caminhando com ele, vamos adentrar na essência da Igreja, que é a sinodalidade. Ser sinodal é mergulhar de modo mais intenso na caminhada da Igreja. Na perspectiva sinodal, ninguém é expectador, mas interlocutor e participante. Caminhar juntos, viver a comunhão, a participação e a missão é a perspectiva. Sinodalidade é trilhar um caminho, uma perspectiva a seguir.

Para Cipollini (2021, p. 16): "A imagem do caminho ou da estrada, utilizada pelo papa em muitas ocasiões para se referir ao significado do sínodo e da sinodalidade, tem uma expressiva densidade teológica. É tomada da etimologia de 'sínodo', palavra grega, que designa 'caminhar juntos' ou 'juntos no caminho', e é muito adequada para indicar a processualidade que é conatural ao estilo sinodal. Mas, sobretudo, remete a Cristo, 'Caminho, verdade e vida (Jo 14,6), e ao nome dado aos cristãos em Antioquia: 'Os que eram do caminho' (At 9,2)". Tal caminho da sinodalidade promove a corresponsabilidade entre todos os batizados.

O caminho Sinodal, apontado pelo Concílio Vaticano II, vai na contramão da antiga indicação do Papa Pio X, que afirma: "Tão diferentes são essas categorias (pastor e rebanho), que apenas nos pastores permanece a necessária razão e autoridade para a promoção do fim da sociedade (a Igreja) e para dirigir todos os seus membros para este fim (...). O único dever da multidão é permitir-se ser conduzida e, como um dócil rebanho, seguir os pastores" (Encíclica Vehementer Nos, 1906, n. 8). A sinodalidade é o caminho apontado pelo Papa Francisco, que, profundamente fiel às diretrizes do Concílio Vaticano II, afirma: "A imensa maioria do povo de Deus é constituída de leigos. Ao seu serviço está uma minoria: os ministros ordenados" (EG 102). Para caminharmos juntos, a Igreja precisa de conversão à sinodalidade.

Caminho sinodal: caminho para a Igreja do futuro

A Igreja Católica viveu por muito tempo nas trilhas do entendimento de história única. O que isso quer dizer? Quer dizer que temos uma história vivida por uma grande maioria dos nossos cristãos como sendo a única verdadeira. Buscar a sinodalidade significa ouvir tanto as grandes narrativas da história da Igreja quanto as outras experiências vivenciadas por muitos batizados em diferentes realidades e diferente contexto da visão tradicional ou europeia, dando vez e voz a todos, reconhecendo os outros cenários de Igreja vividos por outros grupos. No caminho sinodal, a Igreja se livra de ser uma Igreja só de passado: "Vinde, Espírito Santo! Vós, que suscitais línguas novas e colocais nos lábios palavras de vida, livrai-nos de nos tornarmos uma Igreja de museu, bela, mas muda, com tanto passado e pouco futuro" (Discurso do Papa Francisco, 9 de outubro de 2021).

Olhando a palavra "sínodo", literalmente sabemos que ela é derivada de duas palavras gregas, syn, que significa "juntos", e hodos, que quer dizer "estrada", ou "caminho", ou "caminhar juntos". Assim, caminhar sinodalmente seria caminhar não pela visão de uma história única de Igreja, mas de uma visão mais abrangente em que caibam todos os cristãos.

Depois de Deus, o grande dom são os irmãos. Viver a irmandade é viver a sinodalidade, que nos permite sermos irmãos. No caminho sinodal, devemos estar abertos às surpresas para as quais, certamente, o Espírito Santo nos disporá ao longo do caminho: "O vento sopra onde quer, você ouve o barulho, mas não sabe de onde ele vem, nem para onde vai. Acontece a mesma coisa com quem nasce do Espírito" (Jo 3,8).

Ainda antes do Concílio Vaticano II, estava surgindo a ideia de uma estrutura que pudesse fornecer aos bispos os meios para assistir e ajudar o Papa em seu governo da Igreja universal. Assim, resgatou-se com o Concílio Vaticano II a sinodalidade da Igreja[1]. Tal desejo aparece muito claro em São João XXIII. Dessa forma, podemos dizer que, desde que São João XXIII, ao convocar a realização de um Concílio Ecumênico, ainda nos primeiros anos da segunda metade do século XX, falou em conversão para a Igreja, esse tema tornou-se uma constante nas discussões sobre eclesiologia.

Mesmo depois de ter passado longos anos, após o Concílio Vaticano II, sabe-se que parte da estrutura eclesial ainda toma a sinodalidade com certa desconfiança, mas não sem admitir a necessidade de a Igreja sempre se colocar no ponto de partida de sua vocação: ser presença de Cristo em um mundo com constantes mudanças. Sem um processo constante de conversão, fica difícil a sinodalidade, pois ela implica um processo de conversão, ao qual somos chamados a desaprender, aprender e reaprender. A sinodalidade é atravessada pela interpelação da realidade, podendo levar a surgir uma nova visão eclesiológica mais participativa, na qual o poder e o controle da verdade cedem lugar ao diálogo como instância colaborativa ou, noutras palavras, disposta a uma "conversão pastoral samaritana".

A sinodalidade não é uma questão restrita à organização ou ao funcionamento eclesial, mas pertence à própria natureza da Igreja, isto é, possui fundamentação teológica. O horizonte da sinodalidade é eclesiológico e espiritual, e não funcional. Para uma justa compreensão da sinodalidade, é importante retomar a eclesiologia do Concílio Vaticano II, que apresenta a Igreja como "mistério", sinal e instrumento de comunhão, participação e missão de todo o "Povo de Deus", no qual há diversidade de vocações e ministérios, mas "reina entre todos verdadeira igualdade quanto à dignidade e ação comum a todos os fiéis na edificação do Corpo de Cristo" (*Lumen Gentium 32*). Trata-se de uma Igreja servidora, ministerial, na qual a autoridade se exprime como serviço e o próprio Sucessor de Pedro se apresenta como "servo dos servos de Deus".

Jesus constituiu a Igreja, colocando no seu vértice o Colégio Apostólico, no qual o apóstolo Pedro é a rocha. Mas nesta Igreja, como em uma pirâmide invertida, o vértice encontra-se abaixo da base. Por isso observou o Papa Francisco que quem exerce a autoridade chama-se ministro, porque, segundo o significado original da palavra, são os menores no meio de todos. Nessa perspectiva, podemos dizer que a sinodalidade oferece o quadro interpretativo mais apropriado para compreender o próprio ministério hierárquico. Se compreendermos que, como diz São João Crisóstomo, "Igreja e Sínodo são sinônimos"[2], entenderemos também que dentro dela ninguém pode ser elevado acima dos outros. Pelo contrário, na Igreja, é necessário que alguém se abaixe pondo-se ao serviço dos irmãos ao longo do caminho.

Sínodo é uma palavra antiga na tradição da Igreja, indicando o caminho feito com o Povo de Deus. Desde os primeiros séculos, são designadas com a palavra "sínodo" as assembleias eclesiais convocadas em vários níveis para discernir, à luz da Palavra de Deus, questões doutrinais, litúrgicas, canônicas e pastorais. O termo sinodalidade indica o específico *modus vivendi et operandi* da Igreja Povo de Deus, que manifesta e realiza concretamente o seu ser comunhão no caminhar juntos, em reunir-se em assembleia e na participação ativa de todos os seus membros na missão evangelizadora[3].

Sinodalidade da Igreja significa ouvir as novas ideias e partilhar da evolução do mundo. O sínodo é o itinerário de renovação da Igreja, isto é, para que a Igreja possa avançar e descortinar novos caminhos com segurança. Eles confirmam os caminhos do passado e lançam novas luzes para o futuro. É caminho não de uma pessoa, nem de um grupo, mas de toda a Igreja que, em comunhão, olha para si, olha para toda a sua totalidade, olha para o mundo e se deixa ser iluminada no discernimento das novidades do Espírito Santo para cada tempo e região.

Trabalhar na perspectiva da sinodalidade faz parte da essência da Igreja, da essência do próprio evangelho. A sinodalidade implica buscar caminhar com Jesus, perspectiva teológica que deseja encontrar-se com a vontade de Deus. Juntos buscamos encontrar esses sinais de Deus no rosto dos seres humanos. Ela é como um farol que o navio mira para não ficar "encalhado nos arrecifes do mundo". Quando dizemos mundo, estamos dizendo: pastorais, movimentos, espiritualidades, líderes da Igreja e tudo mais que pode não deixar o "navio avançar". Já dizia Dom Helder Câmara: "Quando o teu pequeno barco começa a colocar raízes na imobilidade do cais, ele vai para o fundo!" Sabe-se que a Igreja não pode deixar de caminhar. E sínodo é um caminho, é o reconhecimento da vontade do Senhor no hoje da história; é deixar-nos iluminar pelo Espírito Santo; é perceber que fazemos parte dessa história da salvação; é deixar o ouvido se abrir para perceber Jesus, que caminha conosco na história. Podemos dizer que: o sínodo ajuda a não parar, a não encalhar na história nem em nenhuma espiritualidade ou nenhum líder que se tenha erguido ao longo da história. Caminhar juntos é um bem harmônico para todos. Assim, Igreja Sinodal é assembleia que caminha junto, ouvindo a voz de Deus; é a harmonia da Igreja; é o discernimento feito comunitariamente, ouvindo, dialogando, perdoando, estando aberto às verdades do outro; são todos, na mesma sinfonia, com os seus dons, construindo a harmonia, iluminados pelo Espírito Santo e vivendo uma fraternidade universal.

Quando olhamos para a natureza humana, vemos que existe uma diversidade muito grande, tanto na questão de idade, quanto nas visões de mundo, Deus e Igreja, algo que acaba influenciando na vivência da fé. Para uns faz-se necessária uma presença física e regular em todas as atividades religiosas, já para outros isso pode não significar muito; para uns faz-se necessária a observação minuciosa de leis, normas e ritos, já para outros isso pode não ter o mesmo significado; para uns todos têm de caminhar no mesmo ritmo, para outros podemos nos enriquecer com ritmos diferentes e plurais; uns caminham apegados ao passado, outros já estão muito à frente e outros caminham em um ritmo mais harmonioso, simples e leve. Aqui vale o que diz Paulo: "De fato, sendo livre em relação a todos, eu me fiz servo de todos, a fim de ganhar o maior número possível. Para os judeus eu me fiz judeu, a fim de ganhar os judeus. Para os que estão sujeito à Lei, ainda que eu não esteja sujeito à Lei, eu me fiz como se estivesse sujeito à Lei, a fim de ganhar aqueles que estão sujeitos à Lei. Para os que vivem sem a Lei, ainda que eu não viva sem a lei de Cristo, eu me fiz como se vivesse sem a Lei, a fim de ganhar os que vivem sem a Lei. Eu me fiz fraco com os fracos, a fim de ganhar os fracos. Tornei-me tudo para todos, a fim de salvar alguns a todo custo. E tudo isso eu faço por causa do evangelho, para me tornar participante dele" (1Cor 9,19-23). O modo sinodal de viver a fé não exclui ninguém. Paulo não exclui os que viviam sem a lei. Dessa forma, a sinodalidade não é uma fraqueza, mas sim um modo divino de viver a vida, não excluindo ninguém.

Caminhar juntos é sinal de maturidade, pois significa aceitar o diferente. O rosto da Igreja deve ser o rosto de Cristo, rosto sinodal. Devemos nos sentir parte da Igreja, não como expectadores ou destinatários, mas interlocutores, participantes. É triste ir a uma reunião em que cada um fica no seu mundo e, se fala, defende apenas seu ponto de vista. A sinodalidade exige abertura de coração para escutar o que o Espírito diz às Igrejas: "Quem tem ouvidos ouça o que o Espírito diz às igrejas" (Ap 2,7). Caminhar junto exige humildade e espírito fraterno: "Vós todos sois irmãos" (Mt 23,8). Ser sinodal é estar aberto à comunhão e à participação. A fé em Jesus leva a desconhecer as barreiras que impedem o encontro e a convivência fraterna entre os seres humanos (Mc 7,31-37).

A Igreja sinodal é humana com o rosto da Santíssima Trindade. Isso reafirma o nosso testemunho. Sinodalidade tem a perspectiva de que todos os batizados, na multiformidade de seus carismas, colocam seus dons a serviço da evangelização. A sinodalidade é a alegria de sermos irmãos e, como irmãos, sermos quem somos e permitir que o outro seja também quem se é, vivendo a identidade de sermos irmãos e irmãs, filhos de Deus: "Se Deus fosse mesmo o Pai de vocês, vocês me amariam, porque eu saí de Deus e estou aqui; não vim por mim mesmo, foi ele que me enviou" (Jo 8,42).

O Papa São Paulo VI, com a Carta Apostólica "Motu proprio Apostolica Sollicitudo", de 15 de Setembro de 1965, instituiu o Sínodo dos Bispos para toda a Igreja, fruto da experiência conciliar, determinando-lhe a estrutura e a competência institucional: "A solicitude apostólica, com a qual perscrutando atentamente os sinais dos tempos, buscando adaptar as vias e os métodos do sacro apostolado às crescentes necessidades de nossos dias e às diferentes condições das sociedades, induz-nos a reforçar com mais estreitos vínculos nossa união com os Bispos, 'que o Espírito Santo constituiu para governar a Igreja de Deus' (At 20,28)" (Introdução de Apostolica sollicitudo)[4]. O fundamento teológico do Sínodo dos Bispos foi oferecido pelo Papa São João Paulo II, que, no Discurso ao Conselho da Secretaria-Geral do Sínodo dos Bispos de 30 de abril de 1983, indicou o Sínodo dos Bispos como "uma expressão e um instrumento particularmente fecundo da colegialidade dos Bispos"[5].

A sinodalidade leva cada participante a avançar para além de uma visão particular da vida, alcançando o caminho para uma pastoral orgânica e a valorização de uma relação integral com o nosso meio de vida, em uma extensão que vai além das barreiras humanas. Essa forma de enxergar a realidade eclesial estabelece um perfil colaborativo entre todas as instâncias do corpo místico de Cristo: não apenas o bispo é tomado como simultaneamente "mestre e discípulo"; a sinodalidade também se explicita como forma eficaz de "escuta do Povo de Deus".

A sinodalidade, de alguma forma, alude à necessidade de "somarmos para chegarmos juntos aonde não podemos fazê-lo sozinhos", ou quando diz da necessidade de fortalecer uma cultura de diálogo, de escuta recíproca, de discernimento espiritual, consenso, comunhão para encontrar espaços e caminhos de decisão conjunta. A sinodalidade é, dessa forma, um retorno à autoridade das comunidades sinodais, respeitando a comunhão com todo o magistério no que diz respeito à fé e, ao mesmo tempo, fomentando a diversidade de manifestações inerentes à catolicidade[6].

Sabe-se que, em meio a toda a evolução da humanidade e toda a riqueza das culturas e religiões, não é possível uma resposta que contemple todas as possibilidades e todos os desafios, e quem tem um coração sinodal deve estar plenamente consciente disso. O caminho sinodal, portanto, não é encerrado com a decisão tomada em comum, a qual é feita e refeita em um processo contínuo de compartilhamento da vida e dos novos conhecimentos, valores e das novas descobertas da humanidade. Dizer que tudo já foi resolvido no passado, que o "vinho velho é melhor" é permitir que não haja sinodalidade para o presente ou desconsiderar a ação do Espírito Santo na vida dos seres humanos no hoje da História. Uma Igreja Sinodal não vive só de passado, nem só de novidades, mas faz discernimento da realidade e não tem medo de avançar para ser fiel a Deus no hoje da história. Onde existe sinodalidade, todos se sentem obrigados a avançar para formas mais alargadas, que não estejam simplesmente restritas às visões particularistas.

O ministro ordenado com espírito sinodal é aquele que busca estar em Deus. Quem está enxertado em Jesus procura responder à verdadeira pergunta: Como posso ser fiel a Deus hoje como Jesus foi fiel a Deus em seu tempo? Muitos ministros ordenados, ao tentarem modelar o seu estilo de ministério, perguntam a si próprios: "O que Jesus faria em meu lugar?" Mesmo sendo bem-intencionada, essa é uma pergunta errada, embora possa vir de alguém interessado na imitação autêntica de Jesus. Pensar assim é abrir o caminho para outra forma de fundamentalismo, ao querer copiar Jesus, ponto por ponto. Esse modo de pensar ignora a natureza historicamente condicionada de Jesus e dos textos bíblicos. A pergunta correta seria: Como posso ser fiel a Deus no meu ministério ordenado como Jesus foi no seu ministério? Como posso ter as marcas dos cravos e o lado aberto pela lança, como Jesus, o missionário do Pai? Como posso ser sinodal como Jesus foi sinodal em sua época?

Caminho sinodal: caminho da misericórdia

A sinodalidade é o caminho que proporciona luz para toda a humanidade na busca de uma vida digna e feliz. Esse caminho é feito de modo compartilhado, discernido e busca a unidade e a comunhão. A sinodalidade leva a viver o amor, e os frutos do amor são a misericórdia, o perdão e a inclusão. Quem vive a sinodalidade segue o caminho do evangelho de Jesus Cristo, caminho da vida em abundância para todos.

A misericórdia atende a todos os homens, tendo visibilidade exterior como "dar de comer a quem tem fome"; "dar de beber a quem tem sede"; "dar pousada a quem não tem teto"; "vestir os nus"; "visitar os doentes"; "visitar os presos"; "sepultar os mortos". Como o ser humano não é só corpo, mas também é espírito, há feridas que precisam ser curadas, a misericórdia aí tem sua visibilidade exterior por meio do "dar bom conselho; "ensinar os ignorantes"; "corrigir os que erram"; "consolar os tristes"; "perdoar as injúrias"; "suportar com paciência as fraquezas do próximo"; "rezar a Deus pelos vivos e pelos defuntos". Todos esses atos são de misericórdia, porque se prendem com o nosso prestar atenção e ser sensível à necessidade concreta que nos aparece, sendo gestos que brotam de um coração sinodal.

Podemos dizer que a misericórdia é a chave do Evangelho de Jesus e traduz a vocação da Igreja. Segundo Fernandes (2016, p. 22): "O termo misericórdia é, sem dúvida, um dos mais ricos em significados. É um termo, em português, derivado do Latim e significa coração dado aos miseráveis". Deus é comparado, no salmo (103,13), ao Pai: "Como um pai sente compaixão dos filhos, assim Javé sente compaixão daqueles que o temem". Jesus é a graça e a verdade encarnada que revela o amor misericordioso de Deus: "Pois a Lei foi dada por Moisés, mas a graça e a verdade vieram por meio de Jesus Cristo" (Jo 1,17).

No Antigo Testamento, a misericórdia de Deus aparece citada muitas vezes. Segundo Fernandes (2019, p. 26): "No Antigo Testamento, o vocábulo "hesed aparece duzentas e quarenta e cinco vezes". Vemos, então, que, no campo do religioso, a inflexibilidade normativa desvanece-se e ganham destaque a graça e a misericórdia divinas, sendo a fidelidade de Deus mais forte que a traição à aliança do povo. Para o Salmista (135) "eterna a misericórdia de Deus" e (103,8) "Javé é compassivo e clemente, lento para a cólera e repleto de amor". Para o profeta Isaías (63,7-9) Deus é perdão e misericórdia. Assim, a misericórdia é essa ação concreta do amor e do perdão de Deus.

Em Êxodo (34,5-7), Javé é misericordioso e cheio de graça, lento para a cólera e guarda solidariedade para milhares, tolerando a falta, a transgressão e o pecado. Vemos aí que a misericórdia divina se contrasta com o castigo: a misericórdia de Deus se estende a mil gerações, e o castigo que pode chegar à terceira e quarta geração apenas. A glória de Deus é a vida do homem, como afirma Ireneu de Lião (Contra os hereges, Livro IV, Paulus, São Paulo, 1995, 20, 7).

Segundo Kasper (2015, p. 58), misericórdia se liga à compaixão no Antigo Testamento. Agir com compaixão é agir com sentimentos, com o coração e com carinho ou ternura, que, de imediato, se traduzem em atos de compaixão por ocasião de uma situação trágica ou por perdão das ofensas. Assim, compaixão é aquela ternura que Deus manifesta diante da miséria humana e que o homem é convidado a repetir nas relações com o próximo. Essa compaixão é amor que perdoa e cura as feridas mais profundas do coração do homem. A expressão compaixão se liga ao amor de mãe, uma vez que compaixão destaca um envolvimento de caráter mais afetivo e emocional. Na antropologia semita, esse sentimento íntimo e profundo de amor e de compaixão está localizado nas vísceras, no seio materno e no útero (1Rs 3,26): "A mãe do menino vivo sentiu as entranhas se comoverem pelo filho e suplicou: 'Meu senhor, dê a ela o menino vivo. Não a mate'. A outra, porém, dizia: 'Nem para mim, nem para você. Dividam o menino pelo meio'". Dessa forma, ligando as duas expressões: misericórdia e compaixão, vemos que o arquétipo delas é o instinto materno. Este amor, fiel e invencível, graças à força misteriosa da maternidade, é expresso nos textos do Antigo Testamento como salvação dos perigos, especialmente dos inimigos, como perdão dos pecados em relação aos indivíduos e também a todo o povo de Israel e como prontidão em satisfazer a promessa e a esperança escatológica, não obstante a infidelidade humana, conforme lemos em Oseias (14,5): "Eu vou curar sua apostasia, vou amá-los de todo o coração, pois minha ira se apartou deles". Deus é semelhante a um pai ou a uma mãe que se compadecem dos seus filhos até o "mais íntimo das suas vísceras" (Francisco, 2015b, n. 6). O Papa João Paulo I diz-nos isso mesmo: "Somos objeto, da parte de Deus, de um amor que não se apaga. Sabemos que tem os olhos sempre abertos para nos ver, mesmo quando parece que é de noite. Ele é pai; mais ainda, é mãe. Não quer fazer-nos mal, só nos quer fazer bem, a todos. Os filhos, se por acaso estão doentes, possuem um título a mais para serem amados pela mãe"[7].

Para São João Paulo II (1980, n. 2): "A mentalidade contemporânea, talvez mais do que a do homem do passado, parece opor-se ao Deus de misericórdia e, além disso, tende a separar da vida e a tirar do coração humano a própria ideia da misericórdia. A palavra e o conceito de misericórdia parecem causar mal-estar ao homem, o qual, graças ao enorme desenvolvimento da ciência e da técnica, nunca antes verificado na história, tornou-se senhor da terra, subjugou-a e a dominou. Tal domínio sobre a terra, entendido por vezes unilateral e superficialmente, parece não deixar espaço para a misericórdia". E ainda: "Já no Antigo Testamento se ensina que, embora a justiça no homem seja autêntica virtude e em Deus signifique perfeição transcendente, o amor é 'maior' do que a justiça. O amor condiciona, por assim dizer, a justiça; e, em última análise, a justiça serve a caridade" (São João Paulo II, 1980, n. 4). Na parábola do filho Pródigo (Lc 15,11-32), vemos que o amor do Pai se transforma em misericórdia quando é preciso ir além da norma exata da justiça.

Na sinodalidade, estão a misericórdia e a compaixão. É significativo que palavras como "misericórdia" e "compaixão" tenham deixado de estar na moda; aos ouvidos de muitos soam sentimentalismo ou fraqueza. Em uma dimensão de fé, a misericórdia deve ser entendida como a própria justiça de Deus, como a sua santidade, pois a própria justiça de Deus é a sua misericórdia[8]. E ainda: em Deus a misericórdia vence a justiça como vemos no livro do profeta Oseias (11,8-9). Dessa forma, ela não deve se tornar estranha nem nos abandonar. Às vezes, temos a impressão de que a religião, que deveria ter "compaixão e misericórdia", lutando por mais vida digna para todo ser humano, cedeu lugar às ciências que privilegiam os mais abastados e discriminam e excluem os mais pobres e indefesos. A virada nessa questão se deu uma vez que o ser humano quer ser feliz nesta vida e merecer, se possível, a outra. Antes, parece que a outra vida era mais importante, por isso importava mais o perdão dos pecados, os sacramentos e a promessa da vida eterna, a misericórdia e a compaixão para com os mais pobres e indefesos. Hoje, na virada copernicana da modernidade ou pós-modernidade, importa encontrar um lugar aqui com dignidade, libertando-se da pobreza, da ignorância, da miséria, das injustiças, das doenças, das discriminações, dos traumas, das escravidões e tudo mais que impeça de ter vida boa tanto para si, quanto para as pessoas que mais se ama e para os outros, que não fazem parte do pequeno círculo de amizade ou parentesco e são deixados à margem ou ignorados.

Diante de tanta injustiça e desigualdade social, miséria humana, social e econômica, como podem os cristãos contribuir para uma sociedade com maior consciência social e mais misericordiosa? Que o modelo sinodal pode ajudar na construção de uma sociedade mais igualitária, justa, fraterna e inclusiva? Como a misericórdia cristã pode influenciar na vivência da justiça social da sociedade como um todo? Sabe-se que são necessários os olhos do amor e da misericórdia para nos apercebermos a tempo as novas situações, necessidades e os desafios sociais dos seres humanos de cada época. Além do mais, são com os olhos sinodais, olhos preocupados com a inclusão, a partilha, o reconhecimento do outro que será possível romper com as injustiças, os indiferentismos e as exclusões, construindo um mundo de irmãos e irmãs.

Quando buscamos a justiça de Deus, que é sua misericórdia, talvez é porque faltou justiça da parte dos seres humanos, ou falhamos em nossas atitudes ou porque não demos conta de solucionar as intempéries da vida como: pandemias, questões ecológicas, injustiças sociais, políticas econômicas discriminatórias, avanços técnico-científicos excludentes dos mais pobres e assim por diante. Dizer que Deus é "Pai das misericórdias" (2Cor 1,3; Ef 2,4) significa reconhecer nossa limitação humana e necessidade de ajuda em nossa jornada aqui na terra, mas ajuda não só uma vez, e sim, muitas ou milhares de vezes. O ser humano é limitado e, em seu limite, pode cometer muitas falhas, necessitando sempre de um Deus capaz de ser misericordioso nesses momentos ou nessas situações. Suplicar a ajuda de Deus é suplicar a sinodalidade de Deus com o ser humano. Se assim queremos e esperamos que Deus nos trate, isto é, trate-nos não como adversário ou inimigo, nem com desprezo ou castigo, da mesma forma deve ser o agir do ser humano com os seus semelhantes: "Mas, se vocês não perdoarem às pessoas, seu Pai também não perdoará as faltas de vocês" (Mt 6,15). E "Perdoai-nos nossas dívidas, assim como nós perdoamos aos que nos devem" (Mt 6,12). Desta forma, querer que Deus seja sinodal, ajude-nos, perdoe-nos, seja misericordioso conosco implica também agir de forma sinodal com o próximo. Sendo esta via de mão dupla, não é possível pedir a ajuda de Deus e depois não acolher sua palavra, que nos convida a agir como ele. Ademais, na palavra de Deus sempre vemos esse condicionamento.

A sinodalidade com Deus implica também viver uma relação de amizade para com ele: "Eu já não digo que vocês são servos, porque o servo não sabe o que o seu senhor faz; eu chamei vocês de amigos, porque fiz vocês conhecerem tudo o que ouvi de meu Pai" (Jo 15,15) e "Vocês são meus amigos, se fizerem o que estou mandando" (Jo 15,14). Essa mesma amizade que buscamos de Deus, tendo ele como amigo e parceiro, é a mesma que devemos viver com todos os seres humanos, não permitindo que ninguém fique excluído ou à margem do caminho.

Quem vive a sinodalidade tende a passar no mundo fazendo o bem. Quando olhamos para Jesus, o homem mais sinodal e que revelou a grandiosidade de ser sinodal, vemos que ele "passou fazendo o bem" e "curando todos" (At 10,38). Vemos aí que a cura está ligada à sinodalidade. Quem é sinodal carrega junto de si esse poder. Prostitutas, cobradores de impostos, crianças, jovens, ricos e pobres, todos se sentiram acolhidos em Jesus, sendo curados de suas feridas. Seguir seus passos significa passar fazendo o bem e curando as pessoas; nada mais é do que viver a misericórdia. Tal misericórdia é assim: o lugar e a carteira de identidade de todo cristão.

A sinodalidade vai além de todo preconceito, toda discriminação e todo espírito de autossuficiência. Quem age de forma sinodal age com misericórdia, sabendo que, em algum momento da vida, vai precisar dela. Deus usou de misericórdia para com Maria e José, os quais foram misericordiosos e acolheram Jesus como filho e lhe deram um lar e tudo mais que estava ao seu alcance. Maria reconheceu que, embora estivesse agindo com misericórdia para com Deus, Deus usou de misericórdia para com ela e todo o povo de Israel (Lc 1,48-54). A misericórdia nasce do coração sinodal. Podemos dizer que Maria corporifica o evangelho da sinodalidade: dizendo sim a Deus na anunciação; indo ao encontro do menino-Deus quando ele se perdeu no templo; patrocinando o primeiro milagre de seu filho nas bodas de Caná; estando aos pés da cruz na crucifixão de seu filho Jesus; tomando Jesus em seus braços após a sua morte; e estando junto com os discípulos no Pentecostes. Ela é a mãe que, com amor materno, cuida dos irmãos e das irmãs de seu Filho Jesus, que caminham entre perigos e angústias até chegarem à pátria eterna. Ela é a forma mais pura e bela da sinodalidade, experimentando a impotência de Deus em sua vida, sendo a mais pura manifestação da sinodalidade divina que tudo transforma e ilumina. Isso também vai dizer Zacarias a respeito do nascimento de João Batista (Lc 1,72-78).

A sinodalidade não deve se resumir à prática de alguns gestos de bondade, mas transformar a pessoa que age a ponto de ela ser misericórdia o tempo todo. Agir sinodalmente é reconhecer que o outro tem os mesmos direitos que temos, mesmo que o outro não os tenha. Quem tem coração sinodal consegue agir com misericórdia para com todos, sobretudo para com aqueles que mais precisam. Segundo Kasper (2015, p. 36): "A palavra latina misericórdia, no seu significado original, quer dizer ter o coração com os pobres, sentir afeto pelos pobres". Assim, agir sinodalmente denota atitude de quem transcende a si mesmo, transcende o egoísmo e o egocentrismo e não tem o coração centrado em si mesmo, mas centrado nos outros, em especial nos mais pobres e nos afligidos por qualquer tipo de miséria ou situação, sendo misericordioso com aqueles que mais precisam. Assim, a sinodalidade significa dar vez e voz ao outro, como também proporcionar os mesmos direitos e reconhecimentos para o outro. O outro não é visto como seu servo ou inferior, mas como irmão e digno da mesma atenção e dos mesmos cuidados, reconhecimentos e direitos.

Às vezes tendemos a pensar que agir sinodalmente é passar realizando alguns gestos de solidariedade. Na verdade, agir sinodalmente implica agir com misericórdia, sabendo que a experiência do sofrimento imerecido da outra pessoa nos afeta porque esse mesmo mal poderia acontecer a nós mesmos. Segundo Yves Congar (*in* Kasper 2015, p. 39), "A misericórdia é a manifestação da soberania divina". Dessa forma, ela transcende a justiça e é o cumprimento da justiça. Quando se fala em agir com misericórdia para com os pobres, parece limitar a misericórdia, uma vez que tal ação deve avançar para atender a todos que necessitam dela. Assim sendo, ela é uma atitude que perpassa todos os seres humanos, é a vivência do evangelho de Jesus, sendo o fruto mais perfeito da sinodalidade.

Caminho sinodal: caminho em favor dos mais frágeis

A falta de clareza do que é viver a sinodalidade com todos os seres humanos, sobretudo com os mais pobres, levou a humanidade a deixar à margem os mais frágeis. Como um modo profético de denunciar essa questão, surgiram muitas ordens mendicantes na história da Igreja, bem como asilos, creches e obras sociais. Sabe-se que os pobres são os mais necessitados da sinodalidade em suas misérias econômicas, mas todos, em alguma situação, precisam não só de gestos de sinodalidade, como também ser tratados de forma sinodal.

Na fé, todos somos necessitados da sinodalidade divina, uma vez que, diante dele, somos todos frágeis e passíveis de falhas. Segundo Kasper (2015, p. 39): “A partir do século IV, apareceram residências de enfermos e albergues de peregrinos ou asilos para os pobres e enfermos, bem como para algumas ordens dedicadas especificamente ao cuidado dos enfermos”. Reduzir a sinodalidade apenas em agir com misericórdia em favor dos mais pobres é empobrecer a sinodalidade, uma vez que ela é mais ampla e não somente uma filantropia social. Muitos podem pensar que praticar atos de solidariedade seja ser sinodal, quando, na verdade, pode apenas implicar gesto pontual de caridade, não levando à transformação da realidade. Na base da sinodalidade, está a capacidade de se colocar no lugar do outro, algo que a filantropia por si só não significa, e ainda lutar para que esse outro possa alcançar sua cidadania, ter reconhecimento, saindo da zona de exclusão, condenação e nulidade. Dessa forma, a sinodalidade não é sentimentalismo, mas atitude de quem é bom e humano e age com amor, buscando a defesa da vida e a promoção do outro. Muitas vezes se pratica a filantropia, mas não permite o outro alcançar o patamar de ser. Dessa forma, a filantropia é apenas um ato de bondade ou desencargo de consciência, mas não luta para devolver ao outro as oportunidades de ser que lhes foram negadas. Assim, podemos dizer que a sinodalidade avança para além da filantropia, sendo a atitude de quem é capaz de participar do sofrimento do outro, sendo um princípio ético de todo o agir humano.

Agir com sinodalidade em favor dos mais frágeis significa reconhecer que, muitas vezes, eles não tiveram as mesmas oportunidades que os outros que estão em situações mais favoráveis tiveram. Sabemos que não dá para colocar em pé de igualdade, em qualquer situação de disputa, alguém que teve mais oportunidades do que outro, como por exemplo: alguém que nasceu nos Estados Unidos, ou na Alemanha ou em qualquer outro país rico com alguém que nasceu nos países pobres da América Latina ou da África; do mesmo modo, não podemos colocar em pé de igualdade alguém que nasceu em uma família mais estável economicamente, com todas as oportunidades de lazer, educação, cuidado da saúde, com outro que nasceu em uma família sem os recursos econômicos e foi privado das oportunidades de lazer, educação, cuidados e tudo mais. A sinodalidade em favor dos mais frágeis significa reconhecer que temos uma dívida para com eles a qual não é paga colocando-os em pé de igualdade para qualquer disputa, mas buscando viver a "equidade". "Equidade" significa que o direito precisa ser proporcional a cada necessidade e situação do ser humano, que não podemos tratar como iguais os desiguais, mas fazer um julgamento justo[9]. Sabe-se que a aplicação da lei de que todos são iguais pode acarretar injustiças, como sempre ocorreu na história da humanidade, da qual a Igreja nunca ficou imune. Assim, somente uma sinodalidade em favor dos mais frágeis pode corrigir desigualdades, falta de oportunidades, discriminações e tudo mais que possa mantê-los na marginalidade da vida.

Agir sinodalmente em favor dos mais frágeis significa combinar justiça com bondade, agir de forma equitativa, isto é, não de acordo com a lei, mas corrigindo as falhas que possam ocorrer na justiça legal, que prevê as particularidades e diferenças não observadas pelo tratamento generalizado da lei. O princípio da equidade exige o reconhecimento das desigualdades existentes entre os indivíduos para assegurar o tratamento desigual aos desiguais na busca da igualdade. Jesus revela esse princípio de ação na parábola dos trabalhadores da vinha. Nela salta aos nossos olhos a combinação da justiça com a bondade no patrão. Combinar a justiça com a bondade não é algo muito simples. Nesta parábola (Mt 20,1-16), Jesus, falando sobre o Reino de Deus, mostra-nos como se deve conciliar justiça com bondade, o que significa ser sinodal em favor dos mais frágeis. Sem essa conciliação, é impossível viver a sinodalidade em favor dos mais frágeis. Jesus ilustra a reflexão por meio da história do patrão que contrata trabalhadores para sua vinha em quatro horários: de madrugada, às nove, ao meio-dia e às cinco da tarde. O patrão prometeu pagar o justo a cada um. No final da tarde, mandou pagar uma moeda de prata a todos, independentemente do horário que cada trabalhador ingressou no trabalho. Deus não é só justo, mas também bom. Justiça e bondade fazem parte de uma única virtude divina. Quem é justo precisa ser bom, e quem é bom precisa ser justo. Em Deus jamais haverá injustiça; jamais poderemos acusar Deus de ser injusto. O Deus, que é justo, é aquele que é bondoso para com todos. A bondade de Deus não tem limites. Deus é muito bom para com todos, sem jamais deixar de ser justo. O patrão foi justo com todos como também bondoso para com aqueles que tiveram menos oportunidades. A bondade do patrão leva-o a ver o lado dos empregados que, naquele dia, trabalharam menos tempo, não porque não quiseram, mas porque não tinham sido contratados por ninguém. Às vezes, deixamos de ser justos para sermos justiceiros e perdemos a bondade. Os justiceiros são sempre muito irritados, negativos e pouco sinodais; confundindo justiça com justiceiros, deixam de lado a bondade. Deus é muito bom para com todos, sem nunca deixar de ser justo. Na bondade e justiça, está a sinodalidade.

Agir sinodalmente é não se furtar ao sofrimento do outro. Estender o dedo, ver as mãos, estender a mão e tocar as chagas, esse é o chamamento do Senhor, que reconheceu os sofrimentos do seu tempo e tornou esse reconhecimento um ponto de partida para sua missão (Santos, 2021). Sabe-se que não é fácil abraçar a proposta da sinodalidade como "caminho de Deus", tendo a coragem moral e a força espiritual para levar avante essa empreitada. Quanto ao sofrimento, sabemos psicologicamente que sua possibilidade atemoriza o ser humano: "Então começou a ensinar-lhes que o Filho do homem devia sofrer muito, ser rejeitado pelos anciãos, pelos sumos sacerdotes e pelos escribas, ser morto e ressuscitar após três dias. Falou-lhes isso abertamente. Então Pedro o chamou à parte e começou a repreendê-lo" (Mc 8,31-32). O caminho apresentado por Jesus é de que enfrentar o sofrimento imerecido pode ser a única forma de derrotar o inimigo e mostrar quem somos de verdade e a grandeza de nossa fé (Mc 8,34-35). Mesmo que o sofrimento nos assuste, o que causou o sofrimento pode ter sido a falta de sinodalidade de alguns. Jesus, agindo sinodalmente, indica-nos que esse é o caminho a seguir.

A sinodalidade parte não da ética de Kant, para o qual só existe a ética racional e não cabe a sinodalidade, misericórdia, acolhida, amor e assim por diante, pois essas coisas derivam dos sentimentos[10]. Para Martin Buber, o "Ser humano é dialógico, que vive essencialmente em relação com os outros"[11]. É a partir dessa compreensão que se é possível falar de sinodalidade. Como diz Martin Buber, em seu livro "Eu e Tu", o outro deixa de ser objeto, muda-se a relação de "eu-isso", para "eu-tu". No "eu-tu", o outro é reconhecido como tal e a partir disso é possível haver diálogo, amor, acolhida, misericórdia, aprendizagem e enriquecimento mútuo, evitando muitas situações de sofrimento. Agir assim é agir sinodalmente.

Para Johann Christian Friedrich Hölderlin (1770-1843 – poeta lírico e romancista alemão): "O homem é um deus quando sonha e não passa de um mendigo quando pensa". Parafraseando tal poeta, podemos dizer que: "O homem é um Deus quando age sinodalmente e não passa de um demônio quando age de forma antissinodal". Agir de forma divina e não demoníaca é agir sinodalmente, sobretudo em favor dos mais frágeis. Nossa cultura leva-nos, muitas vezes, a pensar que o outro é inferior a nós, sendo quase que um "mendigo". Mas sabe-se que ninguém é mendigo diante de Deus, pois todos têm a posição divina, a posição de doação, por isso Jesus diz: "Quem acolhe vocês está acolhendo a mim. E quem me acolhe está acolhendo aquele que me enviou" (Mt 10,40); "Quem acolhe uma destas crianças por causa do meu nome é a mim que está acolhendo. E quem me acolhe não é a mim que está acolhendo, mas àquele que me enviou" (Mc 9,37). Agir de forma divina é acolher o outro, e acolher não significa somente ser solidário, mas dar vez e voz a esse outro. Reduzir a ação cristã somente a pequenos gestos de misericórdia é não viver a sinodalidade anunciada por Jesus. Talvez essa ideia possa ser ilustrada com uma pequena história do mendigo, citada por Leloup (2012, p. 39): "Um dia, uma mendiga encontrou um ancião e, como sempre fazia ao encontrar alguém, pediu-lhe alguma coisa. O velho sábio lhe respondeu: 'Não. Antes, você me dá algo!' A mendiga ficou meio perdida, porque durante toda a sua vida sempre tinha rogado ajuda aos outros. Eis que, de repente, alguém lhe pediu alguma coisa, como se ela tivesse algo a dar. Para essa mulher, isso foi o início de uma grande transformação. Ela descobriu que era capaz de generosidade, capaz de Dom e, nessa descoberta, viu-se restituída à sua humanidade". Dessa forma, dar voz e vez ao outro é restituir a humanidade do outro. Talvez aqui pudéssemos entender o que disse Jesus: "Porque a mesma medida que vocês usarem para os outros será usada para vocês" (Lc 6,38). Quando se sabe que o outro vai agir de forma sinodal, cria confiança no ser humano, não temendo o erro e a reprimenda, algo essencial para a criatividade, o novo, a mudança, o crescimento e a transformação. O não poder contar com a sinodalidade leva o ser humano a viver inibido e fechado em si mesmo.

Dessa forma, a sinodalidade é agir em favor dos mais frágeis, aproximando-se deles, sobretudo dos mais indefesos ou renegados, daqueles que ficaram à beira do caminho, trazendo-os para o centro da vida; é aproximar-se do próprio Deus, escondido em cada ser humano, tratando-os com respeito e reconhecimento. É essa sinodalidade em favor dos mais frágeis que, no julgamento final proposto por Jesus, nos garante o Reino de Deus (Mt 25,40). Assim, viver sinodalmente em favor dos mais frágeis é viver não de forma limitada, mas inclusiva, abrangente, em uma palavra, viver de forma divina. Para Jesus só poderemos viver na outra vida se formos capazes de agir sinodalmente nesta (Mt 25,34-36).

Viver a sinodalidade em favor dos mais frágeis é se comprometer a acolher o outro como ele é, sem julgamento e exclusão de ninguém. Se no passado, mesmo em nome da religião, discriminaram-se as minorias étnicas, culturais, políticas, religiosas e outras, a sinodalidade, em favor dos mais frágeis, leva-nos a sermos defensores da identidade, dignidade e cidadania de toda pessoa, acolhendo e favorecendo a todos com os mesmos direitos, sem discriminação de ninguém. Tal cidadania passa também por restituir a palavra aos mais indefesos: "E é a palavra que poderá abrir o caminho para a plena cidadania na sociedade, mediante o trabalho e a pertença plena à Igreja, com uma fé consciente (Discurso do Papa Francisco, 20 de junho de 2017).

Caminho sinodal: caminho da loucura do Evangelho

Podemos dizer que o caminho sinodal está posto como caminho da Igreja. Os caminhantes podem decorar um monte de ideias, mas continuar no mundo do egoísmo. Seguir o caminho sinodal é não importar nem com a própria vida, confiando que isso compete a Deus; a nós compete defender a vida para todos. Não importa que vida seja. Barrabás era "bandido", e Jesus deu a vida por ele, não se julgou melhor do que Barrabás, nem reclamou do Pai por ter sido colocado como pior do que Barrabás. Aí está a sinodalidade, caminho percorrido com humildade. A Igreja vive a morbidade, precisa de uma terapia, tirar os excessos. Jesus é a via de saída para as vias sem saída. Esse é o caminho sinodal: via de saída em momentos em que não há saída. Na sinodalidade se aceita perder para ganhar. Jesus soube perder, talvez para ganhar o coração de Barrabás e de tantos outros. Assim, na sinodalidade não nos julgamos melhor do que ninguém.

Quem vive de forma individualista e egoísta, certamente, vive atravessado por suas próprias verdades, objetivando o mundo e as experiências. Para esse ser humano o que existe são doutrinas, leis e normas e não o mundo a ser construído, o ser humano a ser acolhido e a vida a ser celebrada. Viver egoisticamente e fechado no próprio mundo é viver de forma medíocre e enganosa. É aí que surgem os extremismos e toda falta de tolerância, desunião e exclusão. Agir sinodalmente é colocar-se "face a face" com o outro e consigo mesmo, não se julgando melhor e merecedor de mais justiça e dignidade do que o outro, como fez Jesus com Barrabás: "Então o governador perguntou: 'Qual dos dois vocês querem que eu lhes solte?' Eles disseram: 'Barrabás!'" (Mt 27,21). E Jesus não fez sua própria defesa, julgando-se melhor do que ninguém, aceitando ser crucificado. É interessante notar que Pilatos pergunta duas vezes “quem quereis que eu solte”? É a troca do tudo que era Jesus pelo nada que era Barrabás. Aí está a medida da sinodalidade: dar tudo pelo nada que o outro é. Vemos aí a loucura da sinodalidade, a loucura de Deus, de um Deus sinodal. Podemos dizer que Jesus era tudo e a vida lhe havia dado a oportunidade de ele viver esse tudo, e Barrabás era nada e a vida tinha lhe roubado sua oportunidade de ser. O tudo que era Jesus concede a Barrabás a oportunidade de ter o que a vida lhe tinha negado; certamente, Barrabás teve uma nova oportunidade para ser quem não pode ser. Aí está a loucura da sinodalidade: dar a vida pelo outro, mesmo que o outro pareça não merecer.

Muitas vezes, os mártires sinodais são tachados de comunistas, ateus, relativistas e assim por diante. De certa forma, podemos dizer que a sinodalidade é temida pelos poderosos uma vez que ela dá a medida da liberdade tão proclamada como ideal do ser humano e, ao mesmo tempo, exige que se aja com misericórdia. Por ser sinodal, não por ser liberal, Jesus transgrediu as leis de seu tempo e curou em um dia de sábado (Lc 14,1-6). A expressão transgredir significa ultrapassar, ir além de um limite. Existem dois modos de transgredir: um é ultrapassar pura e simplesmente por revolta, espírito de desobediência, agredindo e gerando violência sobre o outro, a natureza ou a vida; o outro, é quando se visa gerar comunhão, derrubar muros, construir pontes, dando vida e cidadania ao outro, sendo sinal de sinodalidade. Jesus compreendeu a cura, a liberdade, a cidadania a partir da sinodalidade e não inversamente. Para Jesus nada deveria ser obstáculo à sinodalidade, nem mesmo sua troca por Barrabás. Podemos dizer que Barrabás foi solto graças à sinodalidade de Jesus que aceitou livremente ser condenado injustamente em seu lugar (Mc 15,6-15). Segundo os relatos dos evangelistas, um prisioneiro notório estava em custódia no corredor da morte. Seu nome era Barrabás, e ninguém o amava. Ele era um homem violento, uma ameaça pública e bastante vil. Como os líderes judeus tinham toda sua fúria voltada contra Jesus naquele dia, não se importavam com quem seria libertado. Nós lemos, nessa passagem bíblica, que eles persuadiram a multidão a buscar misericórdia para Barrabás em vez de Jesus. Sabe-se que Pilatos protestou: "Que mal fez ele?" (Mc 15,14). Quando Jesus morreu no lugar de Barrabás, isso significou a permissão de Barrabás para viver. Em relação a Barrabás, a morte de Jesus foi substitutiva, um no lugar do outro. E para os eleitos Deus enviou Jesus, seu Filho unigênito, para morrer no lugar deles, mesmo que eles merecessem morrer tanto quanto outros pecadores. Ao morrer no lugar de Barrabás, Jesus libertou para sempre seu povo escolhido da punição de seus pecados, porque Jesus morreu para salvar e libertar a humanidade de toda injustiça (1Pd 3,18). A morte de Jesus naquele dia efetivamente libertou milhões e milhões de pecadores, pessoas moralmente semelhantes a Barrabás – rebeldes, culpados e detestáveis à vista de Deus. Deus os amou tanto que entregou seu Filho unigênito para a cruz, com todo seu sofrimento, toda a sua dor, todo o seu horror e sua morte, para que aquele que crê em Cristo não pereça, mas tenha a vida eterna. Podemos dizer que Jesus morreu por todos, sem exceção; o justo pelos injustos. O Barrabás da bíblia pode ser todos nós resgatados da destruição por Jesus, nosso Salvador. Acreditar nisso é despertar de um sono de inumanidade para uma nova visão de Deus que é infinitamente sinodal. Se entendemos que Deus morreu no lugar de Barrabás, compreendemos que não há nada mais humano e, ao mesmo tempo, divino do que viver a sinodalidade

Os apóstolos compreenderam a mensagem de Jesus sobre essa loucura da sinodalidade. São Tiago (2,2-9) vai dizer: "Meus irmãos, a fé que vocês têm no nosso Senhor Jesus Cristo glorificado não admite favoritismos. Suponhamos que entre na sinagoga de vocês alguém com anéis de ouro e roupas elegantes, e entre também um pobre todo esfarrapado. Então vocês dão atenção a quem está com roupas elegantes e lhe dizem: 'Sente-se aí no chão, abaixo do estrado de meus pés', nesse caso não estariam vocês fazendo diferença entre vocês mesmos e julgando com critérios perversos? Escutem, meus queridos irmãos, não foi Deus quem escolheu os pobres de bens neste mundo para que fossem ricos na fé e herdeiros do Reino que prometeu aos que o amam? (...). Mas, se fizerem discriminação entre as pessoas, estarão cometendo pecado e serão condenados pela Lei como transgressores". No entendimento de São Tiago, Jesus não fez qualquer acepção de pessoas, mas a todos acolheu e amou-os igualmente, mesmo os mais pobres, os últimos, os marginalizados, os pecadores, os doentes. Quem segue Jesus Cristo com coerência é convidado a assumir essa mesma loucura sua. Essa loucura leva a agir sem discriminar ninguém. Vemos aí que a fé cristã se concretiza no amor ao próximo, sem qualquer tipo de discriminação ou de acepção de pessoas. Jesus nunca discriminou nem marginalizou ninguém, mas sim sentou-se à mesa com os desclassificados, acolheu os doentes, estendeu a mão aos leprosos, chamou um publicano para fazer parte do seu grupo, teve gestos de bondade e de misericórdia para com os pecadores, disse que os pobres eram os filhos queridos de Deus, amou aqueles que a sociedade religiosa do Templo considerava amaldiçoados e condenados... Por isso podemos dizer que ele foi a pessoa mais sinodal que já passou aqui na terra. A comunidade cristã é hoje, no meio do mundo, o rosto de Jesus sinodal, por isso não faz sentido qualquer acepção de pessoas na comunidade cristã. Naturalmente, isso é uma evidência que ninguém contesta... Mas, na prática, todos são acolhidos na nossa comunidade cristã com respeito e amor?

A própria salvação, trazida por Jesus, é sinodal, isto é, para todos, não discriminando ninguém. Todos são chamados à salvação. Viver a sinodalidade é abrir a janela para a comunhão. Às vezes, nós nos instalamos em nosso comodismo ou isolamento. A sinodalidade é uma forma de todos se sentirem responsáveis e não somente expectadores, saindo do isolamento, indiferentismo e comodismo.

Deus, que não se julgou melhor do que ninguém, nem mais digno de ser livrado da condenação do que Barrabás, na cruz, em sua sinodalidade, não condenou seus algozes nem os malfeitores que foram crucificados ao seu lado. Podemos dizer que as mesmas mãos que pregaram Jesus na cruz foram abraçadas e curadas pelas mãos transpassadas do ressuscitado: "ele curou nossas feridas" (Is 53,4-5). Assim, o caminho da sinodalidade é o da loucura do Evangelho de Jesus, caminho que leva a curar as feridas, perdoar os pecados e acolher o outro, dando a ele oportunidades para que seja o que não foi, seja de fato quem deveria ser, isto é, filho de Deus. Nessa troca pelo tudo que era Jesus, Barrabás recobrou a oportunidade de ser e refazer sua história de um outro jeito. Aí está a loucura da sinodalidade: acreditar no outro e dar a vida por ele.

Podemos dizer que quem tem um espírito sinodal consegue ver além dos fatos e da realidade, consegue mais resultados positivos, consegue possibilitar um futuro bom e melhor para todos. É no agir sinodalmente que o ser humano encontra-se consigo e se vê todo chagado e machucado, necessitado de sinodalidade. Na soltura de Barrabás, cumpriu-se uma das metas messiânicas (Is 42,7; 61,1): pôr em liberdade os cativos (Lc 4,18). Assim, a prisão e condenação de Jesus serviram para pôr em liberdade Barrabás, embora Jesus tivesse dito: "Entre logo em acordo com seu adversário, enquanto você está a caminho com ele. Senão, ele entregará você ao juiz, o juiz o entregará ao guarda, e você será jogado na cadeia. Eu lhe garanto: daí não sairá, enquanto não pagar até o último centavo" (Mt 5,25-26). Vemos aí que Jesus deu uma orientação, mas ele mesmo não aplicou a si essa orientação, uma vez que não propôs a Pilatos ou a quem o entregava ao tribunal nenhum acordo, aceitando somente cumprir a profecia de libertar os presos. Vemos no comportamento de Jesus a loucura do espírito sinodal, que não busca proteger a si mesmo e deixar o outro na pior, mas sim, defender a vida para todos. Certas horas, o espírito sinodal leva a saber perder uma causa para ganhar um irmão, saber perder uma disputa para poder ganhar a vida eterna. Por isso que dizemos que viver a sinodalidade é viver a loucura do evangelho de Jesus, vendo além, vendo mais longe.

Agir sinodalmente é ter um pouco da loucura de Deus na vida, permitindo que o outro seja conduzido à própria individualização, à própria identidade. A pessoa que age sinodalmente não leva uma identidade exterior, mas interior. Diz de Jesus, o Servo sofredor do Pai: "Na verdade, são nossas doenças que ele carregou, são nossas dores que ele levou em suas costas. E nós achávamos que ele era um homem castigado, um homem ferido por Deus e humilhado" (Is 53,4). A sinodalidade humana pode, às vezes, libertar uma pessoa do seu infortúnio presente, mas só Deus, em sua infinita sinodalidade, pode libertar o ser humano de todo infortuno presente e passado. Deus, no Antigo Testamento, parece mudar muito, mas uma coisa não muda: a questão da misericórdia e sinodalidade "Eterna é a sua misericórdia" (Sl 117). O profeta Elias, quando houve fome e escassez de alimento em Israel, foi enviado não às viúvas que passavam necessidade em Israel, mas a uma mulher pagã do território de Sidon (1Rs 17,9). Algo parecido aconteceu com o profeta Eliseu, que não curou nenhum leproso de Israel, mas o ministro do Rei da Síria Naamã (2Rs 5,1-19). Vemos aí um Deus misericordioso e sinodal que quer o bem de todos, seja qual for a religião que possua, sendo ponto de encontro, de comunhão e não de exclusão.

A sinodalidade, em síntese, parece contradizer a justiça, sobretudo a justiça comutativa, que exige represália. Segundo Kasper (2015, p. 129): "Ao pai da escolástica medieval, Santo Anselmo de Cantuária, inquietava a questão de saber como pode Deus ser ao mesmo tempo misericordioso e justo, pois, segundo ele, a justiça exigiria que Deus recompensasse os bons e castigasse os maus. Como pode então perdoar, movido pela misericórdia, aos pecadores? A resposta de Anselmo reza assim: na sua misericórdia, Deus não responde às nossas obras, mas unicamente a si mesmo e à sua bondade. A justiça de Deus não tem relação com as nossas obras, mas com o próprio ser de Deus e a sua bondade". Em Jó (40,8), lemos: "Você se atreve a anular minha justiça e condenar-me, para justificar a si mesmo?" Nosso discurso, negando a misericórdia de Deus, pode merecer a reprimenda de Deus: "Vocês não falaram corretamente de mim" (Jó 42,8). A sabedoria de Deus revela-se demasiado grande para encaixar-se em qualquer esquema humano. Muitas vezes, como Jó (42,3-6), podemos dizer: "Por isso, eu falei de coisas que não entendia e de maravilhas que estão além da minha compreensão (...). Eu te conhecia só de ouvido. Mas agora meus olhos te veem. Por isso eu tenho horror de mim e me arrependo sobre o pó e a cinza". Na verdade, só pode haver misericórdia em relação àquilo que, na realidade, é imperdoável ou fere a dignidade do outro. Sabe-se que Deus se revela como justo e misericordioso (Sl 116,5): "Javé é clemente e justo, nosso Deus é compassivo". Essa é a loucura de Deus: ser justo e infinitamente misericordioso, agindo de forma sinodal em favor de seus filhos mais frágeis e pecadores.

Sabe-se que o ser humano tem falhas e erra muito. Falar de misericórdia para com esse ser humano é demonstrar, com esse discurso e essa atitude, que, no núcleo do ser humano, a misericórdia é a resposta mais sinodal que se possa dar sobre a situação e natureza dele. No Evangelho temos a lei de ouro: "Portanto, façam às pessoas o mesmo que vocês desejam que elas façam a vocês. Esta é, de fato, a Lei e os profetas" (Mt 7,12). Longe de abolir a regra de ouro de dar ao outro o mesmo que esperamos que nos venha dar a nós, a verdade é que não devemos ser misericordiosos para depois recebermos misericórdia. Contudo todo ser humano um dia, cedo ou tarde, irá precisar que alguém use de misericórdia para com ele: ou na doença, no infortúnio, na velhice, nas relações sociais, na fé, no fim de sua vida, ou após sua morte, no julgamento final. Devemos considerar em detalhe a forma como Jesus assumiu a regra de ouro. Para Ele está estreitamente ligada ao Sermão da Montanha e, por conseguinte, ao mandamento do amor, que também inclui o mandamento de amar os inimigos. Esse contexto global é o que fundamenta a interpretação da regra de ouro. Só com essa interpretação e fundamentação é que ela pode ser entendida como súmula e cumprimento de toda a lei. Dessa forma, ninguém estará livre de, um dia, ou dado momento, necessitar da misericórdia. Assim, o clamor pela misericórdia, onipresente nas religiões e no mundo secular, constitui uma realidade humana universal. É a loucura da misericórdia que permite ao ser humano continuar existindo e sendo. Assim, a loucura da misericórdia se inscreve na natureza humana como se inscreve na natureza de Deus, que é justo e misericordioso. Ser misericordioso é viver a loucura evangélica da sinodalidade, carregando sobre si as faltas do outro: "Assim se cumpriu o que fora anunciado pelo profeta Isaías: 'Ele assumiu nossas fraquezas e carregou nossas doenças" (Mt 8,17).

O Deus, apresentado por Jesus, é mais sinodal que se possa existir em todas as religiões, sobretudo, nas reveladas. Em Jesus, todos somos irmãos, e ninguém vai para o céu passando por cima dos outros. Ademais, Deus se coloca no lugar de todos e, como diz São Tiago (3,17-18): "A sabedoria, que vem do alto, é, antes de tudo, pura, pacífica, humilde, compreensiva, cheia de misericórdia e sem hipocrisia. Na verdade, um fruto de justiça é semeado na paz para aqueles que trabalham pela paz". Assim, o caminho da loucura sinodal é o do evangelho de Jesus. Tal caminho implica ser capaz de ver o lado do outro, tendo misericórdia e respeito pelo direito e pela liberdade desse outro, mesmo que ele não os tenha. Comportar-se assim significa comportar-se loucamente de acordo com o Evangelho e a vida de Jesus.

O caminho sinodal: caminho de Deus

No relacionamento com o outro, quem é sinodal consegue ser misericordioso. Podemos dizer que a misericórdia é filha da sinodalidade, pois quem é sinodal, naturalmente, é misericordioso. Na sinodalidade há um processo contínuo de desaprender, aprender e reaprender um processo contínuo de conversão.

O relacionamento com Deus se dá em um processo sinodal. Nesse processo há uma contínua construção e desconstrução do entendimento teológico da Palavra de Deus. Sabemos que a teologia tem vagado por décadas, em busca de um leme ou um paradigma que ofereça uma metateoria que seja forte e coerente o bastante para precisar, organizar, integrar e orientar o comportamento religioso, e tem se deparado, em suas pesquisas, com uma disparidade de subdisciplinas e modelos teóricos de orientações e comportamentos, revelando psicologicamente as variadas experiências positivas, em algumas épocas, para algumas pessoas e, ao mesmo tempo, infrutíferas ou negativas, em outras épocas, para outras pessoas.

Quem é sinodal consegue agir com misericórdia. O comportamento elevado de misericórdia, que vemos elogiado na Palavra de Deus e levado ao ponto máximo em Jesus, é compreendido como a identidade de Deus: "Pai das misericórdias" (2Cor 1,3; Ef 2,4). No entanto, na vida pública de Jesus, foram suas obras de misericórdia que mais geraram oposição e o levaram à sua condenação. Segundo o Apóstolo Pedro (1Pd 1,3-4), é a misericórdia de Deus que nos faz renascer de novo. No livro de Eclesiástico (44, 1-10), é feito um elogio aos homens ilustres, nossos antepassados ao longo das gerações. Esses são homens de misericórdia; seus gestos de bondade não serão esquecidos. A sinodalidade é o caminho da vida misericordiosa e, parece que precisamos dela todos os dias. Sendo algo do viver humano, ela não pode ficar delegada somente para Deus nem para a hora do julgamento final, pois: "O julgamento será sem misericórdia para quem tiver agido sem misericórdia. A misericórdia triunfa sobre o julgamento" (Tg 2,13).

Na sinodalidade existe desapego. Quando somos apegados a qualquer coisa: bens, poder, lugar, ideia, costumes, valores ou qualquer outra coisa, podemos ficar impedidos de viver a sinodalidade. Talvez seja por isso que Jesus disse: "Não levem nada pelo caminho: nem dinheiro, nem tenham duas túnicas" (Lc 9,3). Como também: "Quando levarem vocês para as sinagogas, diante dos chefes e das autoridades, não se preocupem com o que dirão" (Lc 12,12). O desapego deve estar até na questão do ódio, rancor ou bens: "Mas eu digo a vocês, que estão me escutando: amem seus inimigos, façam o bem a quem odeia vocês. Falem bem de quem fala mal de vocês. Rezem por aqueles que os caluniam. Quando alguém lhe bater na face, ofereça também a outra. Se alguém tirar de vocês o manto, deixe que leve também a túnica. Dê a todo aquele que lhe pedir e, se alguém pegar o que é seu, não peça de volta. Tratem as pessoas como vocês gostariam que elas tratassem vocês" (Lc 6,27-31).

Quanto ao apego, para Lee Kirkpatrick, pesquisador que mais tem desenvolvido pesquisas nesse campo teórico, "ele é um importante constructo para compreendermos a experiência religiosa, uma vez que o relacionamento pessoal com Deus está no centro das religiões monoteístas, especialmente as cristãs, embora, mesmo fora das religiões cristãs, os fiéis desenvolvam uma relação pessoal com seus deuses ou outras entidades; este relacionamento provê uma forma de amor semelhante àquela que o sujeito desenvolveu em sua infância com sua figura de apego" (*in Melissa M. Grief Kelley,* Contemporary Theory and the Practice of Ministry, Minneapolis: Fortress Press, 2010, p. 60). Parece que nos apegamos a Deus, não por amor, mas por medo ou busca de segurança. Seria essa a maneira de esperar a sinodalidade de Deus ou deveríamos buscar o amor de Deus, não por medo ou insegurança, mas a partir da maturidade e confiança nele? Na fé cristã, Deus é compreendido como um pai/mãe protetor/a e cuidador/a, que está sempre ao alcance e sempre disponível para seus filhos quando estes estão necessitados. Da mesma forma, no Antigo Testamento, Deus espera ser encontrado, não somente em nosso desespero, mas na igualdade e amizade como fez Abraão, que não temeu discordar do modo de Deus agir com relação a Sodoma e Gomorra (Gn 18,17-33), ou Moisés no monte Horeb (Ex 3), que colocou seus questionamentos quanto à missão que Deus lhe confiava, ou como no diálogo do profeta Isaías (6,1-13) sobre quem iria ser enviado, ou como o profeta Jeremias, que se achou criança para assumir a missão (Jr 1,4-10) e assim por diante.

Parece que na fé, muitas vezes, tropeçamos em nós mesmos, pois somos feridos em nossa busca de Deus, ficando em dúvida se somos aceitos como somos, ou precisamos negar a nós mesmos ou fingir para poder ser seu amigo... Jesus revelou um Deus pai/mãe, que, muito além de cuidar de nós, nos aceita como amigos e nos ouve, não só para conceder o que pedimos, mas para também caminhar conosco, acolhendo-nos em nossas falhas, nossos diálogos, questionamentos, sonhos e projetos. O profeta Jeremias (14,18), em seus questionamentos, apontou esse caminho mostrado por Jesus: "Se saio para o campo, aí estão os transpassados pela espada. Se entro na cidade, aí está o horror da fome. Tanto o profeta como o sacerdote percorrem a terra e não sabem o que fazer". E ele perguntou: "Quem estava no conselho de Javé? Quem viu e ouviu sua palavra? Quem ouviu sua palavra e obedeceu?" (Jr 23,18). E o profeta arrematou: "Tu és muito justo, Senhor, para que eu entre em disputa contigo. No entanto, eu gostaria de fazer-te uma pergunta em questão de direito: Por que o caminho dos ímpios prospera e os traidores vivem todos em paz?" (Jr 12,1). Vemos aí que o profeta Jeremias enfrentou Deus e fez seus questionamentos. Agir dessa forma é acreditar que Deus está disposto ao diálogo, agindo, não de forma autoritária, mas sinodal.

No caminho da fé devemos ter muito cuidado ao apresentar o caminho de Deus. Somente o caminho de amor a Deus e ao próximo é que nos leva a Deus. O Deus sinodal parece não aceitar que passemos por cima do outro para chegar até ele. Não adianta dizer: "'Senhor, Senhor, não foi em teu nome que profetizamos? Não foi em teu nome que expulsamos demônios? E não foi em teu nome que fizemos muitos milagres?' Então eu vou declarar a eles: jamais conheci vocês. Afastem-se de mim, malfeitores!'" (Mt 7,22-23). Do mesmo modo que

Deus é sinodal, quem caminha com ele é chamado a ser sinodal, caso contrário não será reconhecido por Ele.

Para Jesus: "Quem der ainda que seja apenas um copo de água fria a um desses pequeninos, por ser meu discípulo, eu garanto a vocês: não perderá a sua recompensa" (Mt 10,42). Vemos aí que o caminho da sinodalidade leva a viver a caridade. Se a verdade não for acompanhada da caridade, ela será vazia e ficará sem sentido, não trazendo a salvação (Mt 25,31-46). A falta da caridade é contrária à proposta de Jesus: "Ele, que tinha amado os seus que estavam no mundo, amou-os até o fim" (Jo 13,1). Dessa forma, podemos dizer que o caminho de Deus é o caminho da sinodalidade. Assim, trilhar o caminho de Deus é trilhar o caminho sinodal e, somente por essa via, teremos acesso ao Reino de Deus.

Concílio Vaticano II: caminho sinodal

O Concílio Vaticano II colocou no número 4 da *Lumen Gentium* que "a Igreja é o Povo de Deus que caminha na unidade do Pai, do Filho e do Espírito Santo". Ou seja, esta consciência de uma Igreja como povo que caminha em conjunto é essencial para entendermos a missão da Igreja. Se a identidade da Igreja é ser comunhão, unidade, caminho conjunto, então o seu agir deve ser moldado a partir daqui. Caminhar juntos implica, em primeiro lugar, uma escuta recíproca. Isto é, não ter uma visão unidirecional de serem os fiéis leigos os destinatários da ação eclesial, mas perceber que o protagonista da ação da Igreja é todo o povo de Deus. Essa é uma consciência diferente da antiga definição do Papa Pio X: "Tão diferentes são essas categorias (pastor e rebanho) que apenas nos pastores permanece a necessária razão e autoridade para a promoção do fim da sociedade (a Igreja) e para dirigir todos os seus membros para este fim (...). O único dever da multidão é permitir-se ser conduzida e, como um dócil rebanho, seguir os pastores" (Encíclica Vehementer Nos, n. 8). A Igreja sinodal, que renasce ou é redescoberta pelo Concílio Vaticano II, é uma Igreja da escuta recíproca: pastores que escutam os fiéis, fiéis que escutam os pastores; é também uma Igreja que, conjuntamente, escuta a voz de Deus. A escuta pressupõe a humildade de se perceber e caminhar com os outros. Uma Igreja da escuta, uma Igreja sinodal, não se coloca acima do outro, mas a caminho com ele.

O caminho sinodal é o caminho da Igreja desde seus inícios. O Concílio Vaticano II, na *Lumen Gentium* (n. 9), afirma: "aprouve a Deus salvar e santificar os homens, não individualmente, excluída qualquer ligação entre eles, mas constituindo-os em povo que o conhecesse na verdade e o servisse santamente". E mais: "Ainda que, por vontade de Cristo, alguns sejam constituídos doutores, dispensadores dos mistérios e pastores em favor dos demais, reina, porém, igualdade entre todos quanto à dignidade e quanto à atuação comum a todos os Fiéis, a favor da edificação do corpo de Cristo" (LG, n. 32). Tal caminho é em vista da comunhão: "de tal modo que, na conservação, atuação e profissão da fé transmitida, haja uma especial concordância de espírito entre os Pastores e os Fiéis" (DV, n. 10). Viver a sinodalidade é colocar em prática o que diz a Palavra de Deus: "Não apaguem o Espírito. Não desprezem as profecias. Examinem tudo e fiquem com o que é bom" (1Ts 5,19-21).

Estamos em um mundo cada vez mais inter-relacionado, e vivem entre nós fiéis de outras religiões, preocupadas ou desejosas de oferecer respostas ao enigma da natureza humana e do caminho de Deus. A final, quem é o homem e qual é o caminho de Deus para a humanidade? Essas questões perpassam todas as religiões. Caminhar sinodalmente com as outras religiões, ouvindo e aprendendo com elas, percebendo aí as sementes do Verbo, eis o desafio sinodal apresentado pelo Concílio Vaticano II.

Para Cipollini (2021, p. 11): "O Concílio Vaticano II define a Igreja como Mistério (Sacramento) de Comunhão, expressando assim a natureza divina da Igreja. A partir daí, evidencia-se a importância dos mecanismos para se criar e viver comunhão. O mesmo Concílio define a Igreja também como povo de Deus Peregrino na história, definição que implica a busca contínua de aceitar, receber e manter a comunhão. Entre esses instrumentos, está a Colegialidade (Colégio Episcopal) e a Sinodalidade (Sínodo). Ambas as concepções estão relacionadas com a experiência de comunhão e participação, nos vários âmbitos da vida eclesial". O Concílio Vaticano II entende que a Igreja é "instrumento e sacramento da União íntima com Deus e da unidade de todo o gênero humano" (LG 1). Ele vai assimilar o valor do diálogo, o que representou uma mudança radical na Igreja. O diálogo aproxima as pessoas e torna mais fácil a construção da tão pretendida unidade.

O Concílio Vaticano II deu destaque à noção de povo de Deus para designar a Igreja. Para Cipollini (2021, p. 43): "Esse conceito foi redescoberto na Bíblia e na história das origens cristãs. Povo é criação cristã ou judaico-cristã e tem suas origens na Palavra de Deus e não como querem alguns em pura sociologia". Com a noção de Povo de Deus, o Concílio Vaticano II fechou as portas ao individualismo e abriu-as à fraternidade. Como ensina o papa Francisco: "O individualismo não nos torna mais iguais, mais irmãos" (FT 105).

Para o Papa Francisco, nas trilhas do Concílio Vaticano II, uma Igreja sinodal é uma Igreja "em saída", uma Igreja missionária, "com as portas abertas" (EG, n. 46). O caminho sinodal é um caminho de entrar na casa dos irmãos e cear com eles do que eles têm como fez Pedro na casa de Cornélio (At 10). A casa significa a necessidade de relações fraternas e sinceras, que devem marcar a vida da comunidade; é lugar da acolhida, da compreensão e da vivência do amor, lugar da sinodalidade. Comer carnes de animais impuros seria desrespeitar a Torá, algo irrenunciável para a sua identidade religiosa. No entanto Pedro é chamado à conversão: "A voz lhe falou de novo, pela segunda vez: 'Não considere impuro o que Deus purificou'" (At 10,15). Vemos aí que Pedro é advertido pela "voz" devido a sua incompreensão da mensagem cristã sobre o Reino de Deus. A mensagem cristã segue um caminho oposto ao que Pedro conhecia da Torá, não permitindo discriminação nem exclusão de ninguém. Seguindo o texto bíblico, vemos que Pedro aceita alimentar-se com os pagãos da comida que sempre tinha considerado proibida, reconhecendo-a como instrumento de vida e de comunhão com Deus e com o próximo e, ainda, dando-se conta de que nenhum ser humano é indigno aos olhos de Deus e a diferença instituída pela eleição não é preferência exclusiva, mas sim serviço e testemunho de alcance universal (At 10,21). Vemos aí que foram derrubadas as barreiras e foi promovido o encontro. No espírito do Concílio Vaticano II, seguir o caminho sinodal é derrubar as barreiras impostas ao longo da história da Igreja, rever doutrinas tidas como irrenunciáveis para a identidade da Igreja em vista do encontro, vendo que ninguém é considerado indigno diante de Deus.

O mundo moderno, de modo especial a pandemia, parece estar exigindo de nós outros mapas e paradigmas para nossas ações de cuidado do povo de Deus. Parece que avançamos pouco na indicação do caminho apontado pelo Concílio Vaticano II. São Paulo VI dizia que esperava que o "Concílio tornasse a Igreja mais fecunda" (Discurso do Papa Paulo VI na solenidade de inauguração da 2ª sessão do Concílio Vaticano II, 29 de setembro de 1963). Em 1995, o Papa São João Paulo II classificou o Concílio Vaticano II como "um momento de reflexão global da Igreja sobre si mesma e sobre as suas relações com o mundo". Ele acrescentou também que essa "reflexão global" impelia a Igreja a uma fidelidade cada vez maior ao seu Senhor. Segundo os historiadores, são necessários 100 anos para que um Concílio crie raízes. Sabe-se que o Concílio Vaticano II nos impulsiona a ser uma Igreja sinodal, mas parece que avançamos pouco nessa questão. Se com o Concílio temos esse tempo de 100 anos, penso que a Igreja sinodal do Papa Francisco ainda está longe de ser assimilada. Ele, em seu discurso de 21 de dezembro de 2019, afirmou: "Nas grandes cidades, precisamos de outros 'mapas', outros paradigmas, que nos ajudem a situar novamente os nossos modos de pensar e as nossas atitudes: já não estamos, irmãos e irmãs, na cristandade! Hoje, já não somos os únicos que produzem cultura, nem os primeiros, nem os mais ouvidos (...). A Igreja ficou atrasada duzentos anos". O papa falou que "precisamos de outros mapas, outros paradigmas". Penso que pós-pandemia vamos precisar de outros mapas, outros paradigmas para nossa vivência sinodal com todos os seres humanos. Para isso se exigem renovação e reforma da Igreja. A renovação e a reforma são indicadas pelo Concílio Vaticano II, reconhecendo que pertencem à essência penitencial da Igreja, para que ela se purifique e seja sempre mais fiel à sua missão: "Como instituição humana e terrena, a Igreja necessita perpetuamente desta reforma" (Decreto Unitatis Redintegratio: sobre o ecumenismo, n. 6). No espírito do Concílio Vaticano II, a Igreja é Povo de Deus a caminho, ela é dinâmica e não estática. Para Jesus: "Eu tenho ainda outras ovelhas, que não são deste curral. Também a elas eu devo conduzir; elas ouvirão a minha voz e se tornarão um só rebanho com um só pastor" (Jo 10,16) "Vamos passar para a outra margem do lago (...) Jesus e seus discípulos chegaram ao outro lado do mar, à região de Gerasa" (Mc 4,35-5,1). Na travessia há tempestades e do outro lado há o demônio de Gerasa. Às vezes, acomodamo-nos e criamos nossas fortalezas: quantas casas paroquiais são verdadeiras fortalezas e quanta mordomia se cria... agradam-se o bispo e o povo, mas não se evangeliza, não se expulsa o demônio nem acalma a tempestade... Quantos se apequenaram por falta de uma mudança profética... No espírito do Concílio Vaticano II, somos chamados à desestabilização, passando do outro "lado da margem". Tal atitude tem alcançado uma dimensão de importância maior nos últimos tempos, em vista das mudanças de contexto que interrogam a Igreja e convidam-na a renovar-se e, ao mesmo tempo, a ser fiel à sua essência e tradição eclesiais nas novas exigências do tempo presente. A necessidade de chamar a atenção para tal temática diz respeito, certamente, ao aggiornamento tão desejado pelo Concílio Vaticano II.

O Concílio Vaticano II foi o vigésimo primeiro concílio da história da Igreja. Antes dele, tem-se uma média de um Concílio por século. Mas foi entre Trento (1545-1563) e o Vaticano I (1869-1870) que se verificou o maior hiato de tempo entre dois concílios; somente um século depois do Vaticano I, é que se realizou o Concílio Vaticano II (1962-1965). Ao longo da história, os concílios abordaram os mais diferentes temas: a divindade e Jesus (consubstancialidade do Filho com o Pai), a divindade do Espírito Santo, a maternidade divina de Maria, o culto das imagens e questões disciplinares, reforma da Igreja e as prerrogativas do papa. A primeira vez que um Concílio tratou da Igreja como tal foi no Concílio Ecumênico Vaticano II. A eclesiologia que permeia o Concílio Vaticano II é uma eclesiologia marcada pela índole sinodal. Embora, com o passar dos anos, paulatinamente, em seu processo de organização e institucionalização fosse aparecendo cada vez mais hierarquizada, desde seus primórdios guardou como um de seus valores fundamentais a sua sinodalidade. Para Antônio José de Almeida (in *Lumen Gentium*: A transição necessária, Editora Paulus, 2005, p. 14-15): "A sinodalidade era uma exigência das comunidades cristãs tomadas individualmente (Igrejas locais ou particulares) e de conjuntos de comunidades vivendo em uma mesma região. Com o tempo, em nível mais amplo, desenvolveu-se também o instituto dos sínodos patriarcais, isto é, uma assembleia de bispos em torno do bispo de uma comunidade considerada mais prestigiosa para discutir questões importantes de interesse comum e para tomar as decisões comuns. [...] em 325, reuniu-se o primeiro concílio ecumênico, em Niceia, convocado pelo imperador Constantino, ainda que as decisões conciliares – relativas à divindade de Jesus – tenham sido aprovadas pelo Papa Silvestre. De qualquer forma, dera-se o salto de concílios particulares (que não deixaram de existir) para concílios plenários".

A Igreja que renasce do Concílio Vaticano II tenta fazer uma distinção entre a essência da Igreja e seu revestimento histórico e cultural, necessariamente transitório. Podemos dizer que o Concílio Vaticano II foi uma verdadeira atualização da sinodalidade da Igreja e do despertar de uma nova primavera de vida eclesial; sem dúvida também, foi para muitos como uma pedra de tropeço e sinal de contradição.

A Igreja que nasce do Concílio Vaticano II é assim, como Maria, reconduzida à humilde condição de serva do Senhor. Ela não é mais o centro para o qual tudo converge. Esse centro é Cristo na sua missão redentora e divinizadora. Sabe-se que o conceito de Igreja é condicionado pela forma determinada que ela toma em cada período da história: cada tempo tem a sua imagem da Igreja, produto de uma situação histórica determinada, vivida e forjada por uma Igreja também historicamente determinada. Tal imagem gera doutrina e conceito de Igreja, em uma palavra, roupagens. Perceber a verdadeira essência da Igreja e o que é roupagem só é possível aos olhos da fé. O Concílio Vaticano II nos ajuda a perguntar pela verdadeira essência da Igreja de Jesus, Igreja Povo de Deus e o que é simplesmente roupagens.

Sabe-se que, desde o século IV e V, perdemos a consciência de Igreja comunidade e passamos a ser Igreja de massa. E Igreja de massa tem uma série de problemas: ela tende a ter mais movimentos, neopentecostalismo e devocionismo – Igreja que atende o presentismo, repetindo o passado, faltando o profetismo. Viver o presentismo é estar de corpo presente em um ambiente, mas, por vários motivos, não ter nenhuma produtividade, novidade ou qualquer ação em favor de mais vida para todos. Nas Igrejas de massa, temos uma pastoral muito emocional e que responde às necessidades imediatas das pessoas, sendo todos tratados de forma infantilizada. Pois na massa, como diz Freud (1969), "nivela-se todos por baixo". A "não possibilidade de escolher" significa "não autonomia", "anulamento", morte. Como diz Manenti (1993, p. 183, *in* Santos, 2012): "Sem um eu autônomo e defendido, não podemos sobreviver". Esse modo de agir continua gerando cristãos infantilizados, na linguagem de Kant, que vivem na "minoridade", despreparados para enfrentar os desafios deste mundo caótico e desprovidos de identidade eclesial; gerando dóceis crianças guiadas por qualquer vã doutrina ou por qualquer um que se apresente diante dele; gerando frequentadores de atos litúrgicos, de reuniões e mais reuniões infrutíferas[12]. As fórmulas devocionais desse grupo de "verdadeiros guerreiros da fé" são cópias malfeitas de um neopentecostalismo alienante e completamente avesso aos ensinamentos claros e "incômodos" da doutrina social da Igreja, os quais, na maioria das vezes, ainda se pautam por uma moral tradicional, pecando contra a sinodalidade tão querida por Deus. Sabe-se que os movimentos tendem a substituir as pastorais, formando uma igreja paralela e autônoma, sendo outra Igreja dentro da Igreja. O cardeal Martini já perguntava se era possível colocar o movimento dentro da Igreja. Às vezes, com seus carismas próprios, os movimentos reduzem todo o Evangelho ao "carisma do movimento", não sendo o Evangelho de Jesus, mas do fundador, da fundadora.

O Concílio Vaticano II veio trazer a consciência de que a Igreja é povo de Deus, corpo místico de Jesus, é sinodalidade, fugindo a todo sectarismo e fechamento da Igreja em uma única visão. Segundo a *Gaudium Spes* (28), quanto mais católico, mais sinodal: "O nosso respeito e amor devem estender-se também àqueles que pensam ou atuam diferentemente de nós em matéria social, política ou até religiosa. Aliás, quanto mais intimamente compreendermos, com delicadeza e caridade, a sua maneira de ver, tanto mais facilmente poderemos com eles dialogar".

Caminho sinodal: caminho da justiça de Deus

Sabe-se que o comportamento religioso dentro da Igreja Católica é muito complexo[13]. Muitas vezes nos deparamos com comportamentos religiosos que centram a religião apenas na satisfação pessoal ou legitimação de suas próprias patologias ou ideologias. Olhando para a bíblia, vemos dois exemplos clássicos de que todos devem buscar a regeneração no Espírito Santo para poderem viver a justiça como princípio de vida. Um deles é o de Davi, grande Rei do povo de Deus. Davi foi traído pelo seu filho Absalão e forçado a fugir de Jerusalém (2Sm 15-19). Simei insultou e lançou pedras contra Davi, e um dos seus generais disse: "Porque esse cão morto amaldiçoa meu senhor, o rei? Vou lá arrancar a cabeça dele (...). Deixe que ele amaldiçoe, porque foi Javé quem lhe ordenou" (2Sm 16,9-11). Vemos aí que Davi é humilhado, mas não usa de seu poder de rei para castigar quem o insulta. Do mesmo modo temos o caso de Saulo, um guerreiro cheio de zelo e ideais. Indignava-se com a deformação do judaísmo que os discípulos de Jesus promoviam e estava decidido a esmagá-lo até que caiu do "cavalo" e tudo mudou (At 9,1-18). Podemos dizer que, quando Saulo encontrou com Jesus, na verdade, encontrou com a justiça. Daí em diante deixou de ser extremista, perseguir e matar quem pensava e agia diferente de sua visão. Sabemos que a justiça está em darmos ao outro o mesmo direito que queremos ter. Jesus disse isso por meio de princípio, conhecido como lei ou regra de ouro: "Portanto, façam às pessoas o mesmo que vocês desejam que elas façam a vocês. Esta é, de fato, a Lei e os profetas" (Mt 7,12). Sabe-se que a justiça é um conceito abstrato que se refere a um estado ideal de interação social em que há um equilíbrio que, por si só, deve ser razoável e imparcial entre os interesses, as riquezas e oportunidades entre as pessoas envolvidas ou grupo social. Em uma visão de fé, a justiça está atravessada pela bondade e misericórdia, ultrapassando tudo o que convencionalmente acordamos por justiça. É isso que vemos acontecer tanto com Davi e Saulo, aproximando assim da justiça de Deus, em que imperam não o castigo e a punição, mas a bondade e a misericórdia.

Viver a justiça de Deus e não a dos homens implica uma grande regeneração. Muitas pessoas são alérgicas à regeneração, principalmente as que são apegadas a leis e normas. A regeneração implica mudança de posição. Sabe-se que, muitas vezes, não se busca a mudança, mas a confirmação de ideias, ideologias ou tradição, fugindo ao discernimento, à bondade e à misericórdia. Aceitar regenerar-se e mudar o comportamento religioso do eixo do fundamentalismo legalista para o do discernimento, da bondade e misericórdia é estar sempre aberto à comunhão e sinodalidade, dando lugar à novidade e a um desenvolvimento subsequente de acolhida do outro em sua diversidade e pluralidade de pensar e ser. Viver assim é viver a justiça, é estar disposto a ver uma verdade além do que humanamente julgamos razoável e imparcial, verdade que ainda não conhecemos. Agir com justiça é agir evitando o comportamento enrijecido pelas compreensões políticas, sociais, econômicas e religiosas existentes.

Segundo John Rawls, "a justiça é equidade"[14]. A justiça como equidade difere das doutrinas morais tradicionais, geralmente consideradas concepções gerais. A justiça, livre dos postulados metafísicos, centrada no discernimento, sinodalidade, bondade e misericórdia, centrada na "equidade", tende a dar espaço a uma diversidade de doutrinas e à pluralidade de concepções conflitantes do bem, tal como adotados pelos membros das sociedades democráticas existentes. Tal justiça, ainda, tende a ter uma base mais segura e mais aceitável do que a base utilitarista para os princípios constitucionais e para os direitos e liberdades fundamentais, garantindo a liberdade e a igualdade.

A justiça, em uma dimensão de fé, vai além das concepções de justiça social traçadas pelas filosofias e democracias existentes. Ela tem como pressuposto a vida do outro[15]. Sabe-se que esse outro pode ter sido afetado pela situação de pobreza, desigualdade social, localização geográfica, intempéries da natureza, oportunidades, infelicidades no curso da vida, miséria, doença e sofrimentos. Em uma visão generalizada de justiça, na maioria das vezes, não são consideradas as particularidades. Como a tendência é negar essas diferenças sociais, muitos fogem a uma reflexão mais profunda dessas questões, deixando Deus fazer justiça. Tal discurso fica mais fácil, uma vez que a justiça aí buscada é somente uma justiça divina.

Quando falamos que a justiça deve contemplar as situações da vida humana, vemos isso em Lucas (4,18-19) na boca de Jesus. No julgamento final, Jesus retoma essas mesmas palavras (Mt 25,34-36). A partir desses textos, vemos que a justiça deve cruzar os caminhos diversos dos seres humanos, buscando estar em comunhão com cada ser humano. A "não comunhão" tem como punição "o fogo eterno": "Todas as vezes que vocês não fizeram isso a um desses mais pequeninos, foi a mim que não o fizeram. Então estes irão para o castigo eterno, e os justos para a vida eterna" (Mt 25,45-46). Fica claro aí que agir sinodalmente é agir com justiça: "os justos irão para a vida eterna", sendo o cristão julgado com base no amor: "Não esqueçamos as palavras de São João da Cruz: 'Ao entardecer desta vida, examinar-nos-ão no amor'" (Francisco, 2015b, n. 15).

Para Fernandes (2019, p. 87), na bula: *A Misericordiae Vultus*, o Papa Francisco "aproxima justiça e misericórdia, demonstrando que em Jesus o espectro meramente jurídico da lei por si nada vale, e que quer a misericórdia e não os sacrifícios cultuais porque não são acompanhados com um propósito interior que ordene as ações do cotidiano". A misericórdia, que supõe a justiça, engloba-a e supera-a, porque a "misericórdia de Deus é concedida a todos como graça, em virtude da morte e ressurreição de Jesus Cristo" (Francisco, 2015b, n. 21). Dessa forma, podemos dizer que a misericórdia tem uma dimensão que extrapola toda e qualquer norma canônica ou jurídica, abrindo-se para o diálogo e a sinodalidade. Assim, podemos dizer que quem é justo é aberto ao diálogo, ao amor, à bondade e à misericórdia.

Dizer que o caminho da justiça é sinodal é dizer que esse deve ser caminho de todos. O caminho sinodal é o caminho da justiça de Deus, caminho que gera vida e faz crescer a comunhão entre os seres humanos.

Caminho sinodal: caminho do diálogo

Para haver comunhão, é necessário haver diálogo. Sem o diálogo franco, aberto e respeitoso, as vias da comunhão tendem a ficar desérticas. Quando falamos de diálogo, é bom precisar que existem, conforme afirma Martin Buber (2018, p. 53), três formas de diálogo: "Conheço três espécies de diálogo: o autêntico – não importando se falado ou silencioso – , em que cada um dos participantes tem de fato em mente o outro ou os outros na sua presença e no seu modo de ser e a eles volta com a intenção de estabelecer entre eles e si próprio uma reciprocidade viva; o diálogo técnico, que é movido unicamente pela necessidade de um entendimento objetivo; e o monólogo disfarçado de diálogo, em que dois ou mais homens, reunidos em um local, falam, cada um consigo mesmo, por caminhos tortuosos estranhamente entrelaçados, e creem ter escapado, contudo, ao tormento de ter de contar apenas com os próprios recursos". Sabemos que é mais fácil o diálogo técnico e o monólogo, uma vez que há apenas esclarecimento, não havendo necessidade de diálogo. Já o diálogo autêntico é mais difícil ou raro, uma vez que esse implica a escuta e o acolhimento do outro, sendo a forma orgânica do espírito humano. O diálogo autêntico nasce da necessidade do ser humano de se comunicar com o outro, e não do desejo de posse e domínio desse outro. Para haver diálogo autêntico, é necessário estar aberto à atualização. Os monólogos tendem a se dar uma vez que se nega a atualização. Isso tende a travar o diálogo autêntico acontecendo somente o diálogo técnico ou o monólogo. Quando há diálogo autêntico, há uma resposta à interpelação do outro. Quem vive o monólogo nunca percebe o outro como ser humano, mas sim e unicamente, como passivo e cumpridor de regras claras e inquestionáveis, quase que como um objeto ou robô.

No monólogo não há uma aventura para descobrir o outro nem para aceitar o novo, mas somente repetição e passividade. Muitos relacionamentos não avançam, simplesmente ficam parados no tempo e no espaço. O diálogo autêntico é um gesto de amor, mas é possível amar ou dialogar com quem está aberto ao diálogo e não com quem é impermeável, preso em suas ideias e em si mesmo. Quem está preso em si mesmo é como o demônio que enganou Eva (Gn 3). O demônio fingiu dialogar com Eva, mas na verdade apenas fez Eva desviar da missão ou do seu eu verdadeiro. Dessa forma, podemos dizer que o diálogo autêntico só é possível haver entre pessoas que se amam, e se respeitam, e não estão impermeáveis ou fechados em seu mundo ou em suas ideias. Onde não há diálogo, não há possibilidade para o outro ser.

Além das formas de diálogo, temos também a questão das estruturas psicológicas envelhecidas que acabam influenciando na dinâmica do diálogo. Segundo essa visão, uma pessoa com estrutura psicológica envelhecida tem dificuldade de tratar temas ligados à afetividade, novidade e ao lazer ou de aceitar qualquer diálogo que implica alguma mudança de postura. Tal pessoa apresenta pouca ou baixa capacidade ou habilidades para a sinodalidade, apresentando baixa autonomia, baixa capacidade de inovação e, ainda, tendência ao comodismo e apego ao passado em suas argumentações e seus radicalismos. Nas pessoas com estrutura psicológica envelhecida, vemos uma tendência a se pautar por uma inteligência fantasiosa de imortalidade e de busca de segurança[16]. Quem tem uma estrutura psicológica envelhecida tende a apresentar medo de envelhecer-se e uma tendência a estar sempre apegado às coisas mais tradicionais e pouco conflituosas. Tais pessoas também tendem a apresentar um quadro depressivo acentuado. Ninguém está imune a ter uma estrutura psicológica envelhecida, uma vez que muita coisa não foi autorizada em sua vida passada. Para Freud, mesmo tendo dificuldade de falar em terapia para pessoas envelhecidas, sabemos que a pessoa tem pouca ou baixa elasticidade mental para a novidade, conforme afirma Freud (1977) sobre terapia de pessoas idosas. A fé tende a dar suporte para essa tendência, daí termos os autoritarismos religiosos, compreendendo-se mais como "generais", "feitores", "fiscais" e tudo mais e não como pastores e cuidador de ovelhas, irmãos sinodais dos irmãos e das irmãs de caminhada.

Voltando ao diálogo monológico, vemos que ele é um movimento de dobrar-se sobre si mesmo e não de voltar-se para o outro. O diálogo autêntico é um dar-se ao outro. Ele não começa do andar mais alto, mas sim do encontro com o outro, apresentando uma elasticidade para com a novidade, permitindo travar novas relações e trilhar novos caminhos. Toda vida verdadeira é encontro ou nasce do encontro. Segundo Buber (2018, p. 71): "O diálogo não é um assunto de luxo intelectual e de luxúria intelectual, ele diz respeito à criação, à criatura". O diálogo é um lugar de encontro, é um lugar sinodal. Quando há diálogo, há encontro e, havendo encontro, há sinodalidade, tornando tudo mais sereno e calmo.

No diálogo há rostos a serem contemplados e não simplesmente ideias, conceitos ou coisas a serem pautadas. Será que um dia o ser humano dialogou com Deus? Será que ele sentiu tão à vontade com Deus que viu o seu rosto, ou apenas, como Moisés, somente viu sua sombra: "E acrescentou: 'O meu rosto você não poderá ver, porque nenhum humano pode vê-lo e continuar com vida'. E Javé completou: 'Aqui há um lugar perto de mim. Fique em cima da rocha. Quando minha glória passar, eu colocarei você na fenda da rocha e lhe taparei os olhos com a palma da minha mão, até que eu tenha passado. Depois tirarei minha mão e você poderá me ver pelas costas. Minha face, porém, ninguém poderá ver'" (Ex 33,20-23). Os apóstolos sentem necessidade de ver o rosto do Pai e Jesus vai dizer: "Quem me vê está vendo o Pai" (Jo 14,9). Assim, dialogar é ver o "rosto do outro" e deixar ser visto pelo outro. É esse processo que permite caminhar rumo à sinodalidade. Sem ver o outro e deixar-se visto pelo outro, fica quase impossível reconhecer o outro e agir com sinodalidade para com ele.

Caminho sinodal: caminho da hospitalidade

O cristianismo em si, de um lado, tem uma capacidade incrível de fomentar a diversidade e acompanhar o dinamismo da humanidade, de outro lado, por ter na metafísica os pressupostos de sua reflexão, muitas vezes, tende a travar a acolhida do novo e o pluralismo. Todo o seu dinamismo tende a trazer reavivamento e intensificação na experiência de ser cristão, trazendo impulso renovador para a religião. Se, de um lado, esse dinamismo é bom, de outro lado traz o desafio da comunhão, o desafio da hospitalidade, pois o novo sempre tende a trazer tensão e divisão entre os membros do grupo. Buscar a sinodalidade é o grande desafio, pois exige hospitalidade com o outro.

A liderança sinodal é hospitaleira. Mais do que nunca, diante das diversas compreensões da vida humana, da pluralidade de valores e compreensões de Deus, todos nós estamos em uma grande viagem em busca da verdade. Viver a fé cristã é viver a hospitalidade, acolhendo a todos em sua diversidade de ser e pluralidade de pensar e viver. Essa viagem exige passar de uma visão particularista e paroquial de pensar para uma abertura de coração, ouvindo e dialogando com o outro.

A liderança sinodal de Jesus passa pelo amor. De acordo com os relatos evangélicos, Jesus nunca se preocupou excessivamente com o cumprimento dos rituais litúrgicos que a religião judaica propunha, nem viveu obcecado com o oferecimento de dons materiais a Deus. A grande preocupação de Jesus foi, em contrapartida, discernir a vontade do Pai e cumpri-la com fidelidade e amor. "Amar a Deus" é, pois, na perspectiva de Jesus, estar atento aos projetos do Pai e procurar concretizar, no dia a dia, os seus planos. Ora, na vida de Jesus, o cumprimento da vontade do Pai passa por fazer da vida uma entrega de amor aos irmãos, se necessário, até ao dom total de si mesmo (Mt 22,37-40). Para Jesus o amor a Deus e ao próximo não estão separados, nem são dois mandamentos, mas um só. Dessa compreensão nasce também a liderança sinodal que se concretiza na solidariedade, na partilha, no serviço, no dom da vida aos irmãos e às irmãs. Em vista do amor a Deus e ao próximo, para Jesus tudo o que não leva à sinodalidade deve ser revogado, até mesmo as coisas mais caras do Judaísmo como sacerdócio, lei de pureza, circuncisão, mandamentos e tudo mais (Ef 2,14-15). Exercer uma liderança sinodal é, como Jesus, derrubar todos os muros que se interpõem entre os seres humanos, é ser hospitaleiro, abrindo todas as portas para poder estar com o outro.

Para viver a hospitalidade com outro, faz-se necessário aceitar ser semelhante a esse outro, como Jesus, que se fez um de nós (Fl 2,6-7). Só se é possível ser hospitaleiro com outro se esse outro for visto como importante. Deus ensina não desprezarmos ninguém, mas sim ser hospitaleiro com todos.

Na história da humanidade, temos grandes líderes que foram capazes de atrair grupos diversos para uma causa comum. Sabe-se que, todas as vezes que faltou sinodalidade, faltou hospitalidade, e, com isso, foi vitimada grande parte da humanidade ou foram realizadas crueldades sem limites contra os adversários. Como grandes vilões da não sinodalidade ou da falta de hospitalidade temos, nos últimos tempos: a) Adolfo Hitler (1889-1945), que, com uma ascensão meteórica no partido nazista alemão, virou chanceler em 1933 e lançou o mundo no caos da 2ª Guerra Mundial, maior conflito armado da história. Pregando a superioridade racial, sistematizou a eliminação de cerca de 8 milhões de judeus e membros de outras minorias em campos de extermínio; b) Napoleão Bonaparte (1769-1821), líder político e militar, que ascendeu ao poder no fim da Revolução Francesa, tornou-se imperador e governou entre 1804 e 1814. Ignorar tratados internacionais e a morte de 6 milhões de europeus foi o preço de suas conquistas; c) perto da época de Jesus, temos Herodes, o grande (74 a 4 a.C.), conhecido como um louco que matou sua própria família e mandou assassinar centenas de rabinos. Organizou uma espécie de polícia secreta, que investigava qualquer início de rebelião entre os judeus, torturava e executava qualquer suspeito. Assim poderíamos citar diversos líderes. De outro lado, como líderes hospitaleiros, líderes sinodais, que moveram a sociedade rumo ao bem, à comunhão e à acolhida do outro, temos uma lista grande de pessoas que conseguiram agregar outras pessoas às suas ideias, influenciando positivamente o sistema em que estavam inseridas e contribuíram para o crescimento, a inclusão e a comunhão de todos. Chamamos esses líderes de: "Líderes Sinodais" ou "Líderes hospitaleiros".

Os "Líderes Sinodais" ou "Líderes hospitaleiros são marcados por algumas características, tais como: Autoconhecimento – identificação das qualidades e limitações, gerenciamento das emoções positivas e negativas e uso da inteligência emocional; Proatividade – busca do desenvolvimento constante; Comunicação – excelente habilidade de transmitir a mensagem certa para o público correto; Capacidade de comunhão – Grande capacidade de unir as pessoas em uma coisa comum em favor da vida em abundância para todos; Hospitalidade – capacidade de acolher, ouvir e dialogar com o outro em sua diversidade e pluralidade de pensar, viver e ser. Um líder com essas características é capaz de fomentar o trabalho em equipe e a motivação das demais pessoas, gerenciar de forma positiva eventuais conflitos, ouvir os diferentes pontos de vista das pessoas, tomar decisões em prol da resolução de problemas identificados, aceitar novos desafios, permitir a participação de todos e respeitar o próximo.

Ser um líder sinodal ou hospitaleiro é ser capaz de buscar a convergência, que, em qualquer dimensão, é um grande desafio. De modo geral as convergências tendem a acontecer em causas de cunho mais humanitário ou de preservação da natureza. Entre os líderes que mais conseguiram a convergência da humanidade, destacamos: a) Jesus – maior líder de todos os tempos. Nunca houve alguém com vocação tão suprema, ministério tão eficaz, liderança tão exemplar e legado mais duradouro da sinodalidade e hospitalidade como Jesus. Como líder sinodal e hospitaleiro, tinha uma clara consciência de sua pessoa, de sua missão e de sua irmandade; b) Abraham Lincoln – reconhecido historicamente como um dos maiores presidentes dos Estados Unidos, teve a coragem de abolir a escravidão no país e administrou bem os EUA durante a Guerra Civil, entre 1861 e 1865; c) Mahatma Gandhi – conquistou a independência da Índia, influenciando mais de 350 milhões de pessoas em uma não guerra. Foram 20 anos de revolução pacífica, na qual Gandhi foi a voz do povo e conseguiu mobilizar líderes de outros países, usando seus ideais de paz, justiça, igualdade e vida natural. Seus ensinamentos são seguidos por milhares de pessoas em todo o planeta até hoje; d) Nelson Mandela (1918-2013) – foi o principal representante contra o movimento apartheid, o regime de segregação racial da África do Sul, e um guerreiro da luta pela liberdade e defesa das causas humanitárias; e) Martin Luther King (1929-1968) – foi um importante pastor evangélico e ativista político norte-americano que lutou em defesa dos direitos sociais para os negros, as mulheres e outras minorias. Ele defendia a luta pacífica, baseada no amor ao próximo como forma de construir um mundo melhor, fundamentado na igualdade de direitos sociais e econômicos; d) Madre Tereza de Calcutá (1910-1997) – freira que ficou internacionalmente conhecida pelo seu trabalho humanitário na Índia. Como esses, podemos citar diversos líderes que se levantaram em favor de um mundo mais igualitário, livre e fraterno. Tais líderes faram heróis da sinodalidade, buscando exercer a hospitalidade com todos.

Finalizando

A sinodalidade é um ideal de sociedade muito avançado. Podemos dizer que alcançá-la é um desafio. Isso porque a sociedade é marcada por uma pluralidade de visões políticas, religiosas, econômicas, geográficas, filosóficas, culturais, compartilhamentos de experiências e tudo mais. Ela tem mil faces e, confirmando o adágio: "para cada cabeça uma sentença". O que pode acontecer é, ao levantar a bandeira da sinodalidade, os olhos de todos se voltarem para lá, mas havendo distâncias e divergências de compreensões. As distâncias e as divergências tenderam ser sempre maiores de acordo com os interesses pessoais e as ideologias abraçadas. Dessa forma, sempre haverá um distanciamento entre os pontos de vista das pessoas, havendo extremos de um lado e de outro, uma vez que alguém pode estar do outro lado. É como se colocássemos todas as pessoas dentro de um círculo. Sabemos que não é possível todos estarem no centro. Assim, de modo gradual, os distanciamentos irão aumentando, podendo cada um ficar tanto distante do centro como do outro que estará na outra margem do círculo. Até hoje não vimos nenhuma religião, política, economia, situação geográfica, filosofia, cultura, compartilhamentos de experiências ou qualquer outra coisa romper essas distâncias, fazendo todos caminharem como se estivessem no centro ou na periferia. Para quem tem fé cristã e acredita em Jesus, este é o "sonho de Deus": "Para que todos sejam um, como tu, Pai, estás em mim e eu em ti; para que também eles estejam em nós, a fim de que o mundo acredite que tu me enviaste" (Jo 17,21).

PARTE II

SINODALIDADE: CAMINHO DO EVANGELHO DE JESUS

O cristianismo, em sua essência, parte do princípio de que todos somos filhos de Deus e, portanto, irmãos e irmãs e, consequentemente, temos os mesmos direitos e deveres uns para com os outros. Tal princípio leva a viver o amor e o reconhecimento um do outro, tendo o perdão, a misericórdia, o respeito, a inclusão e a busca de consenso como balizas da sinodalidade: "Amem seus inimigos e rezem por aqueles que perseguem vocês, a fim de que vocês sejam filhos de seu Pai, que está no céu" (Mt 5,44). Esse princípio foi assumido pelos primeiros cristãos, ficando registrado nos documentos do Novo Testamento. À guisa de exemplo, citamos São Paulo: "Como escolhidos de Deus, santos e amados, revistam-se, portanto, de sentimentos de compaixão, bondade, humildade, mansidão, paciência. Suportem-se uns aos outros e perdoem-se mutuamente, se alguém tem motivo de queixa contra o outro. Assim como o Senhor lhes perdoou, façam vocês o mesmo" (Cl 3,12-13).

Quem tem um coração sinodal busca despertar em todos os seres humanos a compaixão pelos mais frágeis e necessitados. Jesus foi o maior entre todos a ter compaixão e nos pedir a compaixão. Ele, o Sumo Sacerdote que o Pai chamou e enviou ao mundo (Hb 5,1-6), conduz os seres humanos à comunhão com Deus. Ele é aquele que leva à plena comunhão com o Pai, sobretudo, aqueles a quem a teologia oficial considera pecadores, malditos, impuros, marginais, longe de Deus e da sua proposta de salvação. A sinodalidade passa pela solidariedade. Jesus é solidário com todo o ser humano.

Sinais da sinodalidade

Como fazer de nossa jornada humana uma jornada segundo o Evangelho de Jesus? Quais são os sinais da jornada sinodal na vida dos discípulos de Jesus? Segundo o Evangelho de João, Jesus realizou muitos sinais, que foram feitos para manifestar a glória de Jesus e para que as pessoas acreditassem nele: "Manifestou a sua glória, e seus discípulos acreditaram nele" (Jo 2,11); "Então ele acreditou, juntamente com toda a sua família" (Jo 4,53); "Ele disse: 'Eu acredito, Senhor'. E prostrou diante de Jesus" (Jo 9,38); "Muitos dentre os judeus que tinham indo à casa de Maria e viram o que Jesus havia feito acreditaram nele" (Jo 11,45). O caminho sinodal não é abstrato, mas de sinais concretos, como vemos no agir de Jesus. Quando olhamos para Ele, vemos que coloca, a serviço de todos, os seus dons e carismas, restaurando a vida e dignidade de todos (Mc 16,15-18).

A sinodalidade, no agir de Jesus, não é apenas sinal de saúde física, mas da presença do Reino de Deus, que recupera o corpo atingido pelo pecado e pela debilidade da condição humana. Seus sinais são o portal de ingresso em que são esculpidas palavras e expressões que iluminam todo o seu mistério e abrem o coração dos seus seguidores, gerando as maravilhas de projeto de Deus. Diferente dos "milagres", que são atos de poder, os "sinais" são atuações que confirmam a presença profética de Jesus, enviado por Deus, e que suscitam a fé. São atos que produzem a fé (Jo 1,11.23; 4,53-54; 6,30; 11,48; 12,37; 20,30-31), o desfrute, o prazer da vida, o melhor vinho que podemos beber. Seus sinais não são da observância das "leis e preceitos de pureza", mas de vida. São Paulo vai dizer: "Procedi como louco! Mas foram vocês que me forçaram. Eram vocês que deviam me recomendar, pois, embora eu não seja coisa alguma, em nada esses 'superapóstolos' ganham de mim. De fato, no meio de vocês se realizaram os sinais do verdadeiro apóstolo: paciência a toda prova, sinais, milagres e prodígios" (2Cor 12,11-12).

Na comunidade dos discípulos de Jesus, espera-se que todos sejam sinodais. Esperar que todos sejam sinodais significa confiar que o outro aja com amor e não por ressentimento, rancor, vingança, exclusão, indiferentismo ou egoísmo. Sabe-se que nossas ações tendem a ser mudadas quando temos princípios sinodais. Temos muitos sinais que revelam o agir cristão, mas aquele com maior poder de catalisar o bem e preservar a vida é o da sinodalidade, que brota do Amor. Talvez seja por isso que Jesus tenha dito: "Se vocês tiverem amor uns aos outros, todos vão reconhecer que vocês são meus discípulos" (Jo 13,35). E, quando não se consegue alcançar o outro pelo amor, temos o maior fruto da sinodalidade que é a misericórdia, algo que supera toda justiça e todo e qualquer "não merecimento", não exigindo nenhuma justificação ou razão para amar. Para Santa Faustina Kowalska, citada por Kasper (2015, p. 147): "A misericórdia é o maior e supremo atributo de Deus, a perfeição divina por antonomásia". A misericórdia é assim a absurda vivência da sinodalidade. Quem tem um coração sinodal naturalmente não terá medo de agir misericordiosamente como vemos nas ações de Jesus, que, Filho de Deus encarnado, é o trono da misericórdia. Esta é o sinal mais visível de sua sinodalidade para os seres humanos.

Os sinais da sinodalidade são do discipulado na vida dos seguidores de Jesus. Podemos dizer que o princípio da missão é sinodal: "Depois disso, o Senhor escolheu outros setenta e dois, e os enviou à sua frente, dois a dois, a toda cidade e todo lugar aonde ele devia ir" (Lc 10,1). Segundo a carta aos Hebreus (2,17): "Por isso, deveria ser em tudo semelhante a seus irmãos, para que pudesse ser sumo sacerdote misericordioso e fiel diante de Deus, para expiar os pecados do povo". Vemos aí o ir dois a dois e o ser semelhantes aos irmãos. Os discípulos devem fazer a experiência sinodal, estar de acordo, bem como imitar Jesus em ser semelhante e não estranho ou diferente de seus irmãos e suas irmãs. Até na oração, para ser ouvido por Deus, é necessária a sinodalidade (Mt 18,19).

Muitas vezes nos deparamos com as notas da Igreja: "una, santa, católica e apostólica" (Catecismo da Igreja Católica, 1993, n. 813-

865). Isso é fundamental, mas parece faltar a nota da Igreja de Jesus, que é ser sinodal, marca que nasce da misericórdia. Esta não deve ser somente uma "obra", mas o princípio do agir da Igreja: a Igreja de Jesus é a Igreja que tem como princípio a misericórdia. Segundo Sobrinho (2020, p. 37): "Por 'princípio da misericórdia' entendemos aqui um amor específico, que está na origem de um processo e que além disso permanece presente e ativo ao longo dele, dá-lhes uma determinada direção e configura os diversos elementos dentro do processo. Esse 'princípio misericórdia' – acreditamos – é o princípio fundamental da atuação de Deus e de Jesus, e deve ser também o da Igreja". A misericórdia é uma ação, mas também uma reação diante do sofrimento das pessoas.

Quando Jesus quer mostrar quem é Deus e o que devemos fazer para herdar a vida eterna, mostra-nos, na parábola do Bom Samaritano e do Pai do Filho Pródigo, como devemos agir e como é o agir de Deus. Nas duas parábolas, tanto o Samaritano como o Pai agiram movidos pela misericórdia. Podemos dizer que aí está a definição do ser humano sonhado por Deus e a revelação de quem é Deus, isto é, alguém capaz de acolher o outro e estender a mão para esse outro mesmo quando ele parecer não merecer. Sobrinho (2020, p. 40), ao comentar as duas parábolas, assim afirma: "Ser um ser humano é para Jesus reagir com misericórdia, do contrário, fica viciada na raiz a essência do humano, como aconteceu com o sacerdote e o levita, que 'passaram adiante' (...). E, com essa misericórdia, também descreve o Deus em outra parábola fundamental: o Pai sai ao encontro do filho pródigo e, quando o vê – movido por misericórdia –, reage, abraça-o e organiza uma festa". Vemos que não existe nada anterior à misericórdia para motivá-la, nem existe nada além dela para relativizá-la ou recusá-la. O Pai do Filho Pródigo não é egoísta nem moralista, bem como o Bom Samaritano não é indiferente à dor do próximo. A sinodalidade do Pai, bem como a do Samaritano, leva-os a agir com misericórdia. Assim, quem é sinodal não é movido pelo poder ou pelas normas e leis, mas pelo amor ou pela misericórdia.

Do mesmo modo que Deus se revelou como o "Deus de misericórdia" para o povo, que estava escravo no Egito, em Jesus, vemos a constância da misericórdia em suas ações, pois Ele age "movido por misericórdia". Sabe-se que, na realidade histórica dos seres humanos, tanto sociais quanto religiosas, está configurada a antimisericórdia ativa, que fere e causa morte aos seres humanos e ameaça e causa morte também aos que reagem guiados pelo "princípio da misericórdia" (Lc 6,9-10). O texto do evangelho continua: "Eles se encheram de raiva e discutiam entre si sobre o que fariam contra Jesus" (Lc 6,11). Vemos aí que a antimisericórdia reage. No entanto Jesus proclama: "Felizes os misericordiosos, porque encontrarão misericórdia" (Mt 5,7). Vemos assim que quem age movido por misericórdia realiza o mais profundo do ser humano e torna-se semelhante a Jesus. E Jesus continua: "Felizes vocês, quando por minha causa os insultarem, perseguirem e, mentindo, disserem todo tipo de mal contra vocês. Fiquem contentes e alegres, pois grande é a recompensa de vocês nos céus. Porque foi assim que perseguiram aos profetas que vieram antes de vocês" (Mt 5,11-12). Desta forma podemos dizer que esta deve ser a configuração da identidade de todo cristão: misericórdia. Ser misericórdia é ser discípulo de Jesus, é ser sinodal, realizando os sinais do Reino de Deus, algo nada fácil para ninguém[17].

Viver a misericórdia como sinal da sinodalidade implica buscar viver as bem-aventuranças: "Felizes os misericordiosos, porque encontrarão misericórdia" (Mt 5,7). E Jesus continua: "Mas, se vocês não perdoarem às pessoas, seu Pai também não perdoará as faltas de vocês" (Mt 6,15). E ainda: "Perdoai-nos nossas dívidas, assim como nós perdoamos aos que nos devem" (Mt 6,12). Essas frases podem levar a pensar que a misericórdia de Deus para conosco é um efeito da nossa misericórdia para com os outros e é proporcional a ela. Se assim fosse, estaria completamente destruída a relação entre a graça e as boas obras e destruído o caráter de pura gratuidade da misericórdia divina. Devemos ter misericórdia, não para recebermos misericórdia, mas porque recebemos misericórdia (Mt 19,23ss). Cada um que bate a nossa porta pedindo misericórdia é um credor que exige o seu débito. Deus exige que paguemos esse débito aos irmãos (Lc 6,36). Assim a misericórdia é o sinal mais eloquente da sinodalidade.

Ninguém deve ser despedido sem o que lhe é devido, pois Deus parece passar seus créditos a todos os que batem a nossa porta: "Eu lhes garanto: Todas as vezes que vocês fizeram isso a um deste meus irmãos mais pequeninos, foi a mim que o fizeram" (Mt 25,40). Não se pode viver juntos, em família, sem a prática da sinodalidade. Dessa forma, a misericórdia, como sinal da sinodalidade, deveria ser algo natural entre os seres humanos, sendo como óleo "na barba de Aarão" (Sl 133). Agir sinodalmente é agir de forma sagrada; é agir como Deus agiria; é agir como Pai, que ama seus filhos e suas filhas; é agir como irmão e irmã que sempre encontram motivos para serem fraternos; é agir como filho e filha de Deus. Assim, os sinais que devem acompanhar os discípulos de Jesus são os da sinodalidade.

A evangelização que brota da compreensão de um Deus Sinodal

Pensar a evangelização implica deixar ser tocado por profundos questionamentos a respeito de Deus, exegese crítica, desmitologização de Bultimann, herança do modernismo, desabsolutização da Igreja, luzes do Concílio Vaticano II, encíclicas papais, sobretudo a da misericórdia de São João Paulo II e do Papa Francisco, magistério de São João XXIII, São Paulo VI, João Paulo I e Bento XVI, e por um profundo questionamento de tudo o que nos ensinaram sobre Jesus e sua Igreja.

Quando lançamos um olhar mais profundo sobre o magistério dos papas, vemos que, sobretudo, os papas que se seguiram ao Concílio Vaticano II são marcados pela sinodalidade. Esta foi algo querido pelos padres do Concílio Vaticano II. Tal sinodalidade nos leva a passar de uma visão tradicional de que "a unidade e a comunhão da Igreja derivavam da autoridade dos pastores", para uma visão de que ela faz parte da vida de todos os batizados. Assim, não é a autoridade dos pastores que garante a unidade, mas sim "a circularidade, a reciprocidade e o caminhar juntos". É uma verdadeira mudança copernicana na visão eclesiológica da Igreja tradicional[18].

Na caminhada da fé, sabemos que a cruz de Jesus pesa e continua pesando sobre os ombros de populações inteiras; nem mesmo aos líderes religiosos é permitido pensar diferente, pois são confinados e obrigados a pensar daquela forma, repetindo as mesmas verdades de sempre. Sabe-se que até os bispos e cardeais vivem a "síndrome de ter de agradar a Roma". Percebe-se que há uma tendência de buscar o poder e o conforto em favor de si próprio em vez do benefício do outro, contrariando a orientação do Evangelho de Jesus (Mt 20,25-26). A "síndrome do poder" tem levado muitos líderes religiosos a pensarem que há resistência na Cúria Romana à liberdade de expressão. E além do mais, isso é confirmado pelas múltiplas represálias vindas da cúria romana com relação aos que pensam diferente, bloqueando, ou excluindo, ou fechando as portas para todo tipo de permissões, derrogações, dispensas e chances de posterior preferência ou cargos. Sabe-se que a cúria romana pode tornar a vida impossível para aqueles que não seguirem os limites impostos por ela, caso contrário, serão eliminados, postos fora, como fizeram com Jesus.

Muitas vezes, na missão evangelizadora, não interessa a libertação do pobre, as causas humanitárias, as lutas pela preservação da vida e da natureza, mas manter a tradição, o conforto e o poder de alguns em detrimento e exclusão de muitos. Com isso o mundo continua crucificando Jesus e pecando (Santos, 2021). A Sagrada Escritura fala do servo sofredor. Podemos dizer que, em Jesus, o servo sofredor de Javé, há sinodalidade[19]. Se olharmos os povos sofredores face a face, começaremos a ver a verdade das coisas ou, certamente, um pouco mais da verdade. A sinodalidade nos leva a carregar a cruz com a humanidade, sobretudo, sendo misericordiosos para com os mais frágeis. Quando se consegue agir sinodalmente é porque se chegou a "ser humano" e se chegou ao "ser humano". A falta de sinodalidade tende a levar a pessoa a agir de forma unilateral, excludente e condenatória. Jesus condenou esse modo de agir quando disse: "Quem de vocês não tiver pecado, atire nela a primeira pedra" (Jo 8,7). E ele continua: "Ninguém condenou você? (...). Eu também não a condeno" (Jo 8,10-11).

Quando a sinodalidade não penetra no coração do evangelizador, não adianta ter belas e inusitadas compreensões das Sagradas Escrituras, falar da grandeza de Deus e da beleza do ser humano, ter poder, status e cargos representativos na hierarquia da Igreja, nem conhecer todos os mistérios da ciência. E, parafraseando São Paulo, podemos dizer que sem sinodalidade "não adianta jogar o corpo às chamas"

(1Cor 13,3). E ainda, sem um coração sinodal é impossível levar o amor de Deus a todos os corações. Sabe-se que, na realidade nua e crua, até mesmo dentro da Igreja, na maioria das vezes, a discriminação impera, sobretudo para ser incluído nos quadros representativos de sua hierarquia[20]. Evangelizar com esses estereótipos é "não evangelizar" ou de novo parafraseando São Paulo: "Se eu não tenho amor, eu não sou nada", podemos dizer que, se "não evangelizarmos com um coração sinodal, não seremos evangelizadores".

Sem um coração sinodal, o ideal do Reino de Deus proposto por Jesus acaba sendo uma utopia para a outra vida e não para esta. O fato de o nosso Deus ser um "Deus do silêncio", em meio a tantos sofrimentos, leva a nossa fé a passar por esse escândalo irrecuperável: "Meu Deus, porque me abandonastes?" (Mc 15,34). Muitos são excluídos, são deixados à beira do caminho... Escutar o "grito por uma Igreja sinodal" implica fazer acontecer a verdadeira natureza da Igreja, como diz São João Crisóstomo: "Igreja e Sínodo são sinônimos" (Comissão Teológica Internacional, 2018, n. 3). Uma Igreja sinodal é uma Igreja da escuta, ciente de que escutar, como diz o Papa Francisco: "é mais do que ouvir" (EG 171).

Dessa forma, evangelizar com um coração sinodal implica participar da misericórdia de Deus. Viver a sinodalidade é agir com misericórdia, sendo a única resposta convincente que podemos dar a todos os seres humanos. Assim, evangelizar com um coração sinodal é ser um testemunho prático de esperança e confiança no infinito amor de Deus na obscuridade de uma determinada situação de dor, abandono, sofrimento ou incredulidade humana; é não estar sentado na sala de espera esperando que a porta se abra para todos, mas ter certeza de que o Deus sinodal virá ao nosso encontro, irá nos abraçar e chamar para entrar e cear com Ele.

A sinodalidade e o juízo final

A sinodalidade aparece na palavra de Deus, sobretudo ligada à misericórdia divina no juízo final. Assim podemos dizer que a sinodalidade de Deus ilumina o julgamento final da humanidade. Às vezes, percebe-se uma diferença de interpretação entre Paulo e Jesus na questão do juízo final. Para Paulo irão ficar fora do Reino de Deus algumas pessoas: "Então vocês não sabem que os injustos não receberão em herança o Reino de Deus? Não se iludam: nem os imorais, nem os idólatras, nem os adúlteros, nem os afeminados, nem os que praticam relações homossexuais, nem os ladrões, nem os avarentos, nem os caluniadores terão em herança o Reino de Deus" (1Cor 6,9-10). Já na sua segunda lista, Paulo parece ter uma visão mais aberta: "Em minha carta, eu lhes escrevi para não se relacionarem com pessoas imorais. Eu não estava me referindo a todos os imorais deste mundo, mas aos avarentos, ou aos ladrões, ou aos idólatras. Se assim fosse, vocês teriam de sair do mundo. Não. Eu lhes escrevi para não se relacionarem com quem traz o nome de irmão e, no entanto, é imoral ou avarento ou idólatra ou caluniador ou beberrão ou ladrão. Vocês não devem nem tomar refeição com pessoas assim" (1Cor 5,9-11). No entanto, quando lemos o julgamento final de Jesus, vemos a centralidade, não em questões de sexualidade e vícios, mas na questão da justiça e caridade (Mt 5,20; 25,31-46).

Segundo São Paulo a Timóteo (1Tm 2,4): "Ele (Deus) quer que todos sejam salvos e cheguem a conhecer a verdade". Rezamos no Credo: "Virá de novo a julgar os vivos e os mortos". Quanto a sinodalidade do juízo final, temos inúmeras representações desse Juízo e do inferno na arte cristã, porém a representação mais famosa é provavelmente o extraordinário afresco do Juízo Final pintado por Michelangelo na Capela Sistina[21]. Alguns aspectos sobressaem na cena do Juízo Final pintada por Michelangelo: primeiro a nudez e a musculatura dos corpos, mostrando que somos salvos não por nossa luxúria, nem pela ascese, pois diante de Deus estamos como que nus e descobertos; seremos salvos pela misericórdia divina. Para Michelangelo: Jesus é quem julga os seres humanos, não tendo a mediação da Igreja; os anjos ajudam alguns na salvação, sobretudo arrastando as pessoas que seguram um terço; não existe purgatório, assim não é retratado na cena; os demônios são apresentados com orelhas grandes, parecendo burros e não com chifres, não tendo garfos nas mãos, mas remos; no centro do julgamento está Jesus, que age de forma não misericordiosa, e a Virgem Maria, que parece impassível, com o rosto virado para o outro lado; tem uma barca que transporta pessoas para o inferno[22]. Tal pintura retrata o conflito das espiritualidades da época de Michelangelo, sobretudo com relação à Reforma de Lutero e à salvação final.

Para São Paulo, seremos julgados pelos santos: "Por acaso vocês não sabem que os santos julgarão o mundo" (1Cor 6,2). Jesus vai dizer: "A rainha do Sul se levantará com os homens desta geração no julgamento, e os condenará, porque ela veio dos confins da terra para escutar a sabedoria de Salomão. E aqui está quem é maior do que Salomão. Os habitantes de Nínive se levantarão com esta geração no julgamento, e a condenarão, porque eles se arrependeram com a pregação de Jonas. E aqui está quem é maior do que Jonas" (Lc 11,31-32). E Jesus continua: "Quando o Filho do Homem vier em sua glória, e todos os anjos com ele, então se assentará no trono de sua glória" (Mt 25,34). E ainda: "Jesus lhes disse: 'Eu lhes garanto, a vocês que me seguiram: quando todas as coisas forem renovadas, e o Filho do Homem sentar em seu trono de glória, também vocês hão de sentar-se em doze tronos para julgar as doze tribos de Israel" (Mt 19,28).

Jesus nos mostrou um Pai sinodal, que não julga ninguém: "fazendo brilhar o sol sobre bons e maus e chover sobre justos e injustos" (Mt 5,45). E ainda: "O Pai não julga ninguém. Ele deu ao Filho toda a tarefa de julgar" (Jo 5,22). Seremos julgados pela nossa justiça, nossas palavras e nosso amor: "Eu lhes digo: No dia do julgamento, as pessoas prestarão contas de toda palavra falsa que tiverem dito" (Mt 12,36); "Ele recompensará segundo as obras de cada um" (Rm 2,6); "Então os mortos foram julgados de acordo com suas obras, a partir daquilo que encontrava escrito nos livros" (Ap 20,12). O julgamento será com misericórdia: "O julgamento será sem misericórdia para quem tiver agido sem misericórdia. A misericórdia triunfa sobre o julgamento" (Tg 2,13).

Sabe-se que as homilias sobre o inferno e o medo do inferno desempenham papel emblemático na história da devoção cristã. Muitos pregadores tendem a fazer as pessoas sentirem o calor do inferno, infundindo-lhes o medo de uma eventual condenação. Ainda, o medo do inferno, que atormentava Martinho Lutero, atormenta muitas pessoas ainda hoje. Há quem pergunte: a mensagem do inferno não anula a mensagem bíblica fundamental sobre a misericórdia divina? Como vai

Jesus condenar ao fogo do inferno aqueles por quem morreu na cruz? Terá um limite à vontade salvífica de Deus? Para santo Irineu: "A glória de Deus é que todo ser humano viva". Para São Paulo: "Pois é Deus que produz em vocês o desejo e a realização, segundo a vontade dele" (Fl 2,13). Mas cada um deve "trabalhar com temor e tremor pela sua salvação" (Fl 2,12). Para Kasper (2015, p. 139): "Temor e tremor não se referem ao medo do inferno, mas sim ao fato de Deus trabalhar em nós e de devermos deixá-lo trabalhar em nós e por meio de nós". Daí entendermos que a salvação não é algo barato e que o pessimismo, no que se refere ao inferno ou à salvação, não deve infundir medo em nós. De outro lado, podemos perguntar: o "não" do ser humano pode ser uma possibilidade com poder igual ao "sim" incondicional de Deus, que quer que todos os homens sejam salvos? Sabe-se que a prioridade que a misericórdia divina tem enquanto primeira palavra deve ter também enquanto última palavra.

Com as transformações e evoluções da humanidade, as pregações religiosas sobre céu e inferno, que produziam efeitos imediatos e localizados nas pessoas e comunidades, tendo uma demora de local e tempo para serem difundidas, sofreram uma mudança copernicana, isto é, perderam seu poder, bem como sofreram o deslocamento da mudança da noção de tempo e espaço, começando a surtir efeitos imediatos e ramificados e em vários lugares. Podemos dizer que até na sociedade medieval, com os limites dos meios de locomoção e comunicação, as pregações religiosas tinham efeito limitados ao local da fala e demoravam muito tempo para se espalharem. Hoje, com os avanços tecnológicos, o espaço está alargado e o tempo é real para todos. Ademais, na sociedade medieval, os valores que guiavam a humanidade eram derivados, na sua maioria, das religiões. Bom, belo e verdadeiro era o que as religiões propagavam. Já, na sociedade moderna, é a ciência que assume essa matriz. A ciência trouxe a sensação de controle de tudo pelo homem, bem como gerou novas compreensões de bom, belo e verdadeiro. Sabe-se que, na verdade, até na fé não se percebe o controle de Deus, algo muito claro para Jesus. Para Jesus a salvação não é controlada pela observância de leis e normas, como queriam ou compreendiam os judeus, mas é algo da misericórdia divina. Deus já não é mais castigador, mas misericordioso (Lc 13,2-3). O absurdo da misericórdia divina fica mais evidente na seguinte passagem bíblica: "Eu lhes garanto: os cobradores de impostos e as prostitutas vão entrar no Reino de Deus antes de vocês" (Mt 21,31). Se podemos dizer que não existe um controle do homem pela sua salvação, do mesmo modo, não temos o controle sobre as ações de Deus. Quando perguntaram a Jesus se eram poucos os que se salvariam, a resposta foi enigmática: "Entrem pela porta estreita, porque é largo e espaçoso o caminho que leva para a perdição. Como é estreita a porta e apertado o caminho que leva para a vida! E são poucos os que o encontram" (Mt 7,13-14).

Na história da Igreja, temos a apocatástase, isto é, a sua salvação é estendida a todos os povos. Segundo Kasper (2015, p. 136): "Para alguns teólogos, falar da apocatástase leva à interpretação de que, no final, todos os homens, incluindo os ímpios e os malvados, serão acolhidos na bem-aventurança do Reino de Deus consumado. Essa doutrina foi atribuída com frequência ao teólogo grego Orígenes e, enquanto tal, condenada pelo imperador Justiniano em 543. Todavia, quando se leem os enunciados de Orígenes no seu contexto e se toma em consideração seu caráter prudente reservado e hipotético, podem expressar-se dúvidas sobre se essa condenação o afeta realmente. Posições análogas às de Orígenes foram sustentadas por outros padres da Igreja, como, por exemplo, Gregório de Nisa e Máximo, o Confessor, sem que estes tenham alguma vez sido condenados por causa delas". Como juiz dos vivos e dos mortos, Jesus é aquele que foi morto na cruz por todos. Assim, todos podem ter esperança de salvação, ter esperança de um juízo misericordioso. No entanto, como diz Santo Agostinho: "Aquele que te criou sem ti não te justificará sem ti" [23]. Diante do "astucioso" amor misericordioso de Deus, que nos seduz, como diz Edith Stein, podemos estar certos da salvação de todos ou devemos não estar seguros dela? Podemos dizer que esse é um mistério insondável que, como seres humanos, não estamos em condições de desvendar. Como diz Kasper (2015, p. 140-141): "A única resposta que nos permite o testemunho bíblico é a incondicional confiança na incomensurável misericórdia divina, que conhece caminhos que para nós são imperscrutáveis e nunca deixa de seduzir o ser humano e de tentar levá-lo a dar uma resposta positiva". Mas paira uma pergunta: Se o ser humano não consegue, por circunstâncias diversas, dar uma resposta fundamental e definitiva a Deus, poderá ter possibilidade de fazer depois de morto nesta vida? Para Kasper (2015, p. 141): "Sinal destas infinitas misericórdia e paciência de Deus com aqueles que não optaram fundamental e definitivamente contra Ele é a doutrina do purgatório". Tal doutrina se fundamenta em 2 Macabeus (12,38-46) que afirma: "Após reunir seu exército, Judas chegou até a cidade de Odalam. No sétimo dia, depois de se purificarem conforme o costume, celebraram o sábado (...). Puseram-se em oração, suplicando que o pecado cometido fosse totalmente cancelado (...). Ele agiu com grande retidão e nobreza, pensando na ressurreição. Se não tivesse esperança na ressurreição dos que tinham morrido na batalha, seria coisa inútil e tola rezar pelos mortos(...). Por isso, mandou oferecer um sacrifício pelo pecado dos que tinham morrido, para que fossem libertados do pecado".

Observa-se que, desde o início do cristianismo, tem-se o costume de rezar pelos mortos. Semelhante prática de oração pressupõe a sinodalidade dos vivos em favor dos mortos, acreditando na possibilidade de uma purificação preparatória para a plena comunhão com Deus. Para Kasper (2015, p. 141): "O purgatório não é um lugar nem, muito menos ainda, um campo de concentração para o cumprimento de penas; trata-se, no final de contas, do estado de encontro com o Deus santo e com o fogo do seu amor purificador, que só podemos sofrer passivamente e por meio do qual somos preparados a fundo para a plena comunhão com Deus". Assim, a salvação eterna é pura obra da misericórdia divina e, por assim dizer, uma última oportunidade que nos é concedida. Quanto a confiança no amor de Deus, assim expressa Paulo apóstolo: "Quisera eu mesmo ser amaldiçoado, separado de Cristo, em favor de meus irmãos, de meus parentes segundo a carne" (Rm 9,3). Essa afirmação de São Paulo deixou uma marca duradoura e profunda na teologia e na mística cristã. Segundo São Tomás de Aquino, citado por Kasper (2015, 142): "Pode-se esperar a salvação eterna para outra pessoa se estivermos unidos a ela por amor". Nas Sagradas Escrituras vemos Moisés assim rezando: "Este povo cometeu um pecado gravíssimo, fabricando deuses de ouro. Agora, porém, ou perdoas o pecado deles ou me risca de teu livro que escreveste" (Ex 32,31-32). Assim reza o salmista: "Ele pensava em exterminá-los, se não fosse Moisés, seu escolhido, ter intercedido diante dele, na fenda da rocha, para lhe conter a ira destruidora" (Sl 106,23)[24]. Viver essa irmandade entre os seres humanos, sendo sacramento de salvação para todos, é acreditar na infinita misericórdia divina; é acreditar que, sob o seu manto, há lugar para todo homem de boa vontade. Assim, a misericórdia, nascendo de um coração sinodal, é para nós esperança e consolo de salvação eterna.

Sinodalidade: "Volta ao ninho"

"Voltar ao ninho" é viver a comunhão, voltar à nossa origem, isto é, viver sem os muros, sendo irmãos e irmãs. A pluralidade existe e é preciso contemplá-la e não anulá-la. A pluralidade pode gerar várias visões de Deus, mundo e ser humano, mas mais importante do que a visão a que se chegou é viver a sinodalidade, sabendo-se irmão de todos: "Então Jesus lhes disse: 'Não tenham medo! Vão avisar meus irmãos que se dirijam para a Galileia. Aí eles me verão'" (Mt 28,10).

Dois versículos bíblicos são lapidares para indicar o que significa "Voltar ao ninho": "A todos, porém, que o acolheram deu o poder de se tornarem filhos de Deus, isto é, àqueles que creem em seu nome" (Jo 1,12) e "Vós todos sois irmãos" (Mt 23,8). E essa redescoberta de ser filho de Deus e irmão de todos os seres humanos que nos permite "voltar ao ninho", isto é, sermos aquilo que de fato somos como seres humanos: Filhos de Deus e irmãos entre os irmãos. Se antes se buscava essa "Volta ao ninho" por meio da observação das normas e leis, Jesus revela a fragilidade delas, bem como sua impotência para tal façanha. Sem a consciência de ser filho e irmão entres os irmãos, corremos o risco de sermos apenas frequentadores de religião sem fé em Deus nem responsabilização pelo outro. Segundo São Basílio (*in* Cantalamessa, 2019, p. 159): "O Espírito Santo foi o companheiro inseparável de Jesus em todas as suas obras". O Espírito Santo é a chave para resolver o problema delicado da natureza humana (2Cor 3,6). Se a "letra mata" sem o Espírito Santo, que dizer das leis eclesiásticas, das regras monásticas e dos Cânones do Direito Canônico? Segundo Santo Agostinho (*in* Cantalamessa, 2019, p. 162): "O Espírito Santo não abole, nem ultrapassa a Lei; porém ensina quando a lei se deve pôr-se de parte e ceder lugar à misericórdia". Sem a consciência da verdadeira natureza humana, isto é, dessa identidade de filho de Deus e irmão entres os irmãos, fica quase impossível "voltar ao ninho", vivendo a sinodalidade.

A primeira coisa que o Espírito Santo nos mostra é que Deus não é um "Pai carrasco" e carente, que fica punindo ou cobrando atenção e amor: "Irmãos, ninguém pode pagar pelo seu próprio resgate, homem nenhum pode pagar o seu preço a Deus" (Sl 49,8). Às vezes, inconscientemente, achamos que, por nossas obras, podemos pagar a Deus, mas Deus não quer devedor, mas credores: de Deus somos credores, ele nos ama. O Espírito Santo nos ensina que Deus nos ama: "Não poupou seu próprio Filho" (Rm 8,32). É assim que acontece com todo aquele que nasce do Espírito (Jo 3,3.6). Podemos dizer que a misericórdia restitui o verdadeiro rosto de Deus Pai, revelado em Jesus, levando-nos à unidade e à comunhão, levando-nos ao "ninho original", que é Deus.

Às vezes, formamos adeptos da religião ou de práticas religiosas e não verdadeiros filhos de Deus, quando não, seguidores da autorreligião, isto é, uma religião eleita por si mesmo. Sabe-se que o comportamento religioso é um dos mais complexos de serem analisados. Os pesquisadores têm tido dificuldade em entender e precisar esse comportamento, uma vez que ele vem marcado e mesclado pela tradição, pela busca de segurança, pelo medo, pela fé, pela devoção, pelas patologias, pela religiosidade, pelo tempo em se que vive, pela idade, pelo gênero, pelo meio em que vive, pela busca de sentido da vida e assim por diante. Dado mais difícil ainda é que as histórias religiosas são contadas e atestadas pelos que viveram no passado e buscadas, seguindo os mesmos ritos no presente, repetindo a mesma façanha e, quando não acontece nada, afirmando que é falta de fé, ou que se está no pecado, ou que é a vontade de Deus. A religião pode dificultar ou facilitar a formação da consciência humana sinodal, consciência da comunhão. A fé cristã ou é concreta ou abstração. Recuperar a concretude da fé cristã é "voltar ao ninho", recuperando a beleza e grandeza da inclusão, do encontro, da acolhida; sem isso tudo tende a ficar abstrato, caindo em um espiritualismo sem a concretude da vontade de Deus.

Toda pessoa humana foi feita para a comunhão e só se realiza quando ela é vivida. Toda religião que não presta esse serviço da comunhão, curando as feridas, perdoando os pecados, reestabelecendo laços, pode ser abstrata e não ter a concretude do amor do Deus de Jesus ou daquilo que significa o transcendente. Sabe-se que muitas pessoas tendem a se tornar más devido à vida dura que tiveram, aos maus-tratos, maus exemplos ou à falta de alguém que os conduzissem de "volta ao ninho". Voltar ao ninho é encontrar a si mesmo, é se descobrir como ser de comunhão, de bondade, sendo capaz de gestos de misericórdia, de caminhar juntos, rompendo o círculo da divisão e da maldade, reconhecendo-se irmão de todos. Essa é a verdadeira função da religião. Assim, "voltar ao ninho" é voltar a ser bom, voltar a ser comunhão, volta a ser irmão, sendo fraterno e sinodal.

Dentro de cada um pode existir um "Zaqueu" desejoso de "voltar ao ninho" ou ser "acolhido no ninho". Jesus diz a Zaqueu: "Desce rápido, porque hoje devo ficar em sua casa' (...). Zaqueu então ficou de pé e disse: 'Senhor, vou dar a metade de meus bens aos pobres e, se roubei de alguém, vou lhes devolver quatro vezes mais'. Jesus lhe disse: 'Hoje, a salvação chegou a esta casa, pois também este é um filho de Abraão. Porque o Filho do Homem veio procurar e salvar o que estava perdido'" (Lc 19,5-10). Dentro de Zaqueu morava um filho de Deus que, com a presença de Jesus, veio à tona, isto é, alguém da comunhão, alguém que se reconhece irmão de todos. Ao se reconhecer como irmão e não mais como explorador, ladrão e cego aos pobres, recobrou a filiação divina, descobrindo-se irmão de todos os seres humanos. "Voltar ao ninho" é abandonar o comodismo, perder o medo, tirar as máscaras e arriscar ser alguém diferente, isto é, filho de Deus, vivendo a comunhão e a irmandade com o semelhante, sendo sinodal.

Quando as pessoas "voltam ao ninho", elas passam a ser ouvidas, sendo capazes de caminharem com os irmãos e as irmãs. O que somos todos nós, senão alguém procurando o seu ninho? O ninho é Deus, que nos torna seus filhos e irmãos entre nós. Somos esses peregrinos em busca de Deus e de nossa irmandade, em busca de nós mesmos, ou de sermos aquilo que de fato somos: "A todos, porém, que o acolheram, ele deu o poder de se tornarem filhos de Deus, isto é, àqueles que creem em seu nome" (Jo 1,12). Quem encontrou Deus encontrou o "ninho" e se torna caminho para que os outros possam "voltar ao ninho", tornando-se pessoas sinodais, homens e mulheres da comunhão, irmãos e irmãs, construtores e construtoras de pontes das pessoas entre si e com Deus.

Sinodalidade: não violência

Viver a sinodalidade é viver a comunhão. Contrário à comunhão está o individualismo, o distanciamento, o indiferentismo. O caminho da sinodalidade permite traçar um círculo mais amplo, já o caminho antissinodal é traçado somente em volta de si, da família com laços de sangue e, no máximo, incluindo aqueles que têm a mesma ideologia ou visão. Quando olhamos para esses dois caminhos, vemos que o caminho proposto por Jesus é o da sinodalidade, algo que implica uma luta contra toda a injustiça em vista da fraternidade universal e não somente para si ou seu grupo. Tal projeto exige humildade e resignação. Jesus não era um líder político, mas religioso[25].

Mesmo tendo aí, na raiz do cristianismo, o caminho seguido por Jesus, caminho sinodal, vemos que, ao longo da história da evangelização, os povos, ao adotarem o cristianismo, muitas vezes, só retiveram os elementos que podiam reforçar sua potência militar, as lutas, as exclusões e a autocracia. Para Georges Minois (*in* L'Eglise et la guerre: de la Bible à l'ere atomique, Paris, Fayard, 1994, p. 79): "Para os reis bárbaros, que se converteram nos séculos V e VI, o Deus de Jesus é antes de tudo um aliado militar, útil para a efetivação da guerra". E ainda, como diz Mattei (2002, p. 15): "Embora os cristãos se opusessem à violência, reconheciam a importância e a validade do exército e de algumas guerras para a manutenção da ordem e da paz". Sabe-se que Constantino, no século IV, cristianizou o exército. Com isso surgiu a liberdade de culto, a consequente cristianização da sociedade e das instituições romanas e nasceu o Estado cristão e a doutrina da guerra justa. O Concílio de Arles, de 314, mandou excomungar os desertores do exército. Segundo Minois (1994, p. 98): "Não há mais incompatibilidade entre a fé cristã e a profissão das armas, inclusive, Santo Agostinho passa a defender a guerra justa e, ao mesmo tempo, a guerra de religião contra os maniqueus e os demais hereges contrários à civilização e à cristandade"[26]. Não se pode afirmar que os três primeiros séculos foram pacifistas entre os cristãos, mas sim, que Jesus, como homem e com a sua conduta moral, foi capaz de refutar a lei do talião que pregava olho por olho e dente por dente, ao criar um novo paradigma de paz e amor entre os povos, superando qualquer tipo de violência bélica absoluta; isso marcou profundamente o comportamento dos primeiros cristãos.

Segundo Araújo (2017, p. 38): "O cristianismo nasce como uma nova ideologia voltada para a dimensão da paz, até porque a pregação de Jesus Cristo, conforme os Evangelhos canônicos e a literatura neotestamentária, era totalmente pacífica, voltada para a vivência do amor ao próximo e a Deus, como também foi totalmente revolucionária por ser universal e internacional no paradigma da paz interior, da paz entre os homens e entre os diversos povos, ou seja, uma paz universal para toda a humanidade". Jesus levantou com força o novo mandamento: "Amar a Deus e ao próximo", não devendo matar de forma alguma, deixando com isso prescrever a cólera e o ódio que conduzem ao enfrentamento da violência (Mt 5,21-22). O cristianismo assenta suas bases doutrinárias sobre a necessidade da convivência entre irmãos e da oferta da outra face ao agressor (Mt 5,39). Vemos aí que o princípio sinodal é a base da ética e da vida do homem cristão.

Segundo Araújo (2017, p. 41): "Em geral, podemos dizer que o Antigo Testamento nos mostra vários exemplos de sacralização da guerra e acaba sendo uma fonte essencial para a justificação moral da guerra para os cristãos". Quando lemos o Antigo Testamento, sobretudo os livros do Êxodo, Números, Samuel e Reis, vemos que a guerra realizada pelo povo de Israel é feita em nome de Deus, que a inspira e ordena. Vemos que Deus ajuda seu povo e o conduz por intermédio de líderes religiosos, carismáticos e guerreiros. Temos como exemplos: Moisés, Saul, Davi, Salomão e assim por diante[27]. Todos os reis do povo de Israel foram guerreiros, que fizeram guerras justas contra os inimigos do povo eleito de Deus. Em Mateus temos várias passagens em que Jesus é chamado pelo povo de "Filho de Davi" (Mt 9,27; 12,23; 15,22; 20,30; 21,9; 22,42). Mas Jesus mesmo se recusa a ser chamado de "Filho de Davi" (Mt 22,41-45). Quanto à violência, Dag Tessore (A mística de guerra justa: espiritualidade das armas no cristianismo e no islã, Editora Nova Alexandria, 2007, p. 27-28) comenta que, talvez, nenhum livro sacro seja tão repleto de espírito guerreiro quanto a Bíblia: "O corão, em comparação, é bem mais brando e menos sanguinário. A própria ideia de guerra santa permeia boa parte do Antigo Testamento. Aí Deus é chamado com muita frequência de Senhor dos exércitos (Adonai sevaoth), e a guerra é, muitas vezes, apresentada como guerra do Senhor. Os motivos pelos quais Deus comanda os hebreus a fazer guerra contra as nações, isto é, contra os outros povos (pagãos) podem ser resumidos em três pontos. Em primeiro lugar, a conquista da Terra Santa de Israel [...]. Em segundo lugar, as guerras santas têm como objetivo exterminar os pagãos, com seus ídolos e suas abominações, para que o próprio Israel não corra riscos de ser contaminado. E, por fim, elas traduzem, às vezes, em verdadeiros sacrifícios rituais, imensos holocaustos humanos"[28].

Sabe-se que Estado, rei, líder político ou religioso, até mesmo pastorais, grupos ou movimentos dentro da Igreja, pelo fato de falar de Deus, falar de Jesus, estão contaminados pela "síndrome da guerra justa"[29], que leva a eleger o outro como inimigo e lutar com "espadas" para sua eliminação. A "síndrome da guerra justa" é pensar que, destruindo o inimigo, tudo está resolvido. Os grandes líderes políticos padecem dessa síndrome, sendo um projeto fechado e sem abertura para a sinodalidade. Quando olhamos a história, vemos que fenômenos como a "síndrome da guerra justa" acontecem até hoje. À guisa de exemplo, podemos citar: "A morte de cerca de 80 homens, mulheres e crianças do Branch Davidians, sob a liderança religiosa de David Koresh, em Waco, Texas; o sacrifício religioso por afogamento de oito crianças em 1977, feito pelos pais e líderes de uma seita de nuança pentecostal na praia de Stelamaris, em Salvador (BA); o suicídio coletivo na Guiana, ocorrido em 1978, quando os seguidores do reverendo Jim Jones se autoexterminaram abruptamente; a morte dos membros da Ordem do Templo Solar (1994 e 1997); o ataque com gás sarin no metrô de Tóquio pelos militantes do grupo de Aum Shiriko, em 1995; a decisão de suicidar-se dos membros da Heaven's Gate, na Califórnia, com o objetivo de abandonar seus corpos terrestres e encontrar salvação em um disco voador localizado na cauda do cometa Halle-Bopp, em 1995" (*In* P. Dalgalarrondo, Religião, psicopatologia e saúde mental, Editora Artmed, 2008, p. 170-171). Vemos que todos esses comportamentos são marcados pela crença em Deus, mas uma crença contaminada, tóxica, sem espaço para a sinodalidade.

Para explicar o comportamento religioso contaminado pela "síndrome da guerra justa", seria necessário explicar também a ampla presença global e histórica da crença em entidades sobrenaturais, em espíritos e fantasmas, na vida após a morte, em paraísos e infernos. Xenófanes, por volta do ano 500 a.C., ao analisar criticamente as suposições que as pessoas faziam a respeito dos deuses, escreveu: "Mas, se mãos tivessem os bois, os cavalos e os leões e se com elas desenhassem e obras como os homens, os cavalos desenhariam as formas dos deuses iguais a cavalos, e os bois iguais a bois, e os corpos fariam tais quais o corpo que cada um deles tem (...) Os etíopes dizem que seus deuses são negros e de nariz achatado, e os trácios, que são ruivos e de olhos glaucos (Xenófanes, C., Fragmentos, Editora Olavobrás, 2003, p. 15-16). Para Jesus Deus é Pai, que ama todos como seus filhos e suas filhas (Jo 10,34-36). E ainda: "Vós todos sois irmãos" (Mt 23,8). No projeto da "Síndrome da Guerra justa", o outro é visto como inimigo, no de Jesus, o outro é filho de Deus e pode não saber o que está fazendo (Lc 23,34).

Deus pode estar além de todo o comportamento religioso que o ser humano pode ter. A religião é para onde as pessoas correm em busca de refúgio, sentido, consolo ou proteção. Ela tende a se ajustar na sociedade para protegê-la e dar forma. Por isso seus líderes são ovacionados quando falam o que querem ouvir e são protegidos e sustentados por eles. Na verdade, todos procuram por luzes. Quando olhamos a história do comportamento cristão diante do militarismo e das guerras até Constantino e o Imperador Teodósio, o Grande, é possível perceber entre os primeiros cristãos um posicionamento mais claro quanto ao militarismo e as guerras, mas não por uma condenação do militarismo e da guerra em si, mas porque ser soldado naqueles séculos no exército romano significava dever de prestar juramento à autoridade pagã e cultuar a divindade do imperador, coisas que um cristão não podia fazer sem trair a própria fé. Como Roma foi se tornando um modelo possível de Estado e foi abolindo o juramento à autoridade pagã e o culto ao imperador, Santo Agostinho viu nisso um modelo perfeito de Estado. Segundo Araújo (2015, p. 235): "Roma, com todos os seus esplendores e seus métodos para conseguir grandeza e respeito, era tida como o único modelo possível de Estado; mas o bispo de Hipona cria uma nova concepção de homem e de sociedade civil voltada também para a dimensão transcendental".

A maioria das religiões nos ensina a perceber o quanto é pequena nossa alma, nossos ideais e nossos projetos. Mas a verdadeira religião vai além, mostrando uma liberdade além do nosso pequeno mundo, uma fraternidade mais ampla, abraçando a todos. A verdadeira religião exige elevação espiritual. Sem elevação espiritual, os membros das religiões se tornam apenas cumpridores de leis, normas e ritos, sem misericórdia e amor pela vida dos feridos que precisam de amor: "Pois eu quero amor e não sacrifício, conhecimento de Deus mais do que holocaustos" (Os 6,6); "Não são os sadios que precisam de médico, e sim os doentes. Vão aprendam o que significa: 'Quero a misericórdia e não sacrifícios'. Porque não vim chamar justos, e sim pecadores" (Mt 9,12-13). A verdadeira religião exige ser guiada pela fé, exige discernimento e abandono de ideias prefixadas. Ela leva à verdadeira elevação do ser humano que é vivência do amor universal para com todos os seres humanos. Estar em Deus traz serenidade, tranquilidade, benevolência e amabilidade (Gl 5,23).

O caminho sinodal não é o da exclusão, nem o da "síndrome da guerra justa", do egoísmo ou do indiferentismo, mas o da comunhão, da fraternidade, da irmandade universal. Esse caminho só pode ser vivido a partir da misericórdia. Sem ela é impossível viver a sinodalidade. Para o Papa Francisco (2016, n.1): "Com efeito, a misericórdia não se pode reduzir a um parêntese na vida da Igreja, mas constitui a sua própria existência, que torna visível e palpável a verdade profunda do Evangelho".

Quando olhamos para o texto dos Atos dos Apóstolos (4,32-35), vemos o quanto o comportamento dos crentes é mudado para viver uma irmandade fraterna. É uma vivência diferente da dos grupos religiosos existentes. No ideal cristão, o amor a Deus deve se tornar visível no amor ao próximo: "Se alguém disser: eu amo a Deus, mas odeio meu irmão, esse tal é mentiroso. Pois quem não ama seu irmão, a quem vê, não pode amar a Deus a quem não vê" (1Jo 4,20); "Quem diz que está na luz, mas odeia seu irmão, está na escuridão até agora. Quem ama seus irmãos permanece na luz, e nesse não há ocasião de tropeço. Porém quem odeia seu irmão está na escuridão e anda na escuridão. Esse não sabe para onde vai, porque a escuridão lhe cegou os olhos" (1Jo 2,9-11). O caminho da sinodalidade tem a moldura do amor. É a moldura do amor que sela a presença de Deus, que tem de amar para existir como Deus. Essa presença amorosa é a marca sinodal de Deus, que "faz seu sol nascer sobre malvados e bons e faz chover sobre justos e injustos" (Mt 4,45).

Casa: lugar da sinodalidade

Só recentemente, na exegese bíblica, é que o espaço vem sendo considerado com mais profundidade. Antes ele era tido mais como um pano de fundo para os eventos, sendo uma arena em que o enredo se desenrolava, tendo importância secundária. Analisando a casa, em sua relação com Jesus, sobretudo no Evangelho de Mateus, podemos concluir que ele é adorado em uma casa sem que seus moradores sejam identificados (Mt 2,11) e é homenageado na casa de Simão, o leproso (Mt 26,6); cura o escravo do centurião (Mt 8,5-13) e a sogra de Pedro (Mt 8,14-15) em suas casas; ressuscita a filha do chefe dentro de casa (Mt 9,23-25); cura (Mt 9,28-30) e expulsa demônios (Mt 9,31-33) em casas, sem que se mencionem seus moradores, e envia para casa o ex-paralítico após curá-lo (Mt 9,1-7). Por fim, Jesus é confrontado, defende-se e exerce seu ministério de ensino em casas, sem que sejam explicitados seus habitantes (Mt 9,10-13,14-17;9,33;13,1-36). A maioria das ações do ministério de Jesus ocorreram em casas. Sabe-se que, nas casas, ficam as pessoas doentes. Elas são o cenário onde se manifesta o sofrimento físico. A casa é, assim, o lugar teológico da revelação de Jesus e de seu reconhecimento como Messias; é lugar sinodal. Onde tem sinodalidade tem cura. A divisão, no entanto, gera feridas, violências, ressentimentos, vinganças e tudo mais, cânceres que matam e destroem a vida. Só se é possível curar tais cânceres a partir de um coração sinodal.

É dentro de uma casa, falando a seus seguidores, que Jesus redefine a família cristã. Os laços de amor a Jesus e de comprometimento com seus ensinos criam vínculos que unem os discípulos a Jesus Cristo. Eles formam uma família, e isso acontece dentro da casa, e não fora dela (Mt 12,46-49). O ensino na casa visa preparar os seguidores de Jesus para se relacionarem com o Estado judeu teocrático, no qual se misturam preceitos religiosos e estatais com deveres em ambas as áreas, inclusive na vinculação do pagamento de impostos como obrigação religiosa (Mt 17,27).

É significativo no evangelho que na casa temos os maiores ensinamentos de Jesus sobre sinodalidade (Mc 9,33-35). Foi em uma casa que Jesus fez seu primeiro milagre (Jo 2,1-11); foi em uma casa que Jesus celebrou a ceia (Lc 22,7-11); na casa, Jesus deu o golpe mortal na ideia de autoridade, poder e governo que os sacerdotes, no Templo, sempre tiveram. Na casa Jesus revela que a verdadeira grandeza está na capacidade de servir os irmãos e as irmãs, sendo sinodais, e é isso que gera e revela que somos filhos e filhas de Deus. A autoridade divide, o serviço une, gera comunhão, companheirismo e igualdade. O serviço é sinal de sinodalidade.

Jesus, diferente dos profetas que anunciam a conversão para os reis, como Amós, Jeremias, João Batista e tantos outros, anuncia a palavra de Deus, de casa em casa, a pessoas simples e marginalizadas pelas leis judaicas. Do mesmo modo, envia seus discípulos para irem de casa em casa (Mc 7,6-10). Jesus envia-os dois a dois e não sozinhos. Isso, talvez, para dizer que a caridade deve ser vivida entre seus discípulos, pois é testemunho que gera conversão. Caminhar com o outro já é um gesto sinodal, pois obriga a ser sinodal um para com outro.

Quando olhamos para o Pentecostes, vemos que o Espírito Santo é comunicado por Jesus em um cenáculo (casa). Tal Espírito não faz distinção de pessoas, e todos são acolhidos em sua própria situação (At 2,4-6). Vemos aí que foi em uma casa e não no Templo que veio o Espírito Santo sobre os apóstolos e todos os que estavam reunidos no cenáculo (casa).

A casa é, dessa forma, o sinal da manifestação do amor de Deus, sinal da sinodalidade divina. Para Jesus nós somos a morada de Deus: "Na casa de meu Pai há muitas moradas. Senão eu teria dito: 'Vou preparar-vos um lugar?'; Se alguém me ama, guardará minha palavra, e meu Pai o amará, viremos a ele e faremos nele mossa morada" (Jo 14,2.23). Uma morada significa muito mais que uma presença. Uma pessoa pode estar presente em seu local de trabalho, na rua..., mas a morada é seu lugar de referência. E Deus quis ter uma morada e uma habitação em nosso interior. Somos sua casa. Se entendemos isso, entendemos que somos referência de Deus quando aceitamos ser morada do Deus-Sinodal. E todo aquele que é morada de Deus é sinodal.

A casa de Deus é ampla, é a casa de todos os seres humanos, casa de reconciliação e justiça, aberta antes de tudo para aqueles que foram e são oprimidos. Aqueles que não cabem na casa deste mundo, os que foram expulsos de suas casas e das Igrejas, podem entrar na casa da Vida de Jesus que, durante seu ministério, construiu, com suas palavras, uma morada para as pessoas, onde estas se sentiram seguras.

Um dos dramas vividos pelo ser humano no atual contexto social pós-moderno é que ele perdeu, não somente seu lar exterior, mas também se afastou de sua morada interior. Comprovamos hoje um "déficit de interioridade". As pessoas perderam o caminho da direção do seu coração; vivem fora de si mesmas e não conseguem colocar as grandes perguntas existenciais: "de onde venho? Quem sou? Para onde vou". Elas já não sabem mais quem são. "A infelicidade do ser humano moderno consiste em não ser mais capaz de permanecer em sua cela" (Blaise Pascal). "O ser humano só está em casa no mistério de Deus" (Clemenz Schmeing). Assim, a casa é lugar do encontro com nós mesmos, encontro com o outro e encontro com Deus. Ela é o lugar da sinodalidade.

Sinodalidade: caminho cristão

Não é possível ser sinodal se não se age com misericórdia. Quanto a misericórdia, os últimos papas têm ressaltado o valor dela no dia a dia da vida cristã. O Papa Francisco, na Bula de Promulgação do Jubileu Extraordinário da Misericórdia (Misericordiae Vultus), indicou três Pontífices que tiveram, como trave mestra do seu pontificado, a misericórdia: São João XXIII, S. Paulo VI e S. João Paulo II. Vivendo cada um deles em contextos cronológicos, geográficos, culturais e eclesiais, bastante diferentes, todos, no seu tempo, sentiram e viveram tempos conturbados e foram confrontados com os clamores da humanidade. O papa João XXIII deixou, durante o seu pontificado, o exemplo e a imagem daquilo que é ser o Bom Pastor. Homem atento, corajoso e cordial, observava e punha em prática, de modo profícuo, as obras de misericórdia e por todos sentia um excepcional sentimento de paternidade. O seu magistério foi marcado pelas Encíclicas *Mater et magistra* (1961) e *Pacem in terris* (1963). Paulo VI escreveu a primeira Encíclica *Ecclesiam suam* (1964), acentuando que não tinha por objetivo "expor ideias novas ou devidamente desenvolvidas [nem] tornar a Encíclica uma proclamação solene da doutrina católica ou dos princípios morais ou sociais" (ES 6). O objetivo da Encíclica era demonstrar o que importava para a salvação humana: que o mundo e a Igreja Católica "se encontrem, conheçam e amem" (ES 3). Outros documentos significativos do pontificado do papa Paulo VI foram a Encíclica *Populorum Progressio* (1967) "sobre o desenvolvimento dos povos" e a Carta Apostólica *Octogesima Adveniens* (1971) para o pluralismo do compromisso político e social dos católicos. São João Paulo II desenvolveu, simultaneamente, uma leitura crítica do capitalismo, submetido a uma análise crítica em três das suas quatorze Encíclicas: a *Laborem exercens* (1981), a *Sollicitudo rei socialis* (1987) e a *Centesimus annus* (1991). A 30 de novembro de 1980, João Paulo II publicou a Encíclica *Dives in Misericordia*, fruto das suas experiências pastorais na Polônia, especialmente em Cracóvia. Entre as Encíclicas publicadas, têm particular relevância para a misericórdia as Encíclicas: *Deus Caritas Est e a Caritas in Veritate*, que, muito embora não foquem diretamente na temática da misericórdia, têm a tônica da compaixão e da caridade, que, muitas vezes, nos aparecem como sinônimos de misericórdia e devem ser farol para o agir de todos os homens, especialmente os cristãos. A misericórdia é o que nos permite ser sinodais, sem ela, vamos fazer prevalecer a justiça distributiva ou comutativa. A justiça distributiva é a que reparte os bens da comunidade com a devida proporção entre os cidadãos, cabendo ao Estado o ônus de dar a cada um o que lhe é devido[30]. Na justiça comutativa, esse ônus cabe aos cidadãos nas relações que estabelecem no domínio particular. Esses dois conceitos estão no plano da filosofia. Já a justiça na bíblia é a expressão concreta da misericórdia. É esse princípio de justiça que abre caminho para a sinodalidade. A bem da verdade, o agir sinodal é livre dos preconceitos, muros, ressentimentos, julgamentos ou de qualquer coisa mais e simplesmente se assenta sobre o respeito pela diversidade, a vida e a pluralidade de costumes e valores, buscando a unidade, a comunhão, a fraternidade, a liberdade e a igualdade.

Para Bento XVI "a sociedade cada vez mais globalizada nos torna vizinhos, mas não nos faz irmãos" (2009, n. 19). O cardeal Jorge Mario Bergoglio aos 76 anos de idade foi eleito Papa, em 13 de março de 2013, e tomou o nome de Francisco, e manteve o mote que escolhera em sua ordenação episcopal – Miserando atque eligendo –, tirado das Homilias de São Beda, o Venerável, sacerdote (Hom. 21; CCL 1, 22, 149-151), e que é reproduzido na Liturgia das Horas na festa de São Mateus. Essa homilia é uma homenagem às 84 misericórdias divina e marcou a vida espiritual do Papa e, por isso, tomou-a como programa de vida. Francisco olha para a Igreja como o sacramento de salvação para todos os homens, que sai dos seus muros e vai ao encontro dos filhos que andam perdidos nas periferias da existência e nisso revê e centra toda a missão da Igreja. No desenvolvimento da sua reflexão, o Santo Padre destaca a identidade de Deus, como um Deus, que é misericórdia (Ex 34,6), que foi revelado na sua plenitude em Jesus Cristo (Francisco, 2015b, n. 1). A própria misericórdia tem uma valência que ultrapassa as fronteiras da Igreja, o que supõe uma proposta de diálogo aberto ao âmbito inter-religioso. Para o Papa Francisco (2015b, n.23), o ano jubilar deve ser "vivido na misericórdia", "favorecer o encontro com as religiões", tornar-nos "abertos ao diálogo", eliminar fechamentos, desprezos, violências, discriminações e, sim, promover e implicar uma convivência de respeito e de paz.

Diante da misericórdia, no centro da cena do encontro de Jesus com a pecadora (Lc 7,36-50), não está uma lei crua e intransigente, mas puramente a lei do amor. É por isso que dizemos que sem misericórdia não é possível viver a sinodalidade, pois o outro, sem misericórdia, já pode, de *per si*, ser condenado, excluído ou eliminado. Se atendermos aquilo que Aristóteles já disse: "A virtude é o que os homens de bem acordaram ser", podemos dizer que a sinodalidade vai além de algo ser acordado ou não de algo ser bom ou ruim, ser justo ou injusto, pois ela tem como valor máximo a preservação da vida. Somente esse valor permite ver, ouvir e dialogar com o outro sobre o que é justo e injusto, bom e ruim, virtude ou vício, uma vez que tudo o que foi acordado pode ter sido acordado em favor de um "grupo de privilegiados", devendo a justiça cristã "superar a justiça dos fariseus" (Mt 5,20).

A sinodalidade, caminho do cristão, traz a valorização da vida acima de tudo e o reconhecimento de que a "realidade é mais importante que a ideia" (EG 231-237). Para que o outro não seja negado, excluído, eliminado, mas reconhecido, amado, ouvido e integrado, é necessário abrir-se para o diálogo com esse outro e isso implica aceitar que sua realidade é mais importante do que a "ideia" que queremos levar para ele. Para o Papa Francisco: "É perigoso viver no reino só da palavra, da imagem, do sofisma. Por isso, há que postular um terceiro princípio: a realidade é superior à ideia" (EG 237). A sinodalidade tem como fundamento a palavra de Deus e nela se assenta. Essa palavra está fundada no amor (1Cor 13,4-8).

Podemos dizer também que a sinodalidade é a justa justiça. E a justiça é a misericórdia. Jesus, a misericórdia do Pai, tornou-se justiça de Deus para todo o ser humano (1Cor 1,30). Para São Tomás de Aquino (*in* Kasper, 2015, p. 217): "A justiça sem a misericórdia é crueldade, a misericórdia sem a justiça é a mãe da dissolução; por conseguinte, elas devem estar ligadas entre si". Mas de outro lado podemos dizer que a misericórdia ultrapassa infinitamente a justiça da lei.

O caminho cristão da sinodalidade, caminho iluminado pela Palavra de Deus e guiado pelo Espírito Santo, é inclusivo sobretudo para mulheres[31]. Nesta questão, quando olhamos para Jesus, vemos que ele teve as mulheres entre o seu grupo de discípulos. Sabemos que elas, em geral, são menos violentas, mais inclusivas, menos agressivas no estilo de liderança e mais preocupadas com as crianças e com o planeta, menos agressivas sexualmente e tendem a governar com mais transparência do que os homens[32]. Sabe-se que nas "civilizações" agrícolas eram permitidas as conspirações masculinas para guerrearem constantemente contra sociedades vizinhas e, consequentemente, reprimir as mulheres em casa. Isso se deu até a Revolução Industrial, quando os primeiros lampejos dos direitos das mulheres começaram a ser conquistados. Em meados de 1800, surgiram movimentos pelo direito de voto das mulheres. No início do século 20, as mulheres votavam em muitos países e participavam da vida pública. Hoje as vemos assumindo funções de liderança em negócios, governos, organizações filantrópicas e muitos outros campos. Uma das principais razões para o declínio da supremacia masculina é que as características gerais dos homens – agressividade física e força da parte superior do corpo –, que permitiam dominar as pessoas, não são mais tão necessárias quanto antes. Lutas e carregamento de peso serão cada vez mais realizados por máquinas que tanto mulheres quanto homens podem controlar. Bem como também há uma mudança na questão das guerras. Nas últimas gerações, a guerra foi menos comum e mais mecanizada. À medida que as máquinas, a robótica e a tecnologia se tornam cada vez mais importantes, tanto a agressividade física quanto a força da parte superior do corpo dos homens serão menos necessárias. Com as características femininas é possível prever um mundo mais seguro, menos propenso a entrar guerra por conflito de egos, menos rigidamente hierárquico, mais preocupado com o meio ambiente, a educação e as populações mais pobres. Buscar esse reconhecimento da mulher dentro da Igreja é o grande desafio da sinodalidade, pois há uma casta só de homens, cheios de conceitos filosóficos, bíblicos e teológicos e marcados pela "hipermasculinidade", em que existe sempre uma tendência a negar a ciência e justificar que "sempre foi assim", impedindo ou bloqueando qualquer possibilidade de mudança. Nesse cenário "hipermasculinizado", quase sempre, as mulheres têm poucas chances de serem reconhecidas em sua grandeza. Para muitos reconhecer a grandeza da mulher é deixá-la no lugar em que está. Quando olhamos para o cristianismo, vemos que o que mais trouxe questionamentos e intrigou os escribas e fariseus foi a sinodalidade de Deus, da qual falava Jesus. Na sinodalidade está a misericórdia: "Quero a misericórdia e não sacrifício" (Mt 9,13)[33]. Agir com misericórdia para com as mulheres é agir sinodalmente em favor delas, incluindo-as plenamente na vida da Igreja.

Sabe-se que todas as religiões tendem a nascer com uma visão mais sinodal do que os costumes de sua época e as religiões existentes. Dessa forma, podemos dizer que o cristianismo nasceu com uma visão mais alargada do que os costumes da época de Jesus, bem como do judaísmo. Com o avançar do tempo, foi desenvolvendo ritos de purificação e perdão dos pecados como todas as outras religiões, inclusive o judaísmo, uma vez que as pessoas estavam dentro do contexto social de sua época. Para o judaísmo toda bênção de Deus está relacionada com a observância das Leis e dos Mandamentos de Deus. Quase todos os profetas são concordes que, uma vez que o povo falhou, se tornou digno do castigo de Deus. Um Deus assim não é sinodal, mas um Deus que apenas age por estímulo e resposta. Jesus veio mostrar que Deus é Deus, agindo de forma humanitária, não condena, não castiga nem exclui ninguém. Pensar um Deus assim é muito desconcertante, uma vez que parece que esse Deus não está nem aí para com a observância das Leis e dos Mandamentos que ele mesmo dá. Aí está o desafio para pensar o Deus de Jesus, o Deus sinodal e esse é o caminho do cristão.

Finalizando

Estamos habituados às palavras do Evangelho que consideramos previsíveis e, quando elas são objetivamente "escandalosas", tendemos a nos pautar pelo "sempre foi assim", não nos deixando ser interrogados em nossos conceitos filosóficos, bíblicos e teológicos, bem como em nossos espiritualismos e devocionismos. Na verdade, um Deus sinodal é um "Deus escandaloso" e, ademais, "prefere os pecadores aos justos". Se assim é Deus, então para que servem a Lei e os mandamentos? A explicação da frase de Jesus é simples: "Ele não veio chamar os justos", mas veio fazer todos serem justos. Para Jesus, no comportamento religioso, não é a justiça da Lei que traz a bênção de Deus, mas a graça de Deus. Para Paulo: "Então o que vamos dizer? Que há injustiça da parte de Deus? De forma alguma. Com efeito, ele diz a Moisés: 'Farei misericórdia a quem eu quiser fazer e terei compaixão de quem eu quiser ter'. Portanto, não depende nem de querer nem correr, mas da misericórdia de Deus" (Rm 9,14-16). No comportamento não sinodal, corremos o risco de "desconhecer a justiça de Deus e procurar firmar nossa própria justiça" (Rm 10,3). Mas perguntamos: "É inútil o sacrifício no comportamento religioso"? Pois o próprio Jesus diz: "Prefiro o amor ao sacrifício" (Mt 9,13). Deus quer usar a misericórdia e não condenar ninguém. Deus mesmo diz: "Não sinto nenhum prazer com a morte do injusto" (Ez 33,11). E ainda: "Criatura humana, diga ao seu povo: nem a justiça do justo o salvará no dia em que ele pecar, nem a injustiça do injusto o arruinará quando ele se converter de sua injustiça. Portanto, no dia em que pecar, o justo não poderá viver por sua justiça" (Ez 33,12). Para o Deus de Jesus, o Deus sinodal, o único sacrifício que agrada a Deus é o sacrifício exigido pelo amor (Rm 12,1).

O caminho sinodal é o do Evangelho de Jesus. Quem abraça o cristianismo deve buscar trilhar por esse caminho, mesmo que ele seja escandaloso e leve-o à exclusão ou ao martírio. Não se caminha junto silenciando o outro, mas ouvindo, acolhendo e dialogando com ele. Uma Igreja sinodal não é uma Igreja que gira ao redor de si mesmo, mas ao redor do Sol-Jesus. Essa é uma revolução copernicana, uma "pirâmide invertida". Esse é o convite do Jesus, convite que salta no Concílio Vaticano II[34]. O caminho do Evangelho é de convergência para o outro. Onde não existe convergência não existe fé em Jesus, não está presente o Evangelho de Jesus.

Sabe-se que, para viver a sinodalidade, proposta pelo Evangelho, a Igreja deve pagar um alto preço, pois "A escada se lava de cima para baixo". Para se levar a sério a sinodalidade, a hierarquia terá de pagar um alto preço. Trata-se, pois, de uma revolução (conversão) mental e estrutural. Estarão as autoridades eclesiásticas, verdadeiramente, dispostas a essa inversão da pirâmide para um verdadeiro e efetivo "caminhar juntos"? Não podemos negar que a imagem da "pirâmide invertida" é um grande desafio para pensar a sinodalidade, uma vez que ela pode apenas indicar uma inversão de quem está no poder. Na verdade, a sinodalidade é mais que simplesmente a "pirâmides invertida", ela é circularidade. Ademais, na visão do evangelho de Jesus, não, falamos em "pirâmide invertida", mas em fraternidade, circularidade, sinodalidade, comunhão, inclusão, partilha, bem como, ninguém julgando-se melhor que ninguém.

PARTE III

SINODALIDADE: COMUNHÃO, PARTICIPAÇÃO E MISSÃO

A sinodalidade implica fazer algo, não por obrigação, mas por sentimento de irmandade, indo além dos deveres. É um agir fraterno em favor do outro, uma vez que o outro não é visto como adversário ou inimigo, mas como irmão, algo que, segundo a Palavra de Deus, assegura o êxito para si mesmo: "O homem misericordioso faz bem a si mesmo; quem é cruel maltrata a própria carne" (Pr 11,17).

Em Lucas (15,11-32), vemos que o Pai, desenhado por Jesus na parábola, é bom e revela a razão de fazer uma festa para o filho mais novo. O que salta aos nossos olhos é a expressão: "este teu irmão", algo que o filho mais velho não consegue viver, pois a ganância pela herança e os bens do Pai lhe tinham cegado o coração. O Pai revela que, embora seu coração tivesse ficado ferido, ele nunca deixou de ser Pai. Já o filho mais velho revela que tinha perdido o sentimento de irmandade, considerando "um cabrito" mais importante do que a irmandade (Lc 15,29-30). Não se é possível viver a sinodalidade, ser fraterno, se não se conseguir ver no outro alguém da mesma raça, natureza ou família e, ainda mais, se se valorizarem mais os bens que o outro.

Deus deseja que o ser humano seja capaz do bem, da acolhida, da comunhão, da misericórdia e não da condenação ou exclusão: "Ó homem, já foi explicado o que é bom e o que Javé exige de você: praticar o direito, amar a misericórdia, caminhar humildemente com o seu Deus" (Mq 6,8).

A sinodalidade que transforma as relações humanas

Segundo John L. Mackenzie (*in* Dicionário Bíblico, Edições Paulinas, 2ª edição, 1984, p. 616, verbete misericórdia): "No juízo, *ḥesed* (misericórdia) faz parte da função do juiz, não como árbitro, mas como libertador; neste caso ela pode ser concebida como vontade de salvar (cf. Gn 19,19; 40,14)"[35]. A misericórdia faz parte do governante que age com humanidade: "Amor e fidelidade protegem o rei; é no amor que seu trono se sustenta" (Pr 20,28). Misericórdia não é amor ou gentileza, mas sim a bondade de coração, de onde nascem o amor e a gentileza, algo que, segundo Jesus, devemos aprender (Mt 9,13); "Se vocês tivessem compreendido o que significa: 'Quero misericórdia e não sacrifício', não teriam condenado os inocentes" (Mt 12,7). Juntamente com a justiça e a fidelidade, a misericórdia é um dos pontos mais importantes da Lei (Mt 23,23-24). Para Jesus, do mesmo jeito que usamos de misericórdia, Deus usará dela conosco: "Felizes os misericordiosos, porque encontrarão misericórdia" (Mt 5,7).

A Igreja que vive a sinodalidade, primando-se pela leveza da misericórdia, consegue dar passos rumo à sensibilidade humanitária e relacional, com ganho de novos rostos no mundo de hoje. Ao longo da história, sabe-se que, além de toda uma carga de doutrina, temos um acúmulo de normas e leis, muitas vezes, fruto do intelectualismo, fundamentalismo ou intimismo religioso, pesando o fardo na vivência da fé cristã. Muitas vezes se consegue ser uma Igreja fiel ao passado, mas devedora do presente, sinodal com o passado, mas antissinodal com o presente. Quando se tem muito passado e pouco o presente, fica-se devedora do futuro, como afirma o Papa Francisco (Discurso do Papa Francisco, 9 de outubro de 2021): "Vinde, Espírito Santo! Vós que suscitais línguas novas e colocais nos lábios palavras de vida, livrai-nos de nos tornarmos uma Igreja de museu, bela, mas muda, com tanto passado e pouco futuro". Tal peso ou questão devem ser revistos em vista da originalidade da mensagem de Jesus: "Venham a mim, todos vocês, que andam cansados e curvados pelo peso do fardo, e eu lhes darei descanso" (Mt 11,28).

Sabe-se que os discursos religiosos, quando se fixam na rigidez, favorecendo a condenação, o indiferentismo ou a exclusão do outro, correm o risco de perpassar os séculos sem nada mudar, a não ser de abrir valetas e construir muros entre os seres humanos, algo contrário à ação do Espírito Santo de Deus. No espírito sinodal, devemos alcançar o ideal de ser o homem novo, como Jesus nos indica, isto é, não o cumpridor de Leis e normas, mas o que vive a maior grandeza do ser humano, que é a sinodalidade.

Ela é a essência do Reino de Deus. O projeto do Reino de Deus de Jesus entrou em choque com o projeto da observância das Leis e normas dos judeus. Paulo Apóstolo, após ter tido contato com os ensinamentos de Jesus, viu que muitas normas e leis que ele defendia como vontade de Deus eram apenas lixo teológico (Fl 3,7-9).

Grosso modo, percebe-se que, desde santo Agostinho, essa postura de rigidez da observância das normas e leis começou a ser assumida pela Igreja até se tornar algo como sendo parte do Evangelho de Jesus. Sabe-se que para Santo Agostinho aquele que errava deveria ser punido. Nessa visão, a decadência da humanidade foi por causa de um único homem que, ao se afastar de Deus por meio de sua soberba, acabou perdendo a sua liberdade; logo o homem, usando egoisticamente o seu livre-arbítrio, acaba praticando todos os tipos de paixões que acarretam os males, inclusive, a desordem e a violência entre as pessoas. Nesse sentido, afirma José Antônio Garcia-Junceda (*in* La sociedad y la paz. In: La cultura cristiana y san Agustín, Madrid: Editorial Cincel, 1988, 205 p. 190): "Para Agostinho, enquanto o amor de Deus não substituir o egoísmo, ordem, paz e justiça, serão impossíveis por convicção e só realizáveis por coação legal"[36]. Podemos dizer que para Santo Agostinho o uso da punição como mecanismo coercitivo tinha objetivo pedagógico de corrigir os males. Assim, punindo com o rigor da lei todos os que desrespeitavam a justa ordem, estava estabelecendo a ordem social. Vemos aí que Santo Agostinho se alinha ao Estado e à lei romana e não ao Evangelho de Jesus. É tal trilha que a

Igreja vem seguindo até os dias de hoje, tendo dificuldade de seguir a trilha da misericórdia. A misericórdia gera fraternidade e vida, e sua falta gera morte, exclusão, ressentimento, vingança e violência. Dessa forma podemos dizer que a falta de misericórdia não vem do espírito bom, não vem do Espírito Santo e que, por trás de toda rigidez, sempre há pessoas problemáticas. Além do mais, o cristianismo fora da misericórdia se restringe somente a normas e nada mais. É a misericórdia que dá vida ao cristianismo. Sem esta o cristianismo tende a se tornar uma religião pouco sinodal internamente e, exteriormente, sobretudo com as outras religiões, vingativa, negacionista e condenatória.

Sobre a bandeira da "pureza da religião", do "conservadorismo" e do "legalismo" e, não da sinodalidade, o cristianismo sem misericórdia visa reconstruir a religião cristã sobre o monopólio de uma visão unilateral de Deus, negando o pluralismo e a democracia. A partir dessa premissa, o inimigo não é uma pessoa, mas todos os que são contra suas ideias. Nesse caso o inimigo não precisa ser mal, mas simplesmente o outro que pensa diferente. Quem não consegue ser misericordioso tende a ter dificuldade de lidar com o contingente, por isso sempre se apresenta com receitas prontas, sendo incapaz de aceitar novas soluções para questões novas, tendo dificuldade em ser sinodal, em caminhar juntos como irmãos e irmãs.

A história da humanidade continua: somos convidados a escolher entre a sinodalidade e a rigidez. Cabe-nos escolher como queremos entrar para a história: como Jesus ou como Pilatos, Adolf Hitler, Napoleão Bonaparte, Judas e assim por diante... Cada um deve escolher como quer ser lembrado na história da humanidade... Como uma pessoa sinodal, que vive o Evangelho de Jesus, ou como alguém autoritário, legalista, rígido, egoísta e violento?

A leveza da mediação sinodal

Que significa viver a leveza da sinodalidade na sociedade atual? Para mergulhar na leveza da sinodalidade, é bom começar perguntando: quanto pesa a vida? Sabe-se que, se começarmos a guardar muitas coisas, tais como: fotos, roupas, amigos, família, ressentimentos, mágoas, tristezas, dores, filósofos, pensadores, trabalhos e tudo mais em nossa mochila, tudo pode ir ficando muito pesado. Colocando essa mochila nas costas, certamente, teremos uma noção do quanto pesa a vida e quanto isso nos dificulta caminharmos. Sabe-se que não é preciso carregar esse peso. A vida é movimento e, para caminharmos mais rápido, é necessário estarmos com a mochila vazia[37]. Para Cora Coralina: "Fechei os olhos e pedi ao vento: leve tudo o que for desnecessário. Ando cansada de bagagens pesadas... Daqui para frente levo apenas o que couber no bolso e no coração". Às vezes, casamos com "coisas desnecessárias", outras vezes, com "coisas que julgamos importantes, que na verdade não são tanto assim" e, outras vezes, com "coisas que os outros nos obrigam a carregar". Vamos tirar de nossas mochilas algumas coisas, pois não precisamos de muita coisa e Deus é providente... Depois de termos esvaziado nossa mochila, veremos que ficamos mais leves e, consequentemente, caminhamos mais rapidamente, alegres e felizes. Ademais, às vezes, levamos em "nossas mochilas" muita coisa de que nunca vamos precisar. Somos convidados, à luz do Evangelho de Jesus, a esvaziar "nossas mochilas" (Mc 6,8-9).

Para viver a sinodalidade, é necessário ter as "mochilas vazias". Mas por que somos convidados a esvaziá-las"? Seria por que devemos guardar nelas o essencial? Seria por que o peso dificulta a felicidade, o diálogo e o encontro com os irmãos e as irmãs? Sabe-se que, também, às vezes, na jornada da fé, levamos muitas coisas que podem ser desnecessárias. Isso porque outros, no passado, talvez julgaram importante, e abraçamos isso como se fosse essencial para agradar a Deus e obter a salvação. Na verdade, Deus é misericórdia e nada cobra de nós a não ser o amor. Seremos julgados por Deus apenas pelo nosso amor (Mt 25,34-36). Ademais, quando "nossas mochilas" estão vazias, não temos as seguranças que o mundo nos dá, e aí, na fé, estamos abertos ao que o Espírito Santo nos indica, abertos a acolher as inquietudes do amor de Deus em nossa vida, sendo capazes da comunhão, ouvindo e acolhendo o outro e o que ele nos oferece, mais leves para refazer a unidade em Jesus.

A sinodalidade exige leveza, e leveza em tudo, sobretudo na partilha da vida. O peso das coisas pode nos atrapalhar a viver as inquietudes do amor de Deus, a dar valor ao pouco tempo que temos para saborearmos a vida, acolhermos o outro e discernirmos as ações do Espírito Santo, que sopra onde quer (Jo 3,8).

Sabe-se que uma vida leve, com as "mochilas vazias", tende a trazer menos estresse e mais momentos alegres, com menos preocupações e mais otimismo, menos pressa e mais dedicação, com menos vergonha e mais bom humor, menos cansaço e mais vontade de viver, menos julgamentos e mais elogios, menos mágoas e ressentimentos e mais perdão e misericórdia, menos radicalismos, fundamentalismos, legalismos e extremismos e mais flexibilidades, menos comodismos e mais inquietações e disposição em viver a comunhão. Devido à natureza do ser humano, muitas vezes, fica difícil viver com leveza, sobretudo, evangelizar com leveza, uma vez que, por incrível que pareça, psicologicamente, sentimo-nos mais fortes e seguros quando fazemos sacrifícios, somos duros no julgamento, fazemos jejum, mortificamos o corpo, temos doutrinas e identidades sólidas, argumentos, poder, títulos, cargos, bens e assim por diante. Mas, na vida prática, como diz um ditado indiano: "Quanto mais coisas você tem, mais terá com o que se preocupar, quanto mais você tem, menos satisfeito está, porque sempre vai querer mais". Quem é "pesado" ou deixa o "peso da vida tomar conta de si" tende a ter mais dificuldade em viver a comunhão.

Ser sinodal é ser capaz de ser leve, tendo simpatia para com todos, como os primeiros cristãos: "Louvavam a Deus e eram estimados por todo o povo" (At 2,47). E, para poder viver a comunhão, é necessário estar com as "mochilas vazias". Para Jesus, que sempre se primou pela mediação da leveza, podendo ser considerado o homem mais sinodal que andou sobre a face da terra, temos várias indicações da leveza em sua vida. Sabe-se que nasceu em um estábulo (Lc 2,7). Na vida pública, sabe-se que não tinha uma morada (Mt 8,20); com relação à família, sabe-se que, Jesus era livre para se considerar irmão de todos (Mt 12,47-50). E, quando morreu, não tinha nenhum túmulo de família para ser sepultado (Mt 27,59). No entanto, vemos que Jesus foi o homem que melhor conseguiu viver a comunhão com todos. Assim, podemos dizer que, quanto mais teorias, bens, mágoas, ressentimentos, poder e tudo mais que possamos colocar em nossas mochilas, mais pesados tenderemos a ficar e, consequentemente, mais fechados e menos sinodais menos pessoas da comunhão.

Sabe-se que Jesus tinha tudo, pois ele era o Filho de Deus, mas, na verdade, sempre esteve com suas "mochilas vazias", conseguindo com isso viver a irmandade e a comunhão com todos os seres humanos: "Ele estava na forma de Deus, mas renunciou ao direito de ser tratado como Deus. Pelo contrário, esvaziou-se a si mesmo e tomou a forma de servo, tornando-se semelhante aos homens. E foi encontrado na figura de homem, rebaixou-se a si mesmo, fazendo-se obediente até à morte, e morte de cruz" (Fl 2,6-8). Ele julgava nem ter poder de permitir que alguém sentasse ao seu lado (Mt 20,23); e ainda: "Então Jesus respondeu-lhes dizendo: 'Eu garanto a vocês: O Filho não pode fazer nada por sua própria conta; ele faz apenas o que vê o pai fazendo. As coisas que o Pai faz, o Filho o faz da mesma forma'" (Jo 5,19). Jesus nos ensina que não temos nenhum poder se o Pai não nos der (Jo 15,4). A leveza que marcou sua vida permitiu que ele pudesse estar em todos os ambientes, dialogar e viver a comunhão com todos, isto é, crianças, jovens, adultos, gente religiosa e gente sem religião, políticos, ricos e pobres, homens e mulheres, pecadores, cobradores de impostos e tudo mais, indicando-lhes o caminho do Reino de Deus.

Quanto a pregação, para podermos ajudar as pessoas a viverem a comunhão com Deus, temos as indicações de Jesus sobre o estar com as "mochilas vazias". A primeira indicação aparece na necessidade da leveza com relação à argumentação: "Quando entregarem vocês, não fiquem preocupados em saber como ou o que falar, pois nessa hora lhes será indicado o que vocês deverão falar" (Mt 10,19). Nesse caso ele convida a confiar no Espírito do Pai: "Porque não serão vocês que falarão, mas o Espírito de seu Pai é que falará em vocês" (Mt 10,20). A segunda indicação da necessidade da leveza está em relação aos bens materiais (Mt 6,19-21.31). Para essa indicação está: "Porque são os gentios que se preocupam com todas essas coisas. O Pai de vocês, que está nos céus, sabe que vocês precisam de tudo isso. Busquem primeiro o Reino de Deus e sua justiça, e todas essas coisas ficarão garantidas para vocês. Assim, não se preocupem com o dia de amanhã, pois o dia de amanhã terá suas próprias preocupações. A cada dia basta o seu mal" (Mt 6,32-34). E ainda: "Quem de vocês, com suas preocupações, consegue prolongar a própria vida um pouco que seja?" (Mt 6,27). A terceira indicação para a leveza é com relação às seguranças, às aparências exteriores e à simplicidade no viver (Mc 6,8-9). Para essa indicação temos vários enfoques: "E vocês serão odiados por todos, por causa do meu nome. Apesar disso, nem mesmo um só cabelo da cabeça de vocês será perdido" (Lc 21,17-18); "Então Pedro, tomando a palavra, respondeu-lhes: 'Eis que nós deixamos tudo e te seguimos. O que receberemos?' Jesus lhes disse: 'Eu lhes garanto, a vocês que me seguiram: quando todas as coisas forem renovadas, e o Filho do Homem sentar em seu trono de glória, também vocês hão de sentar-se em doze tronos para julgar as doze tribos de Israel. E quem tiver deixado casas ou irmãos, irmãs, pai, mãe, filhos ou terras, por causa de meu nome, receberá cem vezes mais e terá como herança a vida eterna" (Mt 19,27-29). Receber a glória de Deus é poder estar em comunhão com ele. E essa é a maior graça que o ser humano pode alcançar. Assim, nada deve se interpor nessa comunhão com Deus. E estar com as "mochilas vazias", parece ser a condição que permite alcançar essa comunhão com Deus e com os irmãos e as irmãs.

Na nova comunidade de Jesus, é o Espírito Santo que suscita a leveza, levando todos à comunhão. Sabe-se que quem é leve é mais sinodal, comunitário e dialogal, estando livre dos preconceitos, legalismos, radicalismos e fechamentos. Vemos isso na própria vida de Jesus, que, cheio do Espírito, pôde dialogar, abraçar e viver a comunhão com todos (Lc 4,18-19). Assim devem agir seus discípulos (Lc 9,6). E Jesus arremata: "E feliz daquele que não se escandalizar por minha causa" (Mt 11,6).

Ao olharmos para essas indicações de Jesus, vemos o convite à leveza para poder vivermos a sinodalidade, vivermos a comunhão. Os discípulos devem se pautar pela mediação da leveza na argumentação, nos bens e na apresentação exterior. Ainda, olhando para Jesus, vemos que ele mesmo é fonte de leveza (Mt 11,28-30). Em Santos (2012b, p. 345) se diz: "O rebanho do senhor na modernidade requer um modo mais leve, criativo e inovador de atuação do presbítero católico". E ainda: "O pastor do futuro deve ser uma pessoa aberta ao novo, simples, leve, saudável no relacionamento e consistente no que fala". Sem essa leveza, indicada nos Evangelhos de Jesus, fica quase impossível viver a comunhão com todos os seres humanos, caminhar junto com eles, ser ponte, ser elo.

A inquietude sinodal que brota do Evangelho de Jesus

Sabe-se que, afinal, o relógio da vida ainda não parou, o silêncio ainda não aconteceu e as batidas cardíacas e a respiração ainda não pararam, nem a inquietude cessou. A inquietude sinodal, permanente amiga e companheira dos batizados, é também seu sofrimento, sua dor, angústia e solidão. Esse estado permanente de inquietude sinodal é poderoso em dilacerar nossa mente, nosso bem-estar, desacomodando-nos ou acordando-nos de um sono profundo e tranquilo. Talvez, o que mais nos incomode é não saber até quando isso vai durar. Essa inquietude guarda um elemento que é, portanto, desconhecido, incerto e indeterminado; mesmo quando parece haver silêncio, é um silêncio inquieto.

Quem vive a inquietude sinodal talvez pareça rebelde e seja acusado de subversivo. Mas sabe que a inquietude sinodal é evangélica, nasce do encontro com Jesus e seu Evangelho e que o mundo não teria a luz e a Igreja não caminharia sem ela. Deus, revelado em Jesus, é um Deus da inquietude sinodal. Sabe-se que a única maneira de recuperar a potência evangelizadora da Igreja é a coragem de sacrificar as velhas diretrizes e identidades punitivas e vingativas do sagrado, recuperando com isso a inquietude sinodal reprimida ao longo dos tempos.

Na questão da inquietude sinodal, é preciso muita cautela, pois setores organizados tanto de esquerda quanto da direita religiosa também podem se movimentar a fim de encontrar caminhos em meio ao caos, propondo falsas saídas, visões apocalípticas e messiânicas de proporções incomensuráveis. Sabe-se que grande parte dos fiéis não alcançarão a alegria, a paz, talvez, nem a salvação eterna e morrerão em sua pobreza espiritual e destrutiva devido à obra humana, a um arranjo sociorreligioso que, principalmente em seus momentos de maior crise, expõe suas leis imutáveis, mais preocupadas com o número de fiéis, a observação de normas, os ritualismos vazios, os legalismos, a observação de leis de pureza, o exterior, a ostentação, o poder e os lucros e dividendos do que com a sinodalidade propagada por Jesus. E, o pior, legitimando tudo isso com uma visão apocalíptica ou de um Deus castigador, do que de um Deus sinodal.

Quando não vivemos as inquietudes da sinodalidade, estamos sujeitos às mesmas advertências que Jesus fez aos doutores da Lei e fariseus: "Ai de vocês, doutores da Lei e fariseus hipócritas! Vocês percorrem o mar e a terra para converterem uma pessoa. Mas, quando o conseguem, tornam essa pessoa merecedora do fogo duas vezes mais que vocês" (Mt 23,15). A inquietude sinodal nos leva à corrida da fé: "Corramos com perseverança a corrida que nos espera, com os olhos fixos em Jesus, que iniciou e realizou a fé" (Hb 12,1c-2b).

Os cristãos são portadores de uma grande riqueza que é a inquietude da sinodalidade, inquietude da comunhão. Essa inquietude não deve ficar somente em sonhos e desejos, mas também se traduzir em gestos concretos na vida dos cristãos, florescendo na dor das divisões, discriminações e indiferentismos de hoje. A sinodalidade não deve ser somente uma promessa ou um sonho, mas começar a germinar nos dramas da história. A sinodalidade, que nasce do evangelho de Jesus, não consiste em esperar passivamente pelo seu acontecimento, mas em tornar concreta essa proposta de Deus no hoje da história. De fato, essa sinodalidade não é otimismo de adolescente, não é esperar que as coisas mudem por si mesmas, mas é construir dia a dia, com gestos concretos, a comunhão. Ao cristão é pedido, em meio às divisões, perseguições, discriminações e indiferenças, ser comunhão, partilha e mão estendida em favor de todos, não limitando a sinodalidade, mas organizando-a. Se a sinodalidade não se traduzir em opções e gestos concretos de atenção, justiça, comunhão, inclusão, solidariedade, acolhida e cuidado do outro, não se traduzir em abertura e acolhida do diferente, não se traduzir em rompimento de fundamentalismo e legalismos, não poderá ser modificada a economia do descarte, que obriga muitos a viverem à margem da vida, não podendo fazer florescer os anseios de comunhão, liberdade, respeito e reconhecimento mútuo. Compete, especialmente, a nós cristãos organizar a sinodalidade, traduzindo-a diariamente em vida concreta nas relações humanas, no compromisso sociopolítico, na vida comunitária, nas pastorais e nos movimentos da Igreja. Assim, não se fala apenas da sinodalidade, mas se é sinodal. Dessa forma, submersos na inquietude sinodal, somos chamados a encontrar formas de solidariedade social e de mobilização de afetos, alcançando a essência do Evangelho de Jesus, e o próprio Jesus, que é o "alfa e o ômega, o primeiro e o último, o princípio e o fim": "Eu sou o Alfa e o Ômega, o Primeiro e o Último, o Princípio e o Fim" (Ap 22,13).

Sabe-se que a inquietude sinodal exige uma atitude de proximidade e acolhida do outro e constitui o itinerário essencial para a compreensão da própria identidade cristã. A inquietude sinodal permite que as pessoas se conheçam e compreendam reciprocamente as suas exigências. Trata-se de um sinal de respeito porque coloca em atitude de escuta, sem ignorar as diferenças. A sinodalidade leva à abertura, ao diálogo, e dialogar ajuda as pessoas a humanizarem as relações e a superarem as incompreensões[38]. Não há sinodalidade quando não se escuta o suficiente ou tem-se a tendência de interromper o outro para demonstrar que se tem razão. Muitas vezes, não se encontra com os irmãos, embora se viva ao seu lado, sobretudo porque faz prevalecer a sua posição sobre a do outro. Na sinodalidade não há doutrinação, isso porque ela é vivida nas situações do tempo presente. Ser sinodal implica estar disposto a aprender com o outro, não sendo possuidor da verdade. Na sinodalidade se procura o bem comum, coloca-se na condição de perceber os melhores aspectos do seu interlocutor, pois o outro o interpela[39].

Dessa forma, podemos dizer que viver as inquietudes da sinodalidade do Evangelho de Jesus é deixar florescer a bondade que existe em cada ser humano, colocando a comunhão como sendo um bem maior do que todos os outros bens. A comunhão é assim: o sinal vivo da vivência da inquietude sinodal. Tal decisão implica um esforço pessoal e renúncia de tudo aquilo que possa impedir a comunhão.

A sinodalidade que leva a ser cristão e não cristianista

O Deus de Jesus, o Deus da Bíblia, entrou na história, por isso é chamado de o Deus de Abraão, de Isaac e Jacó (Ex 3,15). A própria encarnação de Jesus é sinal da inquietude sinodal de Deus. Deus é sinodal, apresentado, pelas páginas da Bíblia e orações litúrgicas, como o

Deus da acolhida e da Misericórdia: "Com efeito, Deus tanto amou o mundo que lhe deu seu Filho unigênito, para que não morra quem nele crê, mas tenha a vida eterna" (Jo 3,16). A revelação de Deus carrega uma dimensão sinodal, como se observa na Constituição Dogmática Dei Verbum (n. 2): "Aprouve a Deus, em sua bondade e sabedoria, revelar-se a si mesmo e tornar conhecido o mistério de sua vontade". E essa natureza é essencialmente sinodal. É pluralidade de pessoas em uma relação de unidade substancial.

Sabe-se que, às vezes, a religião que pregamos pode estar desidratada da sinodalidade, isto é, cheia de bons conteúdos, mas sem o substrato social, o cuidado do outro, a abertura ao diálogo, à inclusão, ao valor da vida humana e à comunhão. Além do mais, temos pessoas que são "cristianistas" e pouco cristãs. Ser "cristianista" é cuidar das coisas de Deus como: templo, liturgia, leis, normas, planejamento, patrimônio, roupas etc. Tem gente que passa a vida toda sendo "cristianista" sem ser cristã. Paulo Apóstolo estava acostumado a cuidar de coisas exteriores, tais como: a observância da doutrina e das leis de pureza da Lei Mosaica. No caminho de Damasco, ele caiu e ouviu a voz: "Saulo, Saulo, porque me persegue?" (At 9,4). Nessa "queda do cavalo", ele fez a experiência de saber que Cristo está no irmão: "Eu sou Jesus, a quem tu persegues" (At 9,6). Antes ele era o zeloso cuidador da pureza da Lei de Moisés. Com a revelação de Cristo, no caminho de Damasco, passou pela metanoia (conversão), para viver agora em Cristo, viver no "senhor", viver a inquietude sinodal, fazendo a experiência daquilo que o evangelista João falara de Jesus: "Porque de sua plenitude todos nós recebemos graça e mais graça. Pois a Lei foi dada por Moisés, mas a graça e a verdade nos vieram por meio de Jesus Cristo" (Jo 1,16-17). E Paulo vai dizer: "O ministério da morte, gravado com letras sobre a pedra, foi realizado com glória, a ponto de os filhos de Israel não poderem fixar os olhos no rosto de Moisés, por causa da glória passageira que havia em seu rosto. Como não será ainda mais glorioso o ministério do Espírito? Pois, se o ministério da condenação foi glorioso, quanto mais será o ministério da justiça. De fato, o que era então glorioso perde sua glória, comparado com a glória atual, que é muito maior. Pois, se o que é passageiro foi glorioso, muito mais glorioso é o que permanece" (2Cor 3,7-11).

Ser cristianista é fazer tudo para o "Senhor", mas sem estar no "senhor" e, se isso acontecer, é sinal de que a fé cristã está desidratada da sinodalidade, desidratada de sua essência. Quem é "cristianista" não se preocupa com a comunhão, o diálogo e a inclusão das pessoas, mas sim com os valores e as normas que prega. Paulo apóstolo, quando tomou consciência de que condenar, excluir e marginalizar as pessoas era um ministério de morte, direcionando seu lema para a sinodalidade, falou mais de 164 vezes em suas cartas da importância de estar no "Senhor". Ele percebeu que a verdadeira religião, trazida por Jesus, levava a cuidar de pessoas e não a persegui-las e matá-las. Assim, da mesma forma, tem gente que passa cuidando da "doutrina cristã", sem nunca ser cristão, estando fechado para a sinodalidade, a comunhão, o diálogo e a inclusão do outro. Como afirma o Papa Francisco: "Neste caso, não é a razão que se propõe, mas uma determinada ideologia que fecha o caminho a um diálogo autêntico, pacífico e frutuoso" (EG 243). Dentro da desidratação da doutrina, temos também o fato de pessoas que tiram da doutrina da Igreja toda a questão do amor aos pobres; são pessoas que têm "aporafobia", tendo rejeição, hostilidade e aversão às pessoas pobres e à pobreza.

Ser cristão é estar enxertado em Cristo (Rm 11,11-36). Nossa espiritualidade é estarmos enxertados em Cristo e não sermos cristianistas. Devemos viver em Cristo (Cl 1,25-27; Ef 3,4-12). Quando olhamos para Jesus, nosso Mestre e Senhor, vemos seu rompimento com a falta de sinodalidade, disciplinação, doutrinação e rigidez. Para Maggi (2013, p. 88): "A religião, com as suas leis, discrimina os indivíduos, estabelecendo quem, quantos e como podem aproximar-se do Senhor, excluindo de fato grande parte das pessoas da plena comunhão com o seu Deus". Sabe-se que, muitas vezes, com nossa interpretação das leis, disciplina e doutrina, tornamos impossível a vida do povo, que não pode nem compreender nem aceitar Jesus. Ser sinodal implica avançar para o que é essencial no Evangelho de Jesus, encarnando a Palavra de Deus na vida das pessoas. Para o Papa Francisco "o critério da realidade, de uma Palavra já encarnada e sempre procurando encarnar-se é essencial à evangelização" (EG 233).

Quando lemos os textos do Evangelho de João, sobretudo os da crucifixão e ressurreição, vemos que o primeiro fruto da morte de Jesus foi a transgressão da Lei por parte de José e de Nicodemos, bem como João e as mulheres que estavam junto à cruz de Jesus. Nicodemos que aí está, cuja existência é regulada pelas severas normas referentes à pureza, e José de Arimateia, discípulo de Jesus, tocam no corpo do cadáver, entram em comunhão com ele: "Pegaram então o corpo de Jesus e o enrolaram com lençóis junto com os perfumes, da maneira como os judeus costumam sepultar" (Jo 19,40). Também Maria, João, Maria de Cléofas e Maria Madalena desrespeitam a lei judaica de pureza. A ação assumida desrespeitava a Lei que, severamente, proibia tocar no corpo do cadáver: "Quem tiver tocado o cadáver de qualquer pessoa ficará impuro por sete dias" (Nm 19,11; Lv 21,11). Tal ação tornava-os impuros, não os permitindo celebrar a festa da Páscoa. Para a Lei todos aí estão impuros, mas, diante de Jesus, finalmente, tornaram-se livres, nasceram de novo, nasceram do Espírito. Para quem é cristianista a observação das normas e leis é mais importante que a comunhão, o diálogo, a inclusão, a solidariedade e o cuidado do outro, já para quem vive o evangelho de Jesus a sinodalidade está acima de qualquer norma ou lei.

A comunhão trazida por Jesus é, assim, o valor essencial e irrenunciável na vida de seus discípulos. Quem vive essa comunhão se torna cristão, quem não vive pode ter o nome de cristão, mas ser apenas cristianista. Esse valor essencial da comunhão levou Jesus, não só a não cumprir a lei mosaica quanto ao lugar das mulheres, como também a tê-las em alta estima e missão. Na cultura judaica, a mulher era considerada o ser humano mais afastado de Deus, no entanto Jesus, diálogo do Pai com a humanidade, concede às mulheres a missão de desempenhar a função dos seres considerados mais próximos dele, os anjos, aqueles que anunciam as realidades do céu: "Então Maria Madalena foi anunciar aos discípulos: 'Vi o Senhor!' E contou a eles o que Jesus lhes dissera" (Jo 20,18). No evangelho de João, Maria, mãe de Jesus, está, corajosamente, junto com os poucos discípulos que haviam desafiado a ordem de captura e ficaram perto do condenado, até junto à cruz, disposta a enfrentar o mesmo fim: "Estavam junto à cruz de Jesus sua mãe..." (Jo 19,25). Junto à cruz de Jesus, o evangelista não pretende apresentar uma mãe que sofre pelo filho, mas uma discípula mudada por Deus, estando disposta a sofrer com o seu Mestre. E aquela que foi capaz de tomar sobre si a cruz (Mt 16,24), desafiando julgamentos, disciplinas, doutrinas e preconceitos e seguindo o condenado até o patíbulo, agora não chora um morto, mas continua seguindo o Vivente (Ap 1,17). No Rio de Janeiro, o Papa Francisco, dialogando com o povo, afirmou que "a Igreja é feminina, é esposa, é mãe e que uma Igreja sem as mulheres é como o Colégio Apostólico sem Maria". Um discípulo de Jesus, cristão e não cristianista, é alguém que avança para além daquilo que é costume e disciplina e, corajosamente, proclama como o Papa Francisco: "A Igreja reconhece a indispensável contribuição da mulher na sociedade, com uma sensibilidade, uma intuição e certas capacidades peculiares, que habitualmente são mais próprias das mulheres que dos homens" (EG 103). E ainda: "Com efeito, uma mulher, Maria, é mais importante do que os Bispos. Mesmo quando a função do sacerdócio ministerial é considerada 'hierárquica', há que ter bem presente que 'ela ordena integralmente à santidade dos membros do corpo místico de Cristo' (...). Aqui está um grande desafio para os Pastores e para os teólogos, que poderiam ajudar a reconhecer melhor o que isso implica no que se refere ao possível lugar das mulheres onde se tomam decisões importantes, nos diferentes âmbitos da Igreja" (EG 104).

No intuito de ser cristão e não cristianista em época de extremismos, devemos procurar avançar na vivência do Evangelho de Jesus, construindo pontes, caminhando juntos, sendo comunhão. Em vez de: "salva-se quem puder", "sou visto logo existo", "devemos viver a visibilidade ampliada", a visibilidade da comunhão e a sinodalidade, que brotam do Evangelho de Jesus, sendo próximos, solidários e acolhedorers, dialogando e cuidando do outro como irmão de caminhada, bem como cuidando de tudo o que envolve a vida humana.

A sinodalidade que "brota da mesa"

Antes de falarmos da sinodalidade, que "brota da mesa", falemos da necessidade da individualização. Para Buber (2018, p. 82): "De fato, o homem só pode ter um intercâmbio com Deus enquanto Indivíduo, enquanto homem que se tornou indivíduo, isto é expresso pelo Antigo Testamento de tal forma que, embora nele um povo encontre também a divindade enquanto povo, ele permite que apenas uma pessoa portadora de um nome, Enoch, Noé, possa a cada vez 'ter um intercâmbio como Elohim'". Para poder dialogar com Deus, é necessário ter uma individualidade bem definida, isto é, ser "si mesmo". Mesmo que alguém o faça em uma comunidade, só pode fazê-lo sozinho. Todo homem está sozinho no mundo inteiro e sozinho perante Deus. Vemos isso no diálogo de Abrão com Deus em favor de Ló (Gn 18,17-33), de Moisés no monte Horeb (Ex 3), no diálogo com o profeta Isaías (6,1-13), no anúncio do anjo a Maria (Lc 1,26-38) e assim por diante.

A sinodalidade não se confunde com massificação nem com multidão, é reconhecimento das individualidades, bem como garantia de individualização, algo necessário para poder dialogar com um "tu". Só se pode amar e ser responsável se a pessoa for ela mesma, pois não existe amor nem responsabilidade onde há massificação e anulamento das individualidades. Por isso Deus pode dizer: "Eu sou o que sou" (Ex 3,14). Quanto à multidão, como afirma Kierkegaard: "é não assumir responsabilidade e arrependimento" (*in* Buber, 2018, p. 85). Quando se é massa, em vez de ser "si mesmo", fica impossível viver a sinodalidade. Quem prefere seguir a multidão, de certa forma, é porque se desincumbe da responsabilidade ética. Jesus foi muito livre em seu comportamento, por isso pôde dizer: "Eu sou o caminho, a verdade e a vida" (Jo 14,6). Muitas vezes, o ser humano acaba se massificando, sendo apenas a representação externa de suas roupas, seus bens, suas ideias ou posses. É preciso ser. E ser é uma ousadia, é buscar possuir a si mesmo e não ser possuído pelas representações do passado; é construir seu próprio caminho.

É como indivíduo, com consciência comunitária, que entraremos no Reino de Deus. Para Buber (2018, p. 88): "Na linguagem do Antigo Testamento: o indivíduo realiza a 'imagem' de Deus, justamente por ter-se tornado um indivíduo". Tornar-se indivíduo é uma arte que não pode ser aprendida nas escolas ou nas catedrais e cuja prática, com o tempo, pode exigir a vida daquele que a exerce. É tal individualidade que permite ser sinodal, que permite sentar-se à mesa.

Quem é indivíduo é capaz de sentar-se à mesa com o outro. Sentar-se à mesa significa ser indivíduo e acolher o outro como indivíduo, não anulando as individualidades desse outro. Imaginemos os povos mais antigos, quando começaram a fabricar suas primeiras mesas para amparar seus objetos. Tais mesas eram feitas de roletes de madeira e uma plancha em cima. Eles não tinham cadeiras, pois não se tinha o costume de colocar os pratos na mesa para comer. E, ainda, nessa época ainda não existiam nem pratos nem talheres, nem havia o costume de sentar-se ao redor da mesa para tomar a refeição, como também não havia o costume do cozimento dos alimentos; com isso, certamente existia pouco diálogo. Ademais, o diálogo nessa época era entre pares que possuíam os mesmos valores, as mesmas ideologias e os mesmos pensamentos, sendo quase impossível dialogar com o diferente. Hoje, na verdade, tudo foi transformado, humanizado para alcançarmos nossos anseios. Se houve uma mudança drástica no formato, na construção e na finalidade da mesa, um objeto tão simples, imaginemos as mudanças "copernicanas" que vêm acontecendo na vida diária do ser humano, em que o que era não é mais, o que estava determinado não está mais, e, como ficarão as coisas também não sabemos... Em meio a todas essas mudanças, o segredo está em ser capaz de se adaptar rapidamente. Mas isso exige diálogo, escuta e discernimento, exige sentar-se ao redor da mesa, reconhecendo o outro como indivíduo, capaz de fala e escuta.

A mesa de que falamos é simbólica. Para o cristianismo é o lugar do encontro, da comunhão do diálogo, da partilha, da troca de conhecimentos, da inclusão e da sinodalidade. Foi ao redor de uma mesa, e não em um altar de culto, que Jesus partilhou o "pão e vinho" com seus discípulos, dizendo que aquilo era "seu corpo e sangue"; foi em uma mesa que Jesus lavou os pés dos discípulos e também partiu o "pão" com os discípulos de Emaús. Assim, poderíamos ir enumerando muitas outras passagens que retratam a importância da mesa no cristianismo, sendo o lugar simbólico dos indivíduos se sentarem com direitos iguais, pois todos podem comer de todos os alimentos colocados sobre ela. Podemos dizer que, na mesa da Eucaristia, recobramos ou vivemos nossa individualidade, dignidade e cidadania de sermos filhos e filhas de Deus, irmãs e irmãos entre nós.

Considerando toda a evolução da humanidade, vemos que, como há uma infinidade de modelos de mesa, sem deixar de cumprir sua função primeira, que é de amparar os objetos, devemos buscar, no tesouro de fé da Igreja, infinitas possiblidades para mediar o encontro com Deus e sua salvação, não esquecendo que "sentar-se à mesa" é o grande sinal da sinodalidade. Além de ser sinal de sinodalidade, a mesa gera sinodalidade, gera comunhão. É a seu redor que fica mais fácil abrir o coração, partilhar as riquezas que temos, formar uma família, mesmo que tudo isso aconteça por meio de um diálogo difícil. Segundo a fé cristã, Deus não teve medo de sentar-se à mesa conosco, de ser sinodal com o ser humano. Em cada Eucaristia Deus está na mesa e convida-nos a sentarmos com ele: "Desejei ardentemente comer convosco esta ceia da Páscoa, antes de sofrer" (Lc 22,15). Como nas mesas, a diversidade de modelos não anula sua função, assim também podemos dizer que a diversidade das individualidades não deve anular a sinodalidade.

Dessa forma, podemos dizer que, mais do que nunca, hoje se faz necessário sermos guiados pelo Espírito Santo, sentarmo-nos à mesa, dialogar-mos com Deus e com os irmãos e as irmãs, incluindo e dando cidadania a todos, sentindo-nos responsáveis pela sua salvação, pelo cuidado da natureza e por uma vida saudável para todos[40]. Ser capaz de sentar-se à mesa é ser sinodal, primando-se pela diversidade e não pelo monopólio da verdade nem pela "mesmice", uma vez que o Espírito Santo suscita a diversidade de dons (2Cor 12,4-7). Para o Papa Francisco: "Além disso, nem o Papa nem a Igreja possuem o monopólio da interpretação da realidade social ou da apresentação de soluções para os problemas contemporâneos" (EG 184). E ainda: "Não faria justiça à lógica da encarnação pensar em um cristianismo monocultural e monocórdico. É verdade que algumas culturas estiveram intimamente ligadas à pregação do Evangelho e ao desenvolvimento do pensamento cristão, mas a mensagem revelada não se identifica com nenhuma delas e possui um conteúdo transcultural" (EG 117).

Os evangelhos nos apresentam, muitas vezes, Jesus sentado à mesa participando de refeições e banquetes com os pecadores, sem excluir ninguém. Não excluiu nem mesmo os pecadores e os publicanos (Mc 2,15; Lc 1-2), por mais que fossem pessoas de má reputação, como aconteceu com Zaqueu (Lc 19,5-7). Como afirma Castillo (2015, p. 333): "Nem sequer proibiu Judas de participar da uma refeição de tanta transcendência como foi a última Ceia. Jesus, enfim, dividiu a mesa com mulheres, como está claro no caso de Marta e Maria (Lc 10,38-39), e com samaritanos (Jo 4,7-9.41)". Nas refeições Jesus nos revelou algo mais sobre Deus, não se submetendo às normas religiosas relacionadas com a comida e com a alimentação tais como: normas sobre jejum (Mc 2,18-22), sobre as purificações rituais antes das refeições (Mc 7,1-7) ou sobre alimentos puros e impuros (Mc 7,17-23). Como afirma Castillo (2015, p. 335-336): "A nada disso sujeitou-se Jesus, por mais que, com esse comportamento, desse motivo de escândalo aos mais observantes. Com isso, Jesus estava dizendo que, em primeiro lugar, não vem o ritualismo, mas a experiência humana que se expressa na comensalidade". Na parábola do grande banquete (Mt 22,1-10), a mesa partilhada é um lugar onde o Pai se torna presente e se dá a conhecer. Todas as desculpas dadas pelos convidados para não irem participar do grande banquete coincidem em uma coisa: colocaram os interesses pessoais na frente da experiência da partilha na mesa com o Pai e os outros convidados. A parábola do banquete mostra que Deus é encontrado em outros lugares que não eram comum para os judeus, isto é, na mesa compartilhada e não no Templo nem nas solenes liturgias. A mesa é para Jesus um lugar da sinodal em que se transcendem as traições, as negações, as covardias e os comportamentos hipócritas (Jo 13), pois não excluiu da última Ceia (Eucaristia) os covardes e traidores. Sabe-se que atualmente nossas celebrações estão organizadas de maneira que dela se excluem aqueles que não convergem nas mesmas normas eclesiásticas. No entanto Jesus não impôs nenhuma excomunhão. Ele tratou a todos com respeito e reconhecimento, sendo sinodal com todos.

No cristianismo, o "sentar-se à mesa" pode ser a porta estreita da qual Jesus falara (Mt 7,13). Viver a sinodalidade é ser capaz de sentar-se à mesa, fazendo dela a "Tenda do Encontro", tenda do diálogo e garantia das individualidades. Para Theilhard de Chardin, (Teólogo e filósofo francês): "Não somos seres humanos vivendo experiências espirituais, somos seres espirituais vivendo experiências humanas". Sabe-se que não foi no Egito, em meio à opulência, que o povo encontrou a libertação e teve uma identidade de povo de Deus, mas sim na "Tenda do encontro"; sobretudo, para nós cristãos, foi ao redor da mesa que aconteceu a maior revelação da presença de Deus, revelação da comunhão de Deus com a humanidade: "Enquanto comiam, Jesus tomou um pão e, abençoando, partiu-o e o deu aos discípulos, dizendo: 'Tomem, comam, isto é o meu corpo'. E tomando um cálice e dando graças, deu-o a eles, dizendo: 'Bebam dele todos, pois isto é o meu sangue da Aliança, que é derramado por muitos para o perdão dos pecados'" (Mt 26,26-28). A mesa é assim, o maior lugar da comunhão dos cristãos, lugar onde cada um é reconhecido em sua individualidade, grandeza, seus direitos, deveres, suas falhas e seus dons.

Sinodalidade: golpe mortal dos "muros de separação"

Sabe-se que a própria Igreja, em eras passadas, com suas mediações sobre a representação da identidade cristã, isolou os cristãos da sociedade e entre si, como também permitiu que eles se refugiassem em uma subcultura, sendo essa época, compreendida pelos historiadores, como Cristandade ou Nova Cristandade. Na atualidade, para um cuidado abrangente da humanidade, em sintonia com a mística da sinodalidade, é preciso abertura à escuta e ao diálogo em todos os sentidos e todas as dimensões, abertura à comunhão, saindo dos muros de Cristandade.

Sabe-se que a recusa ao modernismo, às ciências, às tecnologias e aos avanços da sociedade, bem como o isolamento social dos cristãos, exigiu-lhes a criação de muitos muros, isolando-os ou impedindo-os de muitas inquietudes vindas do Espírito Santo, em uma palavra: empobrecendo-os. Para Passos (2016, p. 124-125.156), estamos diante de dois projetos, a Igreja que fica e a Igreja que sai: "A Igreja que fica aglutina em sua proposta ideias, práticas e sujeitos que representam a conservação da tradição, da instituição, das normas e dos símbolos católicos; agrega os que afirmam a identidade da Igreja em oposição ao mundo moderno, plural e relativista (...). Toda diversidade eclesial foi sufocada como perigo de quebra da unidade e como heresia potencial para a integridade da fé. A cosmovisão que foi sendo implantada pode ser resumida na sequência: uma fé, uma doutrina, uma Igreja, um papa, um catecismo, uma teologia, um rito [..]. A Igreja em saída missionária cria e exige sujeitos cristãos autênticos que superam todas as formas de individualismo, assim como de comunitarismo de moldura tradicional ou contemporânea". A mediação da Cristandade gerou uma Igreja autorreferencial, voltada para si, isolada do convívio social, sendo pouco com aqueles que ousam em pensar ou agir diferente. O grande modelo paradigmático são os monges trapistas vivendo no mesmo local, mas em celas individuais, sem comunicação com ninguém, somente cantando juntos os salmos e fazendo refeições em silêncio. Esse modelo gerou o cristão que canta os mesmos cantos, reza as mesmas rezas, mas, depois, cada um vai para sua "casa", sua cela, não vivendo o diálogo, a acolhida do diferente, a comunhão e a unidade. Nesse modelo, por ironia do destino, cada grupo tem suas rezas, cada pastoral tem seus cantos, cada igreja tem seus ritos e assim por diante, vivendo uma guerra interna, sendo quem pensa diferente, de per si, um inimigo a ser combatido.

O cristão, mediador da sinodalidade cristã, precisa ter a coragem de perguntar se ele está fechado em uma redoma, gaiola, nicho, "tribo" ou "muros" que foram criados no passado, ou está aberto à sinodalidade? Como também precisa perguntar: qual é minha disposição em caminhar junto com os diversos tipos de indivíduos e grupos? Quando se está fechado a um pequeno grupo, ideologia, doutrina, costume ou norma, a tendência é o isolamento, ficando difícil ver o outro como próximo, bem como caminhar junto e crescer. Não podemos negar que se percebe, na atualidade, um grande empobrecimento na representação da identidade cristã. Como diz o Papa Francisco: "Mas não posso reduzir a minha vida à relação com um pequeno grupo, nem mesmo à minha própria família, porque é impossível compreender-me sem uma teia mais ampla de relações: e não só as do momento atual, mas também as relações dos anos anteriores que me foram configurando ao longo da minha vida" (FT, n. 89).

Aparentemente, na sociedade em redes, estamos sem muros, mas, na verdade, estamos cheios de muros. Foram criados os nichos da fé, "as tribos virtuais", e cada um tende a buscar o nicho ou a "tribo" que mais se adequa à visão que satisfaça suas necessidades. Na visão de alguns analistas, no mundo das redes sociais e da globalização, não teríamos mais muros entre ricos e pobres, entre rural e urbano, entre direita e esquerda, entre tradicional e liberal, entre raça, cor, sexo, gênero, formação acadêmica, criança, jovem, adulto ou idoso e assim por diante. Acreditávamos que o golpe mortal dos "muros de separação" teria se dado pelo avanço das redes sociais, mas o que na realidade vemos é a criação de uma "diversidade de mundos", de nichos, de "tribos", na qual cada um tende a impor ou viver sua visão de mundo ou verdade. Sabe-se que, na sociedade secularizada, se vive a "insegurança perpétua". Os muros de separação querem garantir a segurança e evitar o estresse de ter de mudar e adaptar-se sempre. O cidadão do mundo atual é compreendido como "cidadão cosmopolita", isto é, tem estilo de vida não para ser imitado, pois vive em "bolhas virtuais do seu mundo", não interagindo com os mundos ao seu redor, mas somente com o mundo semelhante ao seu. Com as redes sociais, em qualquer lugar onde se está, se é possível criar virtualmente o seu mundo. Os cristãos, discípulos do Senhor, construtores do Reino de Deus, não podem nem devem viver em "bolhas", "muros", "nichos" ou "tribos", pois devem estar abertos ao diálogo, à vida comunitária e à fraternidade[41].

Para viver a sinodalidade, é necessário "derrubar os muros de separação". Tal destruição dos muros de separação leva a eleger o respeito pelo outro, abandonando algumas mediações e abraçando outras que melhor permite a vivência da comunhão: "Esquecendo-me do que fica para trás e avançando para o que está adiante, corro em direção à meta, em vista do prêmio ao chamado do alto, prêmio que vem de Deus em Cristo Jesus" (Fl 3,13-14). Na fé, para derrubar os "muros de separação", faz-se necessário fazer a distinção entre dados de fé e dados culturais[42]. Quando não se faz essa distinção, podem se criar muros de separação, ficando difícil ou impossível a comunhão.

Em um mundo onde os índices de fragmentação são altos, os cristãos correm o risco de se fixarem em um dos aspectos de sua multiforme missão. Como diz Amado (2019, p. 41): "Importa que ele não se feche nas dimensões que mais lhe agradem, com as quais se identifique". A vivência do discipulado do Senhor carrega em si a possibilidade da destruição dos muros de separação, bem como a ousadia da construção da comunhão: o discípulo do Senhor é um ser de comunhão. Comunhão, participação e missão caminham juntos.

Somente a cultura do encontro é capaz de derrubar todos os muros que dividem a humanidade. Onde há muros, há fechamento de corações, extremismos, exclusão e legalismo e, consequentemente, não há diálogo, comunhão, sinodalidade nem evangelização. Cada discípulo do Senhor deve ser ponte e não muro, tendo a consciência de que ou nos salvamos todos ou não se salva ninguém. Consequentemente, antes de qualquer outra concretização de sua resposta ao vinde, o discípulo do Senhor haverá de desenvolver em si a condição de ser ponte, de ser pontífice, isto é, construtor de pontes, sendo ele mesmo a primeira dessas pontes.

Sinodalidade: consciência interplanetária

Quem dialoga sempre tem uma proposta a ser apresentada, estando, de outro lado, aberto à proposta do outro. Na dinâmica do diálogo, em que há sempre uma negociação, no qual, ambos se abrem para acolher a verdade do outro, em vista do bem de todos, havendo com isso parceria para o bem comum. Ser sinodal é ser alguém que tem uma proposta para apresentar ao mundo e está aberto ao diálogo em vista de ouvir a "verdade do outro", algo que implica ter uma consciência interplanetária. Podemos dizer que a consciência interplanetária é uma consciência sinodal, sendo o caminho para se evitar os extremismos. Advogar-se pela consciência interplanetária significa trabalhar com a hipótese de que é possível ter princípios universais de ação e comportamentos para todos.

Quando olhamos para Jesus, vemos um novo jeito de compreender o transcendente, isto é, Ele apresentou uma visão de família, do outro e de Deus, mais alargada, inclusiva, universal e misericordiosa, bem como seu projeto sinodal do Reino de Deus. Paulo Apóstolo não teve medo de levar o "jovem cristianismo", com essa visão mais sinodal para além do contexto de sua cultura e em direção à abertura universal. Mas, ao longo da história, parece que essa mediação foi ganhando contornos mais limitados[43]. Dentro do Cristianismo, esses limites vêm sendo justificados e praticados como se a humanidade, abrindo-se às descobertas da ciência, às novas visões de mundo e à pluralidade, é que estivesse errada. Sabemos que, por meio do processo de secularização, em muitos países, as igrejas, mosteiros e seminários se esvaziaram ou foram encerrados. Com a desculpa de que isso era algo da modernidade, não nos demos conta de que se encerrava um capítulo da história do cristianismo e que era tempo de nos prepararmos para outro capítulo. A grande preocupação e inquietação era converter o mundo. A mediação da conversão levou a excluir muitos batizados, levando o cristianismo para o fechamento, para o não diálogo, a não sinodalidade. Mas alguém pode objetar que a mensagem lapidar de Jesus parte da conversão: "Arrependam-se e acreditem no Evangelho" (Mc 1,15). Essa prerrogativa da conversão era um convite para acolher Jesus e sua mensagem. Portanto ela era dirigida aos de fora. Hoje pregamos a conversão aos batizados, querendo que eles se convertam ao modo tradicional ou libertador de ser, ficando a desejar o fazer a vontade de Deus no hoje da história. Quando o acento recai sobre o tradicionalismo ou libertarismo, Jesus e seu Reino podem ficar esquecidos, e, se alguém apresentar um outro modo de pensar, é pedida a sua conversão. Tal conversão, falhando quanto à centralidade do frescor do Evangelho de Jesus no hoje da história, tende a levar os próprios cristãos a se tornarem inimigos e adversários entre si. Assim, assistimos aos grupos mais conservadores e tradicionais sendo adversários dos sociais e libertadores, as pastorais sociais inimigas dos movimentos de cunho mais devocionais e assim por diante, e ambos pedindo a conversão um do outro. Dentro do próprio cristianismo, sabe-se que, quando alguém apresenta um outro modo de pensar, isto é, uma visão mais aberta, mais alargada, mais inclusiva, é tido como "herético", comunista, "causador de divisão na igreja", sem fé. Vê-

-se, assim, que falta sinodalidade de ambas as partes, pois cada um tende a se fechar em sua "tribo".

Vivemos tempos difíceis fora e dentro da Igreja. Todo dia vemos irmãos nossos: seminaristas, padres, bispos, cardeais e leigos falando mal do papa, CNBB ou daqueles que não os apoiam. Somos uma geração extremada. Pelo fato de a pessoa ter sida batizada, fazer parte de uma pastoral ou um movimento, ou uma comunidade da Igreja, ter sida ordenada, ou qualquer outra coisa mais, não quer dizer que sabe tudo ou que já é o que tem de ser. Ademais, ser cristão é ser peregrino, é viver em Jesus, sendo uma jornada para a vida toda.

Para podermos viver mais intensamente a sinodalidade, temos de aprofundar sempre mais a revelação de Deus, que é mistério; a Igreja é mistério! Tem muita gente que entra na Igreja e acha que sabe tudo sobre a Igreja. A maior parte das pessoas morrem sem saber por que viveram. Podemos dar um show de fé, fazer palestras bonitas, mostrar grande domínio de doutrina, mas não ter a fé de Jesus, ou não estar em Jesus. O caminho da fé não é uma estrada triunfal, mas de dor, de humilhação. O choro de Pedro é sinal de sua cura (Mt 26,75). Ele chorou porque percebeu sua falta, seu estar exterior em Cristo. Depois ele foi chamado ao amor (Jo 21). Muitos pregam a doutrina de Jesus, mas desidratada do amor aos irmãos, desidratada da sinodalidade e da comunhão. A fé não se iguala ao devocionismo, nem ao espiritualismo, nem ao socialismo ou comunismo, mas sim ao amor a Deus e aos irmãos[44].

Seguir a matriz de consciência interplanetária[45] implica avançar para a dimensão dialógica e de aliança em favor da vida, sobretudo, dos mais frágeis. A mediação de uma consciência interplanetária tende a estar mais aberta à reflexão e à evolução da humanidade. Na mediação com matriz interplanetária, parece ficar mais fácil haver uma igual situação de oportunidade para todos. E isso não é comunismo nem socialismo, nem devocionismo, mas vivência do Evangelho de Jesus, que nos convida a viver o amor para com todos.

Alcançar a consciência interplanetária representa a possibilidade de esperança para a terra, para o destino comum dos seres humanos, para a libertação daquilo que, por causa do próprio homem, transforma a nossa finitude em uma maldição. Estar aqui na terra não deve ser uma maldição, mas uma bênção. É a partir da consciência interplanetária que se é possível colocar em pauta a questão ecológica, a questão das mulheres, da migração, do movimento pela paz, da erradicação das guerras, do pobre, de gênero, de democracia, de derrocada dos regimes totalitários, de inclusão social, de evolução dos direitos internacionais e assim por diante.

Vemos assim que a consciência interplanetária tem maior possibilidade de favorecer na criação de um mundo de irmãos, que, em linguagem política, pode ser chamado de democracia e, em linguagem religiosa, de circularidade, de comunidade ou fraternidade. Na democracia ou na comunidade, acreditamos ter um modo mais ético ou um sistema que apresenta mais possibilidade de ter uma ética em favor de todos, uma ética da igualdade, da solidariedade, da inclusão, da fraternidade, da liberdade, do diálogo e da responsabilidade. Podemos dizer que a sociedade ainda sonha com um sistema democrático ou comunitário que favoreça a distribuição igualitária dos bens, estabeleça algumas regras mais justas para a economia global, tenha algumas políticas internacionais mais solidárias e acolhedoras dos "diversos rostos"[46]. Tal consciência leva-nos a ter cuidado para não querermos tratar os desiguais como iguais, pois tratar com igualdade pessoas e povos que vivem em situações gravemente desiguais é tratá-los desigualmente. E, quando os tratamos desigualmente, não se cria comunhão, não se vive a sinodalidade.

Sinodalidade: vivência da justiça social

A crise humanitária a que assistimos parece-nos sem precedentes na história e é consensual que está longe de ter chegado ao fim. A falta de vontade política, a lentidão e burocracia impostas pela comunidade internacional, que não dá uma resposta satisfatória a essa situação, faz com que a crise se estenda no tempo, abrindo espaço para que cresça o número de campo de refugiados em várias partes do mundo. É uma crise que custa muitas vidas. Para confirmar isso, basta olharmos para as mortes dos refugiados que têm acontecido de forma dramática no mar Mediterrâneo. A ação social nas encíclicas papais, *Rerum Novarum* e a *Quadragesimo Anno*, foi a posição da Igreja Católica contra o socialismo e também contra o capitalismo, inclusive, com a pretensão de ser uma terceira via para solucionar os conflitos sociais e econômicos do final do século XIX, até a metade do século XX. Esses dois textos têm como fundamentação teórica o conceito de justiça nos princípios tomistas. Até porque, nessa visão, a propriedade é anterior ao Estado, que, no entanto, tem o dever de protegê-la para o bem comum de toda a coletividade. Segundo o Papa Francisco: "Nesta linha, lembro que 'a tradição cristã nunca reconheceu como absoluto ou intocável o direito à propriedade privada e salientou a função social de qualquer forma de propriedade privada'. O princípio do uso comum dos bens criados para todos é o 'primeiro princípio de toda a ordem ético-social', é um direito natural, primordial e prioritário. Todos os outros direitos sobre os bens necessários para a realização integral das pessoas, quaisquer que sejam eles, incluindo o da propriedade privada, 'não devem – como afirmava São Paulo VI – impedir, mas, pelo contrário, facilitar a sua realização'. O direito à propriedade privada só pode ser considerado como um direito natural secundário e derivado do princípio do destino universal dos bens criados, e isso tem consequências muito concretas que se devem refletir no funcionamento da sociedade. Mas acontece muitas vezes que os direitos secundários se sobrepõem aos prioritários e primordiais, deixando-os sem relevância prática" (FT, n. 120). E ainda: "A par do direito de propriedade privada, sempre existe o princípio mais importante e antecedente da subordinação de toda a propriedade privada ao destino universal dos bens da terra e, consequentemente, o direito de todos ao seu uso" (FT n. 123).

A misericórdia foi, no início do cristianismo, uma forma da igreja viver a justiça em relação aos mais frágeis, praticando, assim, a justiça social, como, por exemplo: no século IV surgem os primeiros asilos para os pobres, os albergues para peregrinos e doentes, que posteriormente darão lugar aos hospitais medievais, que foram fundados pelas ordens assistenciais (cf. Kasper, 2015, p. 204-205). Para Fernandes (2019, p.114): "A Igreja não pode aceitar nem justificar o pecado; no entanto não pode fechar os olhos e o coração àqueles que clamam por auxílio e, assim, não ser solidária com os pobres, os enfermos, os incapacitados, as prostitutas, os homossexuais, alcoólicos, drogados, porque, sendo estes os menores da sociedade, são os destinatários privilegiados da misericórdia divina".

A missão leva a perceber as necessidades das pessoas e tomar iniciativas para solucioná-las a partir da justiça social. Iluminados pela Sagrada Escritura, que nos apresenta Deus como misericórdia infinita e justiça perfeita, somos chamados a ser protagonistas da justiça social no mundo. Para São João Paulo II (1980, n.7): "É precisamente a Redenção a última e definitiva revelação da santidade de Deus, que é a plenitude absoluta da perfeição: plenitude da justiça e do amor, pois a justiça funda-se no amor, dele provém e para ele tende". Vemos aí que o amor e a caridade são a fonte, a alma e o coroamento da justiça, sendo a justiça, na concepção cristã: compaixão, misericórdia, solidariedade e fidelidade comunitária. Podemos dizer que a misericórdia supera a justiça, uma vez que ela contempla a miséria humana e com isso ultrapassa ou supera o direito positivo dos seres humanos. A justiça, na visão cristã, é a medida mínima do amor, e o amor a medida cheia de justiça. Pois a justiça vive também do perdão, da reconciliação e da compaixão, sendo uma saída nas situações sem saídas, como também a possibilidade de um novo futuro. Para santa Madre Tereza de Calcutá "A falta de amor é a maior de todas as pobrezas", ou, dizendo de outro modo, a incapacidade para amar é a maior doença que o ser humano pode adquirir, pois a falta de amor leva à indiferença, que é a morte do amor.

Para Jesus, a justiça dos seus discípulos deve superar a justiça formal dos escribas e fariseus, sendo a justiça evangélica mais que a simples observação externa da lei: "Se a justiça de vocês não superar a justiça dos doutores da Lei e fariseus, vocês não entrarão no Reino dos Céus" (Mt 5,20); e ainda: "Busquem primeiro o Reino de Deus e sua justiça, e todas essas coisas ficarão garantidas para vocês" (Mt 6,33). Que justiça é essa a não ser a misericórdia?

Podemos dizer que a justiça evangélica, que brota do mistério da misericórdia divina, é o fundamento e a expressão das novas relações de amor e de liberdade, de comunhão e de paz. Ela se funda no reconhecimento da dignidade do próximo, superando a compreensão filosófico-jurídica. Para o Papa Francisco (2015b, n. 21): "A misericórdia não é contrária à justiça, mas exprime o comportamento de Deus para com o pecador, oferecendo-lhe uma nova possibilidade de se arrepender, converter e acreditar". E, comentando o profeta Oseias (11), o Papa Francisco (2015b, n. 21) afirma: "A experiência do profeta Oseias ajuda-nos, mostrando-nos a superação da justiça na linha da misericórdia (...). Assim o atestam as palavras do profeta: 'Não voltará para o Egito, mas a Assíria será o seu rei, porque recusaram converter-se' (Os 11,5). E todavia, depois dessa reação que faz apelo à justiça, o profeta muda radicalmente a sua linguagem e revela o verdadeiro rosto de Deus: 'O meu coração dá voltas dentro de mim, comovem-se as minhas entranhas. Não desafogarei o furor da minha cólera, não voltarei a destruir Efraim, porque sou Deus e não um homem, sou o Santo no meio de ti e não me deixo levar pela ira' (11,8-9). Santo Agostinho, de certo modo comentando as palavras do profeta, diz: 'É mais fácil que Deus contenha a ira do que a misericórdia'! É mesmo assim! A ira de Deus dura um instante, ao passo que a sua misericórdia é eterna". E o Papa Francisco continua (2015b, n. 21): "Devemos prestar muita atenção naquilo que escreve Paulo, para não cair no mesmo erro que o apóstolo censurava nos judeus seus contemporâneos: 'Por não terem reconhecido a justiça, que vem de Deus, e terem procurado estabelecer a sua própria justiça, não se submeteram à justiça de Deus. É que o fim da Lei é Cristo, para que, desse modo, a justiça seja concedida a todo o que tem fé' (Rm 10,3-4).

Essa justiça de Deus é a misericórdia concedida a todos como graça, em virtude da morte e ressurreição de Jesus Cristo. Portanto a Cruz de Cristo é o juízo de Deus sobre todos nós e sobre o mundo, porque nos oferece a certeza do amor e da vida nova". Jesus se tornou justiça de Deus para todo o ser humano: "Ora, é por Deus que vocês existem em Cristo Jesus. Pois Cristo Jesus se tornou para nós sabedoria que vem de Deus, justiça, santificação e redenção" (1Cor 1,30). Assim, a justiça divina, que se revela em Jesus, não é uma justiça condenatória nem castigadora, mas uma justiça perdoadora, levando-nos a ser aquilo que somos, isto é, filhos de Deus. Tal justiça é justificadora. Somos justificados sem mérito algum de nossa parte, mas por misericórdia divina, somente em virtude da fé (Rm 1,17). A justiça de Deus é a sua misericórdia, e a misericórdia de Deus é a sua justiça. E cada ser humano é chamado a tornar-se justiça de Deus aqui na terra: "Aquele que não tinha pecado, Deus o fez pecado, para que, por meio dele, nós nos tornássemos justiça de Deus" (2Cor 5,21). Tornar-se justiça de Deus é ser misericordioso. E nada nos poderá separar desse amor misericordioso de Deus (Rm 8,35-39). Acreditar em Jesus é acreditar na misericórdia. Assim, a misericórdia deve se tornar o fundamento de toda a vida do cristão, sendo seu modo de ser justo.

Jesus Cristo é o rosto da misericórdia do Pai que ultrapassa a justiça retributiva, a qual cai diante da justiça da cruz, que é o símbolo do juízo de Deus sobre o mundo e a ela conduz todo o que n'Ele crê. "Portanto a Cruz de Cristo é o juízo de Deus sobre todos nós e sobre o mundo, porque nos oferece a certeza do amor e da vida nova" (MV 21). O grande gesto da misericórdia de Deus é o perdão, e o perdão é ontológico, isto é, repara toda dívida, pois Deus perdoa de modo superabundante e distancia-se do calculismo da justiça humana. Desse modo, podemos dizer que a misericórdia transcende a justiça[47]. A justiça da Lei é a justa retribuição, já a justiça da misericórdia vai além e leva à conversão. Para o Papa Francisco (2015b, n. 21): "Se Deus se detivesse na justiça, deixaria de ser Deus; seria como todos os homens que clamam pelo respeito da lei. A justiça por si só não é suficiente, e a experiência mostra que, limitando-se a apelar para ela, corre-se o risco de a destruir. Por isso Deus, com a misericórdia e o perdão, passa além da justiça. Isso não significa desvalorizar a justiça ou torná-la supérflua. Antes pelo contrário! Quem erra deve descontar a pena; só que isso não é o fim, mas o início da conversão, porque se experimenta a ternura do perdão. Deus não rejeita a justiça. Ele engloba-a e supera-a em um evento superior onde se experimenta o amor, que está na base de uma verdadeira justiça". Assim, podemos dizer que viver sinodalmente é viver a justiça social. Quem não é capaz da justiça social não vive o evangelho de Jesus.

Sinodalidade: comunhão, participação e missão

Em uma visão evangélica, somos convidados a caminhar juntos como irmãos e irmãs, sendo sinodais, viver em comunhão. Mas psicologicamente temos uma tendência muito grande a construir muros de separação ou formar "tribos". A construção de muros ou formação de "tribos" é um retorno ao passado, em que as cidades eram cercadas de muralhas para se proteger dos inimigos ou viver em tribos se protegendo de outras tribos. Além dos muros físicos ou das tribos, temos os muros construídos pelas leis e normas, os muros das raças e dos gêneros, os muros políticos, os muros do status e poder econômico e tudo mais.

Quando olhamos para os últimos tempos, vemos um novo e antigo perfil de cristão, isto é, um cristão mais alinhado à gestão eclesial, agarrado às velhas seguranças de um passado sem retorno, agarrado a muros de separação ou fechado em "tribos", primando-se, sempre mais, pela fidelidade e obediência visível à Instituição e pela crença em uma tradição tida como perene e imutável, ou fechado à sinodalidade, ao diálogo, ao caminhar junto. É um viés antigo e novo, viés que vemos espelhado no jovem rico do evangelho que faz a pergunta a Jesus sobre o que deveria fazer para entrar para a vida. Nesse jovem vemos sua angústia e seu vazio: "Tudo isso já tenho observado. O que ainda me falta?" (Mt 19,20). Ao seguir uma orientação legalista da lei, Jesus, ironicamente, interpela-o dizendo: "Se queres entrar para a vida, observa os mandamentos" (Mt 19,17). Jesus mostra para aquele jovem que sua segurança não estava em Deus, mas nos bens e na observância irrestrita da Lei. Para Jesus nem a observância irrestrita das leis e normas, nem os bens tinham poder de garantir a vida eterna, mas sim o amor aos pobres e o seguimento de suas pegadas. Jesus convida esse jovem a fazer dois gestos: confiar em Deus e amar o próximo, sobretudo os mais frágeis. De fato, como diz o profeta Isaías (29,13): "Porque esse povo está perto de mim em palavras e me glorifica com seus lábios, mas seu coração está longe de mim e seu temor não é mais que um mandamento humano, uma tradição aprendida". Esse Jovem Rico é o exemplo de uma pessoa que não é sinodal. Jesus coloca o "machado à raiz", como diz João Batista: "O machado já está encostado no pé das árvores; e, então, toda árvore que não produzir bom fruto será cortada e jogada no fogo" (Mt 3,10). Para os fanáticos da lei, a doutrina pode tornar-se um emaranhado de práticas minuciosas, muitas vezes sem respiro e sem alma, confundidas com santidade; parece que foi isso que aconteceu com o Jovem Rico. Ele ficou obcecado pela observância das minuciosidades da Lei e se fechou ao amor, fechando-se à comunhão com os outros seres humanos.

Esse mesmo problema, que aconteceu com o Jovem Rico, vemos acontecendo hoje quando há uma tendência a reduzir a fé a algumas práticas religiosas formalísticas. Todos os aparatos parecem que mais servem para criar muros e levar à perdição do que viver a comunhão e alcançar a salvação. O caminho proposto por Jesus, para o Jovem Rico, é desconcertante, pois mostra que nenhum aparato exterior tem poder de levar à salvação, a não ser o amor aos pobres e o seguimento de seus passos.

O mesmo convite desconcertante de Jesus vemos na passagem do Bom Samaritano. Aí Jesus, além de nos convidar a descermos do nosso cavalo para cuidar do irmão, impulsiona-nos a descobrir as hospedarias para cuidar dos feridos (Lc 10,25-37). O mesmo desconcerto vemos nas parábolas da misericórdia, quando somos convidados a ceder nossos ombros para conduzir as ovelhas de volta ao rebanho (Lc 15,1-7), bem como procurar, até encontrar, a dracma perdida (Lc 17,8-10) ou fazer uma festa de acolhida para o filho pródigo (Lc 15,11-32). O mesmo convite o vemos nas atitudes do próprio mestre que desgasta seus pés para caminhar na noite escura com os discípulos de Emaús (Lc 24). Vemos nesses convites desconcertantes de Jesus que a comunhão, o amor e a fraternidade estão acima de qualquer norma, lei, regra, costume ou cansaço. Para Jesus a família restaurada, as ovelhas no aprisco, a dracma encontrada e os discípulos unidos estão acima de tudo. E isso é viver a sinodalidade. A sinodalidade leva à busca da comunhão e nunca abandona ou despreza alguém, pois a vida eterna encontra-se não apenas no conhecimento dos mandamentos, mas também na sua prática.

O contraste, estabelecido por Jesus, entre os líderes religiosos sem misericórdia, recorda aos mestres da lei que eles estão longe do princípio da verdadeira religião: o amor, a sinodalidade e a comunhão. Com essa escolha, Jesus quer desfazer todas as fronteiras entre as pessoas, todas as divisões e todos os ódios que possam existir, derrubar todos os muros construídos ao longo do tempo. As leis de Deus indicam um caminho a seguir, um modo de concretizar todos os sonhos e todas as esperanças, bem como são uma proposta segura para se chegar à vida plena, à felicidade. Contudo esse caminho não se esgota no mero cumprimento de ritos ou práticas vazias de significado desligado do amor ao próximo. Para Jesus, não podemos chegar a Deus passando por cima do próximo. Na perspectiva de Jesus, a verdadeira religião não se centra no cumprimento formal das leis, mas em um processo de conversão que leva à comunhão com Deus e real partilha de amor com os irmãos. Mas quem é fanático da Lei vai questionar a não observância das leis e "tradições dos antigos". Vemos isso acontecer com os fariseus (Mc 7,1-23). Eles questionam Jesus sobre a não observância de muitos ritos e costumes dos seus discípulos. Quem é fanático das leis, onde não as tem, cria como fez o povo judeu. Na época de Jesus, essa "tradição dos antigos" constava de 613 leis (tantas quantas as letras do Decálogo dado a Moisés no Monte Sinai), das quais 248 eram preceitos de formulação positiva e 365 eram preceitos de formulação negativa. O Concílio de Jerusalém (por volta do ano 49) já havia dado uma primeira resposta à questão: para os cristãos o fundamental é a pessoa de Jesus e o seu Evangelho; não é lícito impor aos cristãos vindos do paganismo o fardo da Lei de Moisés. Os fanáticos por leis e normas criam uma obsessão que leva ao farisaísmo e à criação de muros nos relacionamentos humanos. Dentro da Igreja, os fanáticos por leis e normas garimpam a Bíblia, os escritos dos santos padres, a vida dos santos, o Código de Direito Canônico, o Catecismo da Igreja e tudo mais para justificar e impor suas ideias. Eles não permitem que nada de novo nasça, somente o passado, garimpado por eles, é correto.

A missão proposta por Jesus aos seus discípulos é de comunhão, pois, no coração de Deus-Pai, só há ternura, bondade e compaixão, não retribuindo a ingratidão e a ofensa, mas sempre acolhendo o pecador, perdoando-lhe e amando-o na sua totalidade. Esse modo de falar de Deus, indicado por Jesus, rompe com a lógica da retribuição e faz prevalecer o amor de Deus-Pai. Para Jesus Deus-Pai consegue tratar os filhos de forma única, cada um recebendo o seu amor de acordo com suas individualidades, não os igualando.

É a misericórdia que gera comunhão. Aí está também algo da misericórdia: amar o outro em sua miséria e não o julgar pelas suas faltas, algo que é muito difícil em toda ação; é assim que, na parábola do Filho Pródigo, o pai age. O não igualar os filhos e tratá-los de forma única é dar a cada um o direito de fazer a experiência do amadurecimento necessário para poder ser quem de fato cada um deve ser. Caso não aja amadurecimento, aí sim, deve ser punido, pois aquele que foi tratado com misericórdia deve fazer o mesmo com os outros seres humanos, como sugere Jesus na parábola do servo cruel (Mt 18,32-35). Dessa forma, podemos dizer que há um efeito ético de inversão, ou seja, dar ao outro aquilo que ele não merece. Ao buscar a comunhão, torna-se capaz de oferecer alternativa para o outro, não alternativa limitada, mas plena.

A sinodalidade proposta por Jesus é gerar a comunhão e a participação plenas. Tal ação não segue a orientação convencional, inverte o agir, reconhecendo o outro como irmão e irmã. O cristianismo fará um bem muito grande à humanidade se assim continuar agindo e convidando todos a fazem a mesma coisa. Agir sinodalmente é agir com misericórdia, algo que não é fácil; como sugere Paulo (Rm 12,8): "Quem faz obras de misericórdia faça com alegria". A misericórdia deve mover os discípulos do Senhor não unicamente como uma inspiração interior, mas também como uma presença que envolve toda a sua existência, devendo eles serem o rosto da misericórdia. Quem age sinodalmente não tem medo de estar errando, pois sabe que vai alcançar misericórdia diante de Deus, pois é assim que Deus age (Mt 5,7).

Dessa forma, podemos dizer que a missão leva à comunhão e, ao mesmo tempo, nasce da comunhão. Onde há divisões, intrigas, marginalização, exclusão e tudo mais, é sinal de que a missão não está sendo concretizada ou não está seguindo os trilhos do Evangelho de Jesus.

Finalizando

Vivemos hoje um tempo de grande mobilidade, de grandes e inusitadas inquietações humanas, o que tem exigido sempre mais diálogo em todos os sentidos para se viver a comunhão. Passamos de uma concepção estática da vida para uma perspectiva de altíssima mobilidade. A fé cristã sempre fez parte de um modo sólido e tradicional de pensar. Ela contribuiu para a construção de identidades sólidas e bem estruturadas. As pessoas acreditavam porque sempre se fez assim (tradição). O questionamento, muitas vezes, nunca fez parte da história do cristianismo, mas sim o convencimento. As categorias usadas para pregar essa fé possuíam fôlego suficiente para aceitar aqueles princípios sem questionamentos. O que existia, na verdade, não era comunhão, mas o anulamento das individualidades, sendo isso tido como obediência a Deus.

Devido também ao grande medo do castigo do transcendente ou ao modo como o transcendente se apresentava, cheio de ameaças e inquestionável, tudo isso favorecia o acatamento passivo desses postulados doutrinais. Assim, foi criando uma cultura de que esse era o único modo de se viver como cristão e de qualquer outra inquietação seria algo do maligno. Dessa forma, durante muito tempo, acostumamos com esse modo de pensar, sem escuta nem diálogo, colocando nas costas dos cristãos o peso da fé; ninguém ousava questionar.

Para viver a comunhão e participação, é necessário diálogo. E dialogar é considerar o outro como sendo alguém capaz de fala e de escuta, é ouvir as inquietações do outro e buscar luzes para uma vida saudável e feliz, é reconhecer o outro como irmão, com valores e riquezas a partilhar. A mediação do diálogo é algo mais do que necessário para poder melhor encarnar seu Evangelho do Deus dos fracos, do Deus humilde, caminhando para um novo patamar da humanidade. Pensar e agir assim não se trata de mudar o conteúdo do Evangelho, mas de dar abertura ao Espírito Santo. Às vezes, gastamos nossas forças com mediações que já foram úteis no passado e deram o seu fruto a seu tempo. Em uma visão sinodal, somos desafiados a gastar nossas forças com mediações capazes de saciar a fome e a sede do povo no hoje da história. Jesus nos pede darmos nós mesmos de comer à humanidade sedenta de pão: "Vocês é que devem dar-lhes de comer" (Mt 14,16).

Somos todos responsáveis pela dinâmica da comunhão e participação no hoje da história. Às vezes, parece que só acreditamos que podemos fazer acontecer a comunhão e a participação por meio de doutrinas e normas ou da autoridade ou poder, caminhos ou mediações que não têm gerado tantos frutos. O milagre acontece quando somos capazes de sermos próximos, ouvirmos as necessidades do outro e partilharmos, colocando em comum aquilo que temos, mesmo que seja apenas cinco pães e dois peixes: "Aqui há um rapaz que tem cinco pães de cevada e dois peixinhos. Mas o que é isso para tanta gente?" (Jo 6,9). A comunhão se constrói com diálogo, escuta e abertura de coração, reconhecendo o outro como irmão e caminhando com ele: "Vós todos sois irmãos" (Mt 23,8).

PARTE IV

POR UMA ESPIRITUALIDADE SINODAL

Mais do que nunca vivemos o desafio de uma cultura globalizada. A Igreja não está fora dessa cultura. Como bem disse o Papa Francisco: "O ser humano é simultaneamente filho e pai da cultura onde está inserido" (EG 112). Tal cultura, sem deixar de apresentar valores e novas possibilidades, pode também trazer limites e condicionamentos à vivência da fé cristã, e até mesmo feri-la. Sabe-se que é da ostra ferida que nasce a pérola: "Uma ostra que não foi ferida, de algum modo, não produz pérolas, pois a pérola é uma ferida cicatrizada" (Santos, 2016, p. 17).

A Igreja de Jesus é sinodal, e somente uma Igreja sinodal é capaz de fecundar a cultura atual com as sementes do Verbo. Para o Papa Francisco: "A paz social é laboriosa, artesanal. Seria mais fácil conter as liberdades e as diferenças com um pouco de astúcia e algumas compensações; mas esta paz seria superficial e frágil, não o fruto de uma cultura do encontro que a sustente" (FT, n. 217).

Santíssima Trindade: ícone da espiritualidade sinodal

O maior símbolo da comunhão é o ícone da Santíssima Trindade, no qual cada imagem se volta para a outra; e ambos estão voltados para todos. Às vezes, queremos representar a comunhão um segurando na mão do outro, ou com as mãos no ombro do outro. Esses são exemplos de comunhão, mas que podem ser apenas momentâneos ou por interesses ou razões passageiras como vemos nas alianças políticas, em que se segura na mão do outro ou coloca a mão nos ombros do outro apenas para fortalecer o poder. Voltar-se para o outro, como vemos no ícone da Santíssima Trindade, é mais do que os simples gestos de segurar na mão ou colocar a mão nos ombros do outro. Estar voltado para o outro é estar ali com o outro, sendo visto e vendo esse outro, bem como vendo o que está atrás dele e o que o sustenta, não sendo apenas união de forças, mas comunhão de vida. Acolher e estar em comunhão com o outro é reconhecê-lo como importante.

Para gerar comunhão, é necessário misturar-se, ser como o fermento na massa, ou a luz, que ilumina a escuridão, ou o sal, que dá sabor, ou as sementes, que se misturam com a terra: "Vocês são o sal da terra (...). Vocês são a luz do mundo" (Mt 5,13-14); "O Reino dos Céus é como o fermento que uma mulher toma e mistura em três medidas de farinha, até que tudo fique fermentado" (Mt 13,33); "O Reino dos céus é como a semente de mostarda que alguém toma e semeia em seu terreno" (Mt 13,31). Em tudo está o misturar-se, o fazer-se presente. É desse princípio de estar juntos que nasce e cresce a comunhão.

O nascimento de Jesus é cantado por Maria como a concretização da sinodalidade misericordiosa de Deus (Lc 1,49-50). Falar de sinodalidade misericordiosa é falar da acolhida do diferente, acolhendo o outro não porque agiu de uma forma ou de outra, mas porque "o outro merece reconhecimento e respeito". Agir assim é ser sinodal. Em Jesus, é revelado ao mundo a sinodalidade do Pai, não como algo que é superficial ou idílico, mas um amor operante, um amor que se dirige ao homem e abraça tudo aquilo que forma a sua humanidade. Viver a sinodalidade é viver o amor misericordioso. Para Fernandes (2016, p. 43): "Jesus Cristo é a personalização da misericórdia de Deus-Pai enquanto cumpridor de toda a justiça feita tanto na vertical como na horizontal, isto é, para com Deus e para com o ser humano". A estrada sobre a qual os discípulos de Jesus devem andar é o da sinodalidade. É por meio da sinodalidade que serão reconhecidos como discípulos de Jesus. A sinodalidade desautoriza a retribuição, anula a vingança e dá lugar à doação, à gratuidade e à misericórdia.

A sinodalidade leva a viver a misericórdia como princípio de vida. O ser humano alcança o amor misericordioso de Deus na medida em que ele próprio se transforma em misericórdia. Podemos dizer que o ser humano só existe como ser humano quando vive a misericórdia. Não viver a misericórdia é ir para o "fogo eterno", indo para o nada: "Afastem-se de mim, malditos, para o fogo eterno, preparado para o diabo e para seus anjos!" (Mt 25,41).

O Deus revelado em Jesus, o Deus Trinitário, é sinodal: "Eu e o Pai somos um" (Jo 10,30); e ainda: "Se alguém me ama, guardará a minha palavra, e meu Pai o amará. Eu e o Pai viremos e faremos nele nossa morada" (Jo 14,23). Agir sinodalmente é agir a semelhança da Trindade. Em Jesus é nos revelado que o julgamento será em base a vivência de nossa sinodalidade. O julgamento final, apresentado por Jesus (Mt 25,31-46), surpreende a todos. Até mesmo os justos não tinham percebido a profundidade e o sentido que existe no mistério da encarnação do Filho de Deus. Esse texto ajudou a Igreja, ao longo da história, a fazer acontecer a justiça nas estruturas sociais por meio do seu testemunho pelas iniciativas sociais que desenvolveu: hospitais, asilos, orfanatos e muitas outras iniciativas de cunho social. No julgamento final, a misericórdia para com os mais frágeis é a única aceita para merecer tomar parte do Reino de Deus. No texto, a surpresa de todos os que estão à "direita e à esquerda" nos chama atenção: "Quando foi que te vimos...?" Se justos e injustos esperavam ser julgados por um critério de fidelidade à Lei, o critério foi a assistência dada ou negada a Deus na pessoa dos menos favorecidos. E isso é terrível de ser assumido, pois sabe-se que é muito mais fácil observar leis do que amar e cuidar dos irmãos, amando-os e vivendo a comunhão com eles. A verdade é que a Lei nos divide e o amor nos une, faz-nos sinodais e nos faz agir com misericórdia. Assim, a prática das obras da misericórdia decide a vida dos necessitados, em particular, a dos discípulos de Jesus.

Viver uma espiritualidade Trinitária é viver a comunhão. Em Jesus, sobretudo em sua encarnação e paixão, Deus não se contentou em perdoar os pecados dos seres humanos; em sua grande misericórdia, fez infinitamente mais, isto é, tomou-os sobre si próprio e carregou nossos pecados (1Pd 2,24). Podemos dizer que viver uma espiritualidade centrada no modelo da Santíssima Trindade significa ser sinal da misericórdia e da bondade incondicional de Deus e que só "Deus é bom": "Ninguém é bom a não ser um só: Deus" (Mc 10,18). Sua justiça é a sua misericórdia (Rm 3,21-24). Deus faz justiça mostrando sua misericórdia. É essa justiça que gera comunhão. Segundo Cantalamessa (2019, p. 107): "Foi Lutero quem descobriu, ou melhor, redescobriu, que a expressão 'justiça de Deus' não indica, aqui, o seu castigo, ou pior, a sua vingança, nos confrontos do homem, mas indica o ato mediante o qual Deus, na sua infinita misericórdia, 'torna o homem justo'". A sinodalidade leva-nos a primarmos pelo amor em vez de colocar o cumprimento da lei como essencial. E essa é a novidade revelada por Jesus em sua encarnação.

Em Tito (3,4-5) lemos: "Mas, quando se manifestou a bondade de Deus, nosso Salvador, e seu amor pela humanidade, não por causa de obras de justiça que tivéssemos realizado, mas por sua misericórdia, ele nos salvou com um banho de renascimento e renovação do Espírito Santo". A justiça de Deus é sua bondade. O convite à conversão, feito por Jesus, é em vista da comunhão: "Ele dizia: 'O tempo se cumpriu, e o Reino de Deus está perto. Arrependam-se e acreditem no Evangelho'" (Mc 1,15). E viver o Evangelho é viver a comunhão. Esse convite é feito uma vez que Deus quer a comunhão do ser humano. Se o ser humano erra, é porque não sabe o que faz. Quando se aproxima da "Luz", que é Deus, aí sim, ele percebe seus erros e é convidado à conversão. Aí está a base do anúncio do Evangelho: acreditar na possibilidade da conversão do próximo. Para Cantalamessa (2019, p. 109): "De fato, converter-se não significa voltar atrás, à antiga aliança e à observância da lei, mas significa dar um salto para a frente, entrar na nova aliança, agarrar este Reino que apareceu, entrar nele". E quem se converte converte-se para viver a comunhão com Deus e com os irmãos e não para viver em "tribos" ou cercado de muros.

Na espiritualidade, que brota da Santíssima Trindade, tornamo-nos justos não pelos nossos méritos, mas pela misericórdia divina: "Por causa dele perdi tudo, e considero tudo como lixo, a fim de ganhar Cristo e ser encontrado nele. E isso não tendo mais como justiça minha aquela que vem da Lei, mas aquela que vem de Deus e se baseia na fé"

(Fl 3,8-9). Paulo considera-se justo pela misericórdia de Deus: "Como alguém digno de confiança, graças à misericórdia do Senhor" (1Cor 7,25). Em Deus Paulo encontrou misericórdia (1Tm 1,12-16).

No topo da revelação da Santíssima Trindade, está Cristo que deu carne à verdadeira compaixão trinitária, pois, ao incarnar, tomou sobre si toda a fragilidade humana, exceto o pecado. Pela sua morte e ressurreição, restaurou a relação com Deus, que, pelo pecado, se perdera em Adão. Em Jesus, a humanidade foi de novo inserida na comunhão da Santíssima Trindade.

Na sinodalidade, revelada pela Santíssima Trindade, está a misericórdia associada à compaixão. Com a ajuda de Kasper (2015, p. 33-47), percebemos que, ao longo dos tempos e nas diferentes épocas, o compadecer-se do outro, bem como o perdão foram entendidos de modo diverso e, por vezes, até contrário. A compaixão parece se ligar ao subjetivismo de quem age com misericórdia, falhando com isso quanto à justiça. Sabe-se que a reflexão sobre a misericórdia vem desde a antiguidade e que muitos são os pensadores e filósofos que a entendem como uma fragilidade humana, que impede a realização plena da razão e da justiça. Dessa forma, a compaixão tratar-se-ia de um sentimento ou afeto pelo sofrimento do outro, sendo o "desânimo irracional". Assim sendo, muitos pensadores mostram resistência aos conceitos de misericórdia e de compaixão, como, por exemplo, Immanuel Kant (1724-1804)[48].

Ao aprofundarmos a espiritualidade sinodal, que nasce da Santíssima Trindade, é bom ter bem presente que o "pensamento corre nas nossas células", mudando nossas percepções de mundo, Deus, outro e tudo mais. Pensar um Deus sinodal é deixar que esse pensamento sinodal corra em nossas veias. Até mesmo nosso corpo é afetado por nossos pensamentos. Dizem que, em nossa mente, passam mais ou menos 70 mil pensamentos por dia. Desses 90% passam para o dia seguinte. Nesses pensamentos está escondido tudo o que o ser humano sente, mas, muitas vezes, não fala[49]. Cada um tem seus "esconderijos" e se esconde um do outro. Assim, deixar o pensamento sinodal da Santíssima Trindade correr nas veias é se deixar ser encharcado pela sinodalidade divina, que gera comunhão, proximidade, diálogo, acolhida, inclusão, reconhecimento, perdão e misericórdia.

No ícone da Santíssima Trindade, vemos o grande modelo da espiritualidade sinodal, em que cada pessoa está voltada uma para a outra. Assim, viver a espiritualidade sinodal é estar voltado um para o outro, estar com o outro, estar voltado para os irmãos, vendo-os e se deixando ser visto por eles.

Sinodalidade: competência a ser desenvolvida na espiritualidade

O grande mestre da sinodalidade é o próprio Jesus. Mas quem é Jesus? É o Filho de Deus: "Tu és o Messias, o Filho de Deus vivo" (Mt 16,16). Essa é a resposta que somos convidados a dar diante da cultura de hoje. Ela não nasce da carne, mas do alto: "Porque não foi alguém de carne e sangue quem lhe revelou isso, e sim o meu Pai, que está nos céus" (Mt 16,17). Jesus, o mestre da sinodalidade, o mediador entre Deus e os homens, foi de verdade um homem, precisamente "o homem Jesus Cristo" (1Tm 2,5). E ainda: "Visto que temos um sumo sacerdote excelente que atravessou os céus, Jesus, o Filho de Deus, mantenhamos firme a fé que professamos. O sumo sacerdote que temos não é insensível à nossa fraqueza, já que foi provado como nós em tudo, menos no pecado" (Hb 4,14-15).

Vemos assim que Jesus já possuía a competência da sinodalidade, sendo a encarnação dela em suas falas e ações. Vemos essa sinodalidade quando Jesus se hospeda na casa de Zaqueu (Lc 19,1-10) e diz que "a salvação tinha entrado naquela casa"; ainda, quando Jesus não aplica a Lei de Moisés contra a mulher surpreendida em adultério: "ninguém condenou você? Eu também não te condeno, vá, e não peques mais" (Jo 8,1-11)[50]; vemos também na cruz (Lc 23,24) quando Jesus vai rezar: "Pai, perdoa-lhes, porque eles não sabem o que estão fazendo". Tal sinodalidade está na orientação que ele dá aos seus discípulos quanto ao perdão, orientando-os a "perdoarem setenta vezes sete" (Mt 18,22); está também quando repreende os discípulos que querem pedir fogo do céu contra o "vilarejo dos samaritanos" (Lc 5,51); quando ele fala dos mandamentos: "Você conhece os mandamentos: não mate, não cometa adultério, não roube, não levante falso testemunho, não engane ninguém, honre seu pai e sua mãe" (Mc 10,19); quando resume os mandamentos em amar a Deus e ao próximo (Mt 22,37-40). Assim, poderíamos enumerar muitos outros textos bíblicos nessa mesma mística, que revelam que Jesus possuía a competência da sinodalidade. Tal competência significa: capacidade de estar com o outro, compreender suas dores e acolhê-los com amor, não julgando, excluindo ou condenado ninguém, algo natural na vida de Jesus.

Ele liderou com sinodalidade e nos convida a essa mesma façanha. Tal competência, se não temos, precisamos desenvolvê-la. Ela supõe domínio ético de valores e princípios assumidos de acordo com o Evangelho de Jesus. Sabe-se que liderar com sinodalidade é uma ciência a ser apreendida, uma arte a ser praticada na cultura atual. A desconsideração dessa competência pode levar alguns líderes cristãos a não lograrem êxitos em sua missão evangelizadora.

Os discípulos do Senhor são chamados a desenvolverem a competência da sinodalidade, sendo pessoas do diálogo. Sabe-se que, para mediar algo, é necessário diálogo, que permite avançar na sinodalidade. Se, de início, o mediador parecer pesado, com o avançar do diálogo, tudo tende a ficar mais leve, alegre, prazeroso e sinodal. Em um ambiente dialogal, tende a crescer a simpatia, o respeito, a justiça, a verdade e o reconhecimento do outro, gerando parcerias e confiança, sendo uma porta aberta para que esse outro possa entrar e descansar, sentindo a leveza da vida. Talvez seja por isso que Jesus usou essa linda imagem da porta para dizer de si mesmo (Jo 10,7-17). Ser discípulo de Jesus, tendo a competência da sinodalidade, é ser porta aberta para quem quiser entrar e sair. Quem é "porta" é sinal de que é alguém que vive a sinodalidade, capaz de acolher o outro, estar com o outro e dar a vida por esse outro, como fez Jesus. Na sinodalidade está a bondade e não somente a justiça, pois a justiça paga conforme o merecido, a bondade olha a necessidade. Deus sempre foi uma porta de sinodalidade, uma porta de bondade, uma porta onde cada um pode entrar e sair na hora que quiser: "Eu sou a porta. Se alguém entrar por mim, será salvo. Entrará e sairá, e encontrará pastagem" (Jo 10,9). A competência sinodal leva o discípulo de Jesus a ser porta onde todos podem entrar e sair, onde todos encontram pastagem e ninguém é barrado ou excluído.

Na competência sinodal, estão o humano e o divino. A sinodalidade é uma forma humana de nos relacionarmos e uma forma divina de nos amarmos. Quem busca ser sinodal deve buscar desenvolver seu lado divino e seu lado humano como Jesus, que, sendo divino (Filho de Deus) e humano (assumiu a condição humana, encarnou-se no seio de Maria), caminhou junto com a humanidade, dialogando com todos, acolhendo e amando a todos, sem distinção. A competência sinodal é que leva os discípulos do Senhor a serem próximos, amigos, fraternos e comunitários como Jesus (Jo 17,21). É essa competência da sinodalidade dos discípulos de Jesus que, na missão, gera e faz crescer a fé e a comunhão.

Desenvolver a competência da sinodalidade é condição essencial para que se possa exercer a liderança na cultura atual. Sem o princípio evangélico da sinodalidade, toda liderança acaba atropelando, com palavras e gestos, a missão evangelizadora, nunca abrindo caminhos para intuições criativas na vivência do Evangelho de Jesus, nem abrindo caminho para o novo, o plural, o diferente, a partilha e a comunhão. Sem a competência da sinodalidade, tudo tende a ser "mesmice", sendo impossível evangelizar a sociedade contemporânea. É a competência sinodal que permite tirar toda subjugação, radicalismos, polarizações, extremismos e fundamentalismos religiosos e políticos. Ela nos permite caminhar juntos como irmãos e irmãs.

É um grande desafio vivermos a sinodalidade, mas, se quisermos verdadeiramente ser uma Igreja da "comunhão, participação e missão", esse é o caminho. Somente uma Igreja sinodal é testemunha da Igreja do Senhor, caso contrário ela não será Igreja. É sua sinodalidade que é o sinal credível de ser ou não ser a Igreja do Senhor. À luz do Evangelho de Jesus, não é a Igreja que gira em torno da hierarquia (clericalismo), mas é o Povo de Deus que gira em torno do grande Sol, que é Jesus. Para ser Igreja de Jesus não é preciso fazer outra Igreja, mas fazer uma Igreja diferente, uma Igreja de irmãos e irmãs. Isso requer, cada vez mais, desenvolver a competência da sinodalidade, algo que parece ter ficado um pouco esquecido ao longo da história.

A espiritualidade sinodal e os "novos rostos"

Grande parte de nossa vida é dedicada a coisas exteriores e não a interiores. Deus é interior e não exterior. Tem muitos que passam a vida rezando missa, sem nunca ter vivido a missa. Assim, leem missais, participam das celebrações, fazem palestras, rezam terços, fazem novenas, ungem pessoas etc. sem nunca terem sido cristãos de verdade... A sinodalidade leva a ter uma espiritualidade interior e não exterior. Uma espiritualidade interior leva a agir de acordo com o jeito de Deus, isto é, de maneira sinodal. Temos cinco passos da espiritualidade cristã que são exteriores. Eles fazem parte da vida da Igreja há tempos: Primeiro: Andar na presença de Deus (Gn 17). Deus disse para Abraão andar na sua presença. O salmo 105 fala de andar na presença de Deus – É a teologia da companhia. Deus como nosso companheiro (Dt 31,7-8); Segundo: Imitação de Cristo. Por muito tempo ser cristão era "imitar Cristo" (Livro de Tomás Kempis – monge que viveu pelos anos 1380-1470 – escritor e místico alemão). A imitação de Cristo é o livro mais lido pelos cristãos depois da bíblia. E não está errado, pois diz a palavra de Deus: "Dei-vos o exemplo" (Jo 13); Cristo deixou-nos o exemplo (1Pd 2,21, 1Jo 3,16 etc.); Terceiro: Seguimento de Cristo. O seguimento de Cristo é mais dinâmico. Cristo é o caminho. Seguimos um caminho. Os mestres e os líderes nos ensinam o caminho para Jesus, ao encontrar o caminho podemos deixá-los. Muitas vezes esquecemos o caminho e ficamos com os mestres e líderes; Quarta: Experiência de Deus. Hoje falamos muito da experiência de Deus. É o que mais se escreve. Experienciar Deus no pobre, no trabalho, na família e assim por diante; Quinto: Encontro com Cristo. Muito também se fala sobre isso. Bento XVI vai dizer: "Ao início do ser cristão, não há uma decisão ética ou uma grande ideia, mas o encontro com um acontecimento, com uma Pessoa que dá à vida um novo horizonte e, desta forma, o rumo decisivo". Todas as cinco são formas exteriores de viver. A forma interior de viver a espiritualidade cristã é a "vida em Cristo", é "estar em Deus". Quem está em Cristo tende a ser mais sinodal, desenvolvendo melhor essa competência. Paulo apóstolo, que teve a revelação de Deus, sente-se enxertado em Cristo (Rm 11,11-36) e consegue ser mais sinodal. Nas formas exteriores, estamos um na presença do outro, na forma interior estamos unidos, somos um só com ele, um dentro do outro (Rm 11,17; 1Cor 12,27; Jo 15,1-8) e, assim, conseguimos caminhar junto com esse outro. Vemos aí um crescer da compreensão da espiritualidade cristã, levando-a a ser mais sinodal. E quanto mais sinodal é a espiritualidade mais "rostos diversos" se consegue acolher.

Na espiritualidade sinodal, aparecem a imagem do sangue e a da seiva. Sangue e seiva são de todos os membros, levam-nos à consciência de que fazemos parte do todo e estamos unidos a todos, ramo e corpo. Não há seiva nem sangue somente para um membro, mas sim para todo o tronco e para todo o corpo. São o mesmo sangue e a mesma seiva. Paulo vai dizer: "Agora me alegro com os sofrimentos que suporto por vós e vou completando em minha carne o que falta aos sofrimentos de Cristo" (Cl 1,24). Só quem está enxertado em Jesus desenvolve melhor a competência sinodal, conseguindo com isso dialogar, ajudar e cuidar dos irmãos e das irmãs de peregrinação nesta terra, acolhendo "novos rostos".

É a missão que transforma a Igreja em uma Igreja sinodal, ajudando-a a acolher os "novos rostos". Quando olhamos para os primeiros cristãos, segundo os Atos dos Apóstolos (15), vemos que, a partir da missão dos Apóstolos, muitas questões caras ao povo Judeu, como apego a certas normas, leis, tradições e certos costumes, no diálogo com os pagãos e judeus dispersos, tiveram de ser reinterpretadas, pois impediam a sinodalidade. Tal necessidade ocorreu, uma vez que o cristianismo passou a ser anunciado às "ovelhas perdidas" e depois aos pagãos (Mt 10,6; At 8,5; 13). Com a vinda desses grupos para dentro do cristianismo, muitas leis vindas do judaísmo tiveram de ser reinterpretadas, abandonadas ou purificadas. Para Jesus eram fardos pesados (Mt 23,4). Essa maior leveza, anunciada por Ele, permitiu ao cristianismo nascente acolher novos rostos que antes eram excluídos pelo judaísmo. Tal mudança é possível perceber em várias dimensões da vida humana. Como exemplo temos, em 1 Coríntios (7,14-15), a abertura para acolher as famílias casadas que não tinham a mesma fé entre os esposos. Tal novidade representa um rompimento com a tradição judaica: "(...) Todos esses que se haviam casado com mulheres estrangeiras mandaram embora essas mulheres e seus filhos" (Esd 10,2-44)[51]. Já, na nova comunidade dos cristãos, Paulo vai dizer: "De fato, no evangelho, a justiça de Deus se revela por meio da fé e para a fé, conforme está escrito: 'O justo viverá pela fé'" (Rm 1,17). E ainda: "Quanto ao mais, cada um continue vivendo na condição em que o Senhor o colocou, tal como vivia quando Deus o chamou" (1Cor 7,17). Na nova comunidade, comunidade em saída missionária, comunidade do diálogo, foi possível acolher os "novos rostos".

A espiritualidade sinodal, trazida pelo Espírito Santo aos primeiros cristãos, foi essencial para o avanço do cristianismo em seu início e para a acolhida dos "novos rostos". É essa mesma capacidade sinodal que, à luz do Espírito Santo, a Igreja deve alcançar hoje para poder acolher os novos rostos da nossa época. Os primeiros apóstolos, como dirigentes da comunidade, foram capazes de discernir o que era essencial do judaísmo e o que era "câncer", como também foram capazes de alargar a visão religiosa que tinha se tornado cultura e tradição em seu tempo, para poder acolher "as ovelhas perdidas"[52] e os "novos rostos". Isso eles fizeram porque estavam enxertados em Jesus; sua seiva, seu sangue corriam em suas veias.

A Igreja não é um pedestal, em que se penduram normas e leis, mas um canal de comunicação, unindo as pessoas. Onde imperam a Lei e a norma ou se vive em "tribos", a sinodalidade tende a ser desnecessária. Ademais, pior ainda é: "Se a norma é considerada um instrumento que se usa quando resulta favorável e se contorna quando não o é, desencadeiam-se forças incontroláveis que causam grande danos às sociedades, aos mais frágeis, à fraternidade, ao meio ambiente e aos bens culturais, com perdas irrecuperáveis para a comunidade global" (FT, n. 257). Quando olhamos para o judaísmo da época de Jesus, vemos que toda a lei de pureza ritual, como também de pureza de raça e geográfica, atuava como um câncer que permitia a exclusão ou a negação da cidadania a quem não preenchia tais requisitos. O resultado era que havia muitos conflitos e pouco diálogo, dentro e fora da comunidade, sobretudo com os gentios que adentravam na comunidade e com os judeus observantes das leis de pureza, impedindo-os de terem companheirismo de mesa. Assim, a violência e a exclusão eram dirigidas a todos que não cumpriam os princípios de pureza do povo da aliança de Deus[53]. Quando olhamos para o cristianismo primitivo, vemos surgir uma espiritualidade mais aberta e acolhedora, uma espiritualidade livre das leis de pureza ritual, uma espiritualidade sinodal, capaz de acolher o diferente. Mas, com o avançar do tempo, parece que o mesmo câncer do judaísmo começou a tomar conta também do cristianismo, fechando-o ao diálogo, mesmo havendo esforço de discernimento para não excluir ninguém, conforme vemos em 1 Coríntios (7). Libertar-se desse câncer, abrindo-se à sinodalidade, é ser uma Igreja em Saída Missionária no hoje da história.

Não é tão fácil viver a espiritualidade sinodal, acolhendo "novos rostos". Essa dificuldade já vemos desde o início do cristianismo: "Então foram até Jesus alguns fariseus e doutores da Lei vindos de Jerusalém. Disseram: 'Por que os teus discípulos desobedecem à tradição dos antepassados? De fato, eles não lavam as mãos quando comem pão'". Tal desafio é retratado também por Paulo (Gl 2,12-13). E Paulo enfrenta também Cefas (Gl 2, 11.14). A espiritualidade sinodal leva ao diálogo, à comunhão e à unidade e tem como finalidade alcançar a vontade de Deus, pois, muitas vezes, pregam-se apenas preceitos humanos: "É inútil o culto que me prestam, pois a doutrina que ensinam são mandamentos humanos" (Mt 13,9).

Um sábio indiano certa vez escreveu: "O segredo da felicidade é a vida simples e o pensamento elevado". A cada momento, multiplicam-se muitas teorias que exigem muita reflexão, e isso tende a trazer certo cansaço e estresse, levando-nos ao fechamento ao diálogo, à sinodalidade e aos "novos rostos", ficando o essencial esquecido ou em segundo plano. Na espiritualidade cristã, o essencial é muito simples: "E quem der ainda que seja um copo de água fresca a um destes pequeninos por serem meus discípulos, eu garanto a vocês: Não perderá sua recompensa" (Mt 10,42). Podemos dizer que, no mundo da fé, quanto maior a presença de Deus mais simplicidade, diálogo, sinodalidade e acolhida dos "novos rostos", e quanto menor a presença de Deus mais pompa, ritos, complicação, "peso", "fechamento ao diálogo", legalismos, exclusões, muros, "tribos" e exterioridades. Primar-se pela sinodalidade é viver o diálogo, a proximidade, a acolhida dos "novos rostos"; mesmo que, em certas horas, possa parecer arriscado ou trazer-lhe alguns prejuízos tal postura, sabe-se que tal mística vem da inspiração do Espírito Santo, que nos leva à comunhão.

A espiritualidade sinodal na vivência do Reino de Deus

A novidade trazida por Jesus quanto à sinodalidade é que ele abre o acesso ao Reino de Deus não só a uns, enquanto justos, mas a todos; no Reino de Deus há lugar para todos, ninguém é excluído. Para Jesus: "Não são os que têm saúde que precisam de médico, e sim os doentes" (Lc 5,31). Na oração do Pai-nosso (Lc 11,1-4), Jesus nos ensina a chamar a Deus de Pai. Deus é um pai que nos conhece e escuta a nossa prece. Deus é um Pai e Pai de todos os seres humanos (Mt 6,25-34), fazendo brilhar o sol sobre bons e maus e chover sobre justos e injustos (Mt 5,45). Deus-Pai é Senhor do "Céu e da terra" (Mt 11,25). E Jesus nos pede que sejamos como o Pai: "Sejam misericordiosos como o Pai de vocês é misericordioso" (Lc 6,36). Assim, a misericórdia é a perfeição do Pai. Longe de condenar, Deus-Pai é perdão, oferecendo sua misericórdia divina que ultrapassa qualquer medida. Assim, a misericórdia é a prática da sinodalidade.

Sabe-se que a religião é uma instância de poder. Se de um lado vemos as religiões sendo as maiores escolas assistenciais da humanidade, de outro lado vemos a exploração, a violência e o poder dentro da religião. Jesus, em vez de anunciar mais uma religião, anunciou o Reino de Deus. A participação no Reino de Deus exige a conversão. Os evangelistas não relatam que Jesus disse "Alegrai-vos, pois o Reino de Deus, está próximo", mas "Arrependam-se, porque o Reino de Deus está próximo" (Mt 4,17). Se não houver mudança de mentalidade, "todos morrerão da mesma forma" (Lc 13,5). O Reino de Deus, pregado por Jesus, é algo positivo, diferente das catástrofes pregadas pelos profetas ou religiões da humanidade. Além do mais, o Reino de Deus não é algo miraculoso, vindo pelas forças celestes, mas construído pelo ser humano que se converte. Assim, para Jesus o Reino de Deus não seria um milagre que mudaria toda a natureza ou vida humana, mas uma mudança de mentalidade, passando do egoísmo, da luxúria, do autoritarismo, do legalismo e das "tribos"[54] para a abertura ao diálogo, ao amor, à proximidade, à fraternidade, à alegria, à compaixão, à misericórdia, à justiça, à paz, à sinodalidade.

Os discípulos de Jesus estão no mundo e caminham juntos como irmãos e irmãs, fazendo acontecer as utopias do Reino de Deus, que não é algo atemporal, mas sim algo presente no hoje da história de cada ser humano, indicando-lhe uma nova relação com Deus e com os irmãos. Parece que, com a crise política, a catástrofe e o massacre sem piedade dos cristãos nos anos 70 d.C., a mensagem de Jesus sobre o Reino de Deus foi adaptada para outras situações ou, na verdade, usada para esta mediação. Nesta mediação, tudo é grandioso, perfeito e rápido, mas tendendo a anular o caráter profético da mensagem de Jesus sobre o Reino de Deus. Além do caráter apocalíptico, temos também, com o aparelhamento do cristianismo ao Império Romano, a transformação da mensagem do Reino para algo moralizante, dando ênfase ao juízo, à condenação, ao castigo e à intervenção miraculosa de Deus e não ao diálogo, ao caminhar junto, à sinodalidade[55].

Para Jesus a mediação que o povo judeu usava para invocar Deus estava carregada do desejo de um Deus aliado do ser humano, que protestava contra a opressão romana (Mc 12,14-17). Tal Deus seria tão opressor e excludente quanto os romanos, pois, em nome desse Deus, os judeus exerciam opressão sobre os pobres e pecadores, não tendo compaixão de ninguém[56]. Sabe-se que o ódio de inspiração religiosa pode ser pior do que qualquer outro. Por isso, quando as pessoas entram no extremismo religioso, fechando-se ao diálogo, fechando-se em suas "tribos", tendem a crescer a exclusão, inimizade, opressão, o indiferentismo e a vingança.

O Reino de Deus é concretização da sinodalidade do Pai. Para Jesus devemos buscar em primeiro lugar o Reino de Deus (Lc 12,22-31). Jesus, em seu profetismo, faz irromper o Reino de Deus. Em sua época, ser profeta era tido como enviado por Deus; talvez seja por isso que Jesus não tenha recusado o título de profeta, mas se distanciado das mediações mais usadas pelos profetas, que eram de ameaça e condenação[57]. Nos profetas bíblicos, vemos que a pregação sobre o amor aos inimigos é quase nula[58], no entanto esse é tema central de Jesus: "amai os vossos inimigos (Mt 5,43-44), "fazei o bem aos que vos odeiam" (Lc 6,27-32). O Reino de Deus não é o mesmo que aderir a um credo ou a um conjunto de doutrinas ou dogmas, mas sim uma prática sinodal: "Todas as vezes que vocês fizeram isso a um desses meus irmãos mais pequeninos, foi a mim que o fizeram" (Mt 25,40)[59].

Em uma Igreja que tem por arquitrave a sinodalidade do Reino de Deus, devem-se evitar os "muros da fé", o fechamento ao diálogo, ou as "bolhas" ou "tribos", em que cada um tende a se refugiar. O Reino de Deus é a instauração da fraternidade universal, da justiça, da paz, da irmandade em Jesus, instauração da comunidade próxima, dialogal, comunidade sinodal. Muitos, por não entenderem isso ou recusarem viver o Reino de Deus, tendem a ser "nômades na fé". Na medida em que uma igreja não satisfaz mais seus desejos, partem em busca de outra. Assim, hoje nos vemos diante de muitos convivas que vivem de igreja em igreja, de "guru em guru, de pastoral em pastoral, de movimento em movimento, de "tribo em tribo", sendo "nômades na fé", estando fechados ao diálogo, distantes da proposta do Reino de Deus, feita por Jesus, distantes da sinodalidade.

Instaurar o Reino implica fugir de toda violência, dos extremismos, da exclusão, do ascetismo e do fanatismo religioso para se primar pela instauração da comunidade próxima e dialogal, comunidade sinodal. Quanto ao ascetismo, muitos líderes religiosos acreditam ainda que o Reino de Deus passa pela violência contra o próprio corpo, por isso abraçam os exercícios penitenciais por meio de jejuns, autoflagelação, privação do sono, renúncia ao sexo e outros castigos autoimpostos, como cilício no corpo (cilício era uma túnica, cinto ou cordão, que se trazia sobre a pele para mortificação ou penitência) [60] e assim por diante; uma espiritualidade com acentos negacionistas e não sinodais. Quem assim acredita pensa que essas são as formas mais perfeitas de se alcançar a santidade[61] ou a salvação eterna da alma[62], ou viver a mensagem do Reino de Deus. Para esse grupo, quando alguém se apresenta de maneira mansa e serena, próxima, aberta ao diálogo, falando do Reino de Deus, reino de justiça, paz, alegria, inclusão, fraternidade e sinodalidade, é tido como não enviado de Deus. A abertura ao caminhar junto é um dos sinais vivos do Reino de Deus, e isso nos conduz ao Reino e não às práticas externas de sacrifício: "Primeiro ele diz: 'Não quiseste nem te agradam oferendas, sacrifícios, holocaustos, nem os sacrifícios pelo pecado'. E se trata de coisas oferecidas segundo a Lei! Depois ele acrescenta: 'Aqui estou para cumprir a tua vontade'. Desse modo, Cristo exclui o primeiro culto, para estabelecer o segundo" (Hb 10,8-9).

Por uma espiritualidade sinodal, que vence as espiritualidades negacionistas

No Antigo Testamento, o homem se completa por meio da união com a mulher: "Esta sim é osso dos meus ossos e carne da minha carne!" (Gn 2, 23) e: "Deus criou o ser humano à sua imagem, à imagem de Deus ele o criou, macho e fêmea os criou. E Deus os abençoou e disse: 'Sejam fecundos, multipliquem-se, encham a terra" (Gn 1,27-28). Já, no Novo Testamento, a união com Deus vem em primeiro lugar: "Por isso eu lhes digo: Não se preocupem com a vida, em relação ao que vão comer; nem com o corpo, em relação ao que vão vestir (...). Em vez disso, busquem o Reino dele, e essas coisas serão dadas a vocês por acréscimo" (Lc 12,22-31). Quem está unido a Deus produz muito fruto (Jo 15,8-17). Se no Antigo Testamento a felicidade, a realização e a alegria vinham pela união do homem à mulher, no Novo Testamento, vem do Amor a Deus e ao próximo. Se, por meio da união do homem e da mulher, o homem dominava o mundo e era fecundo, no Novo Testamento isso se dá não pela união do homem e da mulher, ou união carnal entre os seres humanos, mas pela amizade com Deus: "Eu já não digo que vocês são servos, porque o servo não sabe o que seu Senhor faz; eu chamei vocês de amigos, porque fiz vocês conhecerem tudo o que ouvi de meu Pai" (Jo 15,15). É a união com Deus que traz toda a plenitude da vida. Esse é o novo comportamento do homem de Deus no Novo Testamento, é uma sinodalidade de mão dupla, do homem com Deus e Deus com o homem, algo que se traduz em sinodalidade recíproca.

Quando lançamos um olhar mais profundo sobre toda a doutrina construída sobre o celibato, a virgindade, os ministérios ordenados e a vida religiosa, percebemos seus valores e boa intenção, mas, muitas vezes, percebe-se que foram construídas sobre a base de um negacionismo do prazer, da felicidade e, de outro lado, da exaltação do isolamento, do sacrifício e da ascese. Esse negacionismo parece que acabou pesando mais e anulando toda a riqueza vinda do Evangelho de Jesus. Os primeiros cristãos, em seu primeiro Concílio de Jerusalém, descobriram que não deveriam impor nada aos cristãos a não ser absterem-se dos ritos pagãos e, de outro lado, cuidar dos mais pobres (At 15, 28-29; Gl 2,10). Escutar o Espírito Santo parece que é estar aberto ao discernimento e avançar para a sinodalidade. Tal discernimento está na vertical e na horizontal. Na horizontal, está a comunidade para ouvir as pessoas e escutar a realidade, na vertical está o prestar atenção às novidades da Palavra de Deus e avançar para acolher as novidades do Espírito Santo. Vemos aí uma sinodalidade mais completa, na qual se ouvem as pessoas e a realidade e também se ouvem a Palavra de Deus e o Espírito Santo. Tal sinodalidade nos leva a ter uma espiritualidade mais positiva e sadia, e não negacionista.

Quanto à espiritualidade negacionista do prazer, sobretudo, quando olhamos para o celibato sacerdotal ou o voto de castidade e virgindade, vemos que eles foram construídos seguindo uma via pouco sinodal e mais individualista, tendo como centro a renúncia e o sacrifício. Na sua raiz ou visão de fé, o celibato, o voto de castidade ou virgindade é em vista da doação da vida para a humanidade e um modo de resistência aos desvios do apetite sexual[63]. Sabe-se que os desejos da carne são muito complexos. Tanto para aquelas pessoas que vivem a continência sexual quanto para aquelas que não têm nenhuma continência, podendo, ambos, viverem momentos de perversões sexuais, uns na fantasia e outros no contato físico consigo mesmo ou com outrem. Em ambos os casos a sexualidade humana pode ser tão decepcionante como nunca visto. Para Lewis (2017, p. 57), "Tudo o que podemos fazer é encorajar os humanos a desfrutarem dos prazeres que nosso inimigo produziu, mas utilizando-o de algum modo ou em níveis proibidos por ele". A tentação vem de ambas as escolhas: se se renuncia ao sexo por meio do celibato ou da virgindade, a tentação vem em forma de ter uma recompensa por essa renúncia; já, se se busca o desfrute do sexo, a tentação vem em forma de perversidades, bebidas, prazeres e mais prazeres, deixando sempre a sensação e o vazio de ter sido apenas objeto do desfrute do prazer, ou de negar fazer sexo com o cônjuge. A sociedade tende a dissolver e desautorizar o valor da renúncia e do sacrifício, dedicando-se a estimular os desejos imediatos, a felicidade intimista e materialista, a pura diversão. O que importa não é o dever, mas o bem-estar. A grande contribuição que podemos oferecer para essa questão está em superar a ética do "dever" e do "prazer" para ir mais longe até a ética da "felicidade" em Jesus. Em Jesus e por causa do seu Reino, o celibato eclesiástico e o voto de castidade ou virgindade ganham sentido dentro do vínculo da doação, da comunhão e da missão.

Temos hoje consciência de que um número grande de ministros ordenados, religiosos e religiosas vivem o drama do celibato, voto de castidade ou virgindade. Quanto ao celibato eclesiástico, sabemos que ele só tem sentido dentro daquele valor do início do cristianismo, isto é, comunhão e missão. Fora disso é um modo solteiro, agradável e desocupado de viver a vida. Para o bispo Fritz Lobinger, um alemão que vive na África do Sul desde 1956, em seu livro *Padres para amanhã. Uma proposta para comunidades sem Eucaristia*, Editora Paulus, 2007, deve amadurecer nas dioceses e, finalmente, apresentar ao Vaticano a proposta de ordenação de homens casados para comunidades com muita dificuldade de participar da celebração da Eucaristia por falta de ministro ordenado. Já em 2010, no livro *Altar Vazio. As comunidades podem pedir a ordenação de ministros próprios?*, Editora Santuário, 2010, Lobinger apresenta didaticamente, com ilustrações, essa proposta[64]. Quanto a acolher padres casados para o exercício do ministério sacerdotal, a Santa Sé pode fazer isso, uma vez que ela já o fez no caso das comunidades anglicanas que passaram para a Igreja Católica, nos termos da Constituição apostólica *Anglicanorum coetibus*, de Bento XVI. Esse é o caso mais conhecido, e o raciocínio corrente é muito simples: se a Santa Sé acolheu no seio da Igreja Católica comunidades anglicanas, com seus bispos e presbíteros casados, por que não pode permitir a ordenação de homens casados? Também é bom lembrar que temos 23 Igrejas orientais católicas que têm um clero celibatário e um clero casado. Essas Igrejas Ortodoxas são católicas, apostólicas, romanas, portanto, em comunhão com o Papa.

Podemos dizer que os que vivem o drama do celibato, do voto de castidade ou virgindade estão à beira do caminho sendo assaltados em sua dignidade e cidadania à espera da misericórdia do Bom Samaritano, alguém que esteja disposto a ganhar o céu por isso e não cargos, status e poder na instituição[65]. Dessa forma, para se tornar próximo desses irmãos, faz-se necessário ultrapassar todas as barreiras doutrinárias, disciplinares, normativas, culturais e históricas, buscando o diálogo, mesmo que seja um "diálogo difícil". Isso também se diga das mulheres, pois, para se sonhar um futuro diferente para elas dentro da Igreja, é preciso viver a sinodalidade com elas. Em uma espiritualidade negacionista do valor da mulher, ela nunca poderá chegar aos cargos de liderança na hierarquia da Igreja, como aconteceu nas primeiras comunidades cristãs (Rm 16,1-2; At 16,12-15). Hoje, as mulheres estão à beira do caminho devido à espiritualidade negacionista de seu valor, sendo assaltadas em sua dignidade e cidadania à espera do Bom Samaritano sinodal. Muitos podem ter devaneios de grandezas e sonhar com intervenções espetaculares e decisivas de Deus nessas questões, mas esse não é seu esquema. Deus é assim mesmo e não mudou de lá para cá! Aceitar ser um Bom Samaritano, alguém da sinodalidade nessas questões, é aceitar esse jeito de Deus tratar seus escolhidos. Somente o Bom Samaritano, o homem da sinodalidade, consegue, como Jesus, caminhar junto e agir sinodalmente e não com fundamentalismo doutrinal: "Ele, que tinha amado os seus que estavam no mundo, amou-os até o fim" (Jo 13,1).

Quando olhamos para a história da fé cristã, vemos que as espiritualidades que sempre imperaram na vida da Igreja tiveram um viés de preocupação maior com o sacrifício, a ascese, a lei, o pecado, a norma, o silêncio e o isolamento, ficando em segundo plano o amor, a comunhão, o diálogo e a sinodalidade. Sabemos que, em culturas passadas, não havia muitos incentivos, muitas oportunidades ou vantagens para se ter uma vida feliz e comunitária, uma vez que a miséria era grande e os lazeres escassos. E, ainda, na fé era jogado um pano da vergonha em quem tinha algum bem, buscava o prazer, tinha ou era aberto aos outros valores. Ademais, as espiritualidades, marcadas pelo sofrimento e pela renúncia, sempre jogaram o "pano da vergonha e condenação" sobre a felicidade e a sinodalidade, tachando-as de egoístas, laxistas ou demoníacas.

Hoje já não estamos mais nesta cultura. Talvez tivéssemos de ler novamente o Evangelho e ver o Deus, que nos quer felizes, e não o Deus que exige sangue e sacrifício aqui na terra para obter seu amor. Ter uma teologia que dê suporte para fazer as pazes com o dinheiro, o prazer e a sinodalidade é o grande desafio para a Igreja[66]. O viés da fé ainda é o do sofrimento e da renúncia e não da doação, da comunhão e missão. É possível um outro viés? A unidade de contrários, entre sofrimento e felicidade, prazer e sacrifício, riqueza e pobreza, partilha, comunhão e individualidade, é um grande desafio[67]. O manto do isolamento, da renúncia, da obediência cega, da ascese e negação do prazer foi assumido como sendo a verdadeira espiritualidade cristã e, até hoje, a Igreja tem dificuldade em lidar com a felicidade, o poder, o prazer, a riqueza e a sinodalidade[68]. Centrada no sofrimento, gerou-se uma espiritualidade negacionista da alegria, do prazer, da felicidade e da sinodalidade aqui na terra, como se tudo isso fosse contrário ao projeto de Deus. Tal espiritualidade gerou doutrinas, fortalecendo a vida celibatária, a virgindade, os mosteiros, a vida ascética, o isolamento, a renúncia aos prazeres do mundo e assim por diante. E isso se tornou como identidade institucional da Igreja Católica. Um peso muito grande foi dado a algumas passagens bíblicas tais como: a do jovem rico (Mt 19,16-30); da tentação de Jesus no deserto (Lc 4,1-13); da exigência para seguir Jesus (Lc 14, 25-33); dos desafios do Reino de Deus (Mt 19,1-12) e muitas outras. Tais passagens foram tomadas em sua radicalidade e lidas em um conjunto para justificar o isolamento e a negação do prazer. É essa espiritualidade que mais ganhou força e alimentou os monges e todos os que buscavam um afastamento do mundo, pendendo o "barco" para essa dimensão. Fazer as pazes com o mundo e redescobrir o equilíbrio da fé eis o desafio para uma maior sinodalidade da Igreja.

Grosso modo, podemos dizer que a espiritualidade do sofrimento, da ascese, da renúncia, do fundamentalismo, do isolamento, do legalismo e tudo mais nesta visão levou a Igreja a caminhar de cabeça para baixo.

Aquilo que era essencial, Jesus Cristo e seu Reino, ficou em último lugar. Em primeiro lugar, passou a estar a mortificação, a renúncia, o castigo, o legalismo, o isolamento e tudo mais. Na vivência dessa prática, a Igreja encontrou segurança para firmar sua identidade institucional. Assim, defender a Instituição Igreja Católica significa defender esse modo de viver a fé cristã. Tais espiritualidades tinham pouco de sinodalidade e muito de sacrifício, renúncia e isolamento social.

Ter uma espiritualidade sinodal é abrir-se para outros modos de viver a fé cristã. A promessa feita pelo profeta Isaías (66,10-12) é essencial para uma espiritualidade sinodal. Tal promessa é cumprida em Jesus. Em João (16,20), lemos: "Eu lhes garanto: Vocês vão chorar e se lamentar, mas o mundo vai se alegrar. Vocês ficarão angustiados, mas a angústia de vocês se transformará em alegria". Em Caná da Galileia, Jesus manifesta a sua glória (Jo 2,11). Para Santo Irineu a "Glória de Deus é o homem vivo". Muitas vezes tornando Deus inútil para trazer a vida e vida em abundância para todos. A glória de Deus se manifesta nas bodas de Caná em vinho em abundância. Encontrar o equilíbrio entre a cruz, onde Jesus foi glorificado, e a manifestação da glória de Deus na multiplicação do vinho é o desafio de uma espiritualidade que quer ser sinodal, positiva e não negacionista. Para isso, faz-se necessário vencer todo negacionismo no qual ela se estruturou e se alimentou no passado. Vencer os negacionismos é o primeiro passo para poder viver a sinodalidade do Evangelho de Jesus.

A própria missão é um gesto de misericórdia. Mas toda missão, marcada pelo negacionismo, acaba sendo mais algo que gera patologias, divisões, "tribos", fechamentos e muros que impendem a vida de comunidade, a comunhão e a sinodalidade. Como seria fácil e lindo se a Palavra de Deus realmente se cumprisse somente pelo sacrifício, ascese, renúncia, isolamento e legalismo! Todos os problemas humanos seriam resolvidos e não precisaríamos de uma espiritualidade que valorizasse a felicidade, a vida, a alegria, a união, a comunhão e a missão...

Por uma espiritualidade sinodal na cultura atual

Psicologicamente, tendemos a aprender nossa cultura e não julgarmos verdadeira outra maneira de ser. Nascemos em uma família, religião e cultura, algo que se torna fundamental em nossa maneira de ser. Para o Papa Francisco: "cada cultura oferece formas e valores positivos que podem enriquecer o modo como o Evangelho é pregado, compreendido e vivido" (EG 116). Mas, de outro lado: "Há uma necessidade imperiosa de evangelizar as culturas para inculturar o Evangelho" (EG 69). Para o Papa Francisco: "Ao mesmo tempo, as enormes e rápidas mudanças culturais exigem que prestemos constante atenção ao tentar exprimir as verdades de sempre em uma linguagem que permita reconhecer a sua permanente novidade; é que, no depósito da doutrina cristã, 'uma coisa é a substância (...) e outra é a formulação que a reveste'" (EG 41).

A lógica da encarnação ensina que Deus, em Jesus, vincula-se aos seres humanos que vivem nas "culturas próprias dos povos" (AG 9) e que a Igreja Povo de Deus inserido entre os povos, tem a beleza de um rosto pluriforme porque está enraizado em muitas "culturas diferentes" (EG 116). Isso se realiza na vida e na missão das Igrejas locais presentes em "cada grande espaço sociocultural" (AG 22). Como diz Reese (1997, p. 380): "Embora a estrutura do Vaticano tenha sido alterada a partir do Vaticano II, ela não foi realmente reformada. Como se poderia esperar de uma instituição antiga em que a tradição é importante, as alterações foram mais incrementais que radicais (...) para fazer de maneira mais eficiente o que era feito no passado". A reforma da Igreja deveria ser baseada em uma visão mais descentralizada da Igreja universal, tendo como princípio a comunhão de Igrejas locais e não a uniformização da Igreja. A descentralização em continentes (Ásia, África, Europa, A. do Norte e América Latina) poderia implementar, mais facilmente, o princípio da subsidiariedade na Igreja. É mais provável que essa estrutura seja mais sensível à necessidade de aculturar o Cristianismo nos contextos locais, com menos preocupação com a uniformidade do mundo.

A Igreja e, com ela, a vida religiosa, durante séculos, estiveram no centro da sociedade e da cultura. A partir do Iluminismo, foram deslocadas para a periferia. Hoje, centro e periferia também são categorias obsoletas, substituídas por um pluricentrismo. São muitos os centros que despertam a nossa admiração, nosso assombro e enlevo quase religiosos: os shopping centers, com sua estrutura arquitetônica parecendo catedrais futuristas, a imitação do Paraíso, onde tudo é perfeito; os grandes estádios de futebol, onde o eu individual se dissolve misticamente no eu coletivo com a torcida organizada; as exposições de produtos eletrônicos, mostrando aparelhos cada vez mais fantásticos, verdadeiros milagres da tecnologia e assim por diante. Os discípulos do Senhor, caminhando com a humanidade, não estão aí para fazer proselitismo, mas para convidar todos ao diálogo, à justiça, à paz, à fraternidade e à sinodalidade. Sabe-se que, antes do convite à conversão ao Evangelho de Jesus, está o viver em fraternidade, dialogando com todas as outras religiões e com todos os povos.

A cultura atual é atravessada pelos diversos valores que compõem a pluriforme riqueza dos povos. Essa riqueza cultural, quando colocada à disposição de todos, pelos diversos meios, sobretudo das redes sociais, tem gerado novos comportamentos, questionamentos e novas crises. Exemplificando: vemos que os meios de comunicação social e as redes sociais trazem outros valores que ameaçam os valores da Igreja, muitas vezes, levando a uma desconfiança e um desencanto quanto à mensagem da Igreja; vemos as famílias atravessando uma crise cultural profunda, como também todas as comunidades e instituições; vemos as cidades sendo atravessadas por polarizações, individualismos, novos costumes, hábitos e comportamentos; vemos a fé católica passando por cobranças sociais quanto ao uso de bens e poder, como também por proliferação de novos movimentos religiosos, alguns tendentes ao fundamentalismo e outros que parecem propor uma espiritualidade sem Deus e assim por diante. Viver a sinodalidade do Evangelho de Jesus nesse contexto, com discernimento, lealdade e respeito, é um desafio. Quando olhamos para Jesus, o mestre da sinodalidade, vemos nele tamanha sinodalidade com relação ao lazer de sua época, que até foi confundido como "um glutão e um beberrão" (Mt 11,19). Vemos também Jesus presente na vida do seu povo, tanto nos momentos de sofrimento, quanto de festa (Jo 2,2; Lc 7,11-17). Olhando para Jesus, o mestre da sinodalidade, vemos que ele encarna a vida social de sua época com seus valores e contravalores, levando todas as pessoas a perceberem o amor de Deus em tudo. Ele se fez carne para que, assim, conhecêssemos o amor de Deus (Jo 3,16; 1Jo 4,9). E Paulo apóstolo vai dizer: "Tenham em vocês os mesmos sentimentos que havia em Cristo Jesus" (Fl 2,5). Para o Papa Francisco: "A graça supõe a cultura, e o dom de Deus encarna-se na cultura de quem o recebe" (EG 115). Podemos dizer que somos convidados, em uma Igreja sinodal, a ter esses mesmos sentimentos de sinodalidade de Jesus, procurando estar encarnado na cultura atual.

Segundo o Concílio Vaticano II, o ser humano é por natureza dialogal e, "desde o seu nascimento, o homem é convidado para o diálogo com Deus" (GS, nº. 19). Na história do cristianismo, vivemos época de profunda aversão a toda cultura que não fosse de acordo com a visão do Evangelho de Jesus[69]. Pautados por uma visão negativa do mundo e de tudo o que aí era gerado e propagado, muitos líderes religiosos e mestres espirituais seguiram a postura de negação do mundo, negação de tudo que rodeava o prazer, a alegria e o bem-estar do ser humano, estando com isso fechados a qualquer possibilidade de diálogo, assumindo uma postura de julgamento e condenação. Nessa postura negativa, as coisas do mundo passaram a ser vistas como algo do mal, basta olharmos até os meios de sua difusão, como o rádio, o telejornal, o cinema, a TV, as novelas e assim por diante[70]. Tudo foi condenado. Tal condenação é possível perceber nas encíclicas papais, quando vemos os meios de difusão da cultura sendo condenados como: materialistas, barulhentos, consumistas, algo do demônio. Passaram-se vários anos e houve muitas discussões para mudar as opiniões sobre os meios de comunicação, considerados simplesmente meios de difusão de mensagens negativas e "do mal". Pio XII (1939-1958) foi quem aprofundou e ampliou a reflexão. Convencido da influência dos meios de comunicação de massa e de seu grande significado, escreveu a encíclica *Miranda prorsus (1957)* sobre a comunicação, destacando o cinema, o rádio e a televisão. Com essa dificuldade em lidar com a cultura e sua difusão, vemos, muitas vezes, certa confusão entre seguir Jesus e estar no mundo da produção cultural, do divertimento, do lazer, do consumo, do carnaval, do futebol, da política, das redes sociais e tudo mais. Tal discernimento não é fácil de ser feito, algo que vem desde a época dos Apóstolos (At 15,10).

E, ainda, sabe-se que essa cultura de aversão e condenação do mundo foi assumida por uma ala conservadora, dentro do cristianismo, agindo como inquisidora da Igreja. Hoje falamos de "Tribos", isto é, cada espiritualidade, grupo, ou Comunidade de Vida tende a se fechar em "Tribos", com seus gurus. Antes cada "Tribo" defendia "sua verdade sagrada" e, ao defendê-la, torturava e queimava pessoas que pensavam diferente. O mesmo se diga dos confessores e diretores espirituais que, para fazerem o "bem" às almas, humilhavam homossexuais, divorciados, casais de segunda união, mães solteiras ou qualquer pessoa que não se portava segundo os padrões de condutas ditados pela autoridade. A vocação do cristão não é ser antissocial nem contracultural, como entenderam muitos mestres espirituais. Podemos citar, à guisa de exemplo, Thomas Merton, monge cisterciense. Para ele toda cultura do mundo era do mal, por isso ele mesmo se denominava como "marginal", vivendo longe do consumo, do lazer, da produção, das tecnologias e do diálogo com o mundo[71]. O que mais dói é que aqueles que impõem certos critérios de moralidade, muitas vezes, não se inquietam nenhum pouco com as injustiças e agressões à dignidade das pessoas indefesas e inocentes. As leis são ditadas pelos que têm poder de ditá-las. E isso significa que a relação entre poder e a ética é muito mais forte que imaginamos. São os poderosos que decidem o que convém e o que não convém, o que é bom e o que é nocivo, não dando abertura ao outro, não dialogando. Assim, muitas vezes, o "bem" e o "mal" acabam sendo impostos, fixados e determinados de acordo com as conveniências e os interesses dos poderosos, sendo o "mau" aquilo que prejudica seus interesses ou vai contra suas visões. A moral, o direito e os costumes sempre foram organizados desse modo. Destarte, é uma ilusão pensar que o problema da pluralidade de valores, que se acentua com o grau de "secundaridade" de uma cultura, pode ser resolvido com a restauração de um "discurso da verdade" unitário e homogêneo, próprio das culturas "primárias". Por outro lado, o problema também não se resolve pelo método de avestruz, que consiste em não pensar a pluralidade das teorias e tradições que a história nos legou e em produzir um discurso moralizante, sem falhas e dispensador de "certezas". Do ponto de vista ético, nada é mais perigoso do que a opção pelo não pensamento como método para tornar mais firme as convicções morais. Diante da pluralidade de valores, vemos que a Igreja, que antes conseguia aglutinar e movimentar grandes massas por uma causa, nas últimas décadas, contemplamos com assombro a transformação ou uma mudança drástica, em que diversos grupos culturais e movimentos sociais, como: ecológico, feministas, homossexuais, estudantis e tudo mais, é que conseguem aglutinar grandes massas. Como afirma Alain Touraine (Crítica da Modernidade, Editora Vozes, 2008), muitos desses movimentos têm conseguido ter maior unidade do que os propagados pela Igreja Católica. A Igreja sinodal entende que é necessário trabalhar pela cultura do encontro, e isso se dá por meio da sinodalidade, que é o caminho para a amizade social, superando os conflitos e construindo a unidade, uma vez que, como afirma o Papa Francisco: "a unidade é superior ao conflito" (FT, n. 245).

Parece que hoje pagamos um preço alto com os extremismos e rancores, com o fechamento ao diálogo, tanto de "direita" quanto de "esquerda"[72]. Acreditamos que muitos desses extremismos e rancores se devem a toda dificuldade que se teve para acolher toda a evolução e mudança da sociedade, bem como participar de sua transformação, sendo fermento de transformação cultural e luz a guiar rumo ao Evangelho de Jesus. A vocação do discípulo de Jesus, como Igreja sinodal, é estar presente em tudo, aproveitar de tudo e ficar com o que é bom, sendo um crítico da sociedade quando ela não consegue promover uma vida digna, pacífica e justa para todos.

Assim, para a Igreja Sinodal, o mundo de hoje, atravessado por todos os valores e contravalores, deve ser a grande "paróquia de todo cristão". Em meio a essa cultura, o cristão sinodal está como sal e luz para gerar comunhão e união entre os seres humanos: "Vocês são o sal da terra (...). Vocês são a luz do mundo" (Mt 5,13-14), sendo a pequena sementinha do Reino de Deus ou o fermento, que leveda toda massa (cf. Mt 13,31-33).

Por uma espiritualidade sinodal na liturgia

Cresce em nosso meio a busca da sinodalidade, mas esse é um caminho espinhoso, acabando, muitas vezes, em mais conflitos e divisões. Percebe-se que, na história do cristianismo, em vez da sinodalidade, imperou mais a questão da exclusão, do isolamento, da condenação, dos anátemas, sobretudo na liturgia.

Tal falta de sinodalidade na liturgia se desenvolveu e ganhou corpo a partir de uma compreensão polarizada sobre sacrifício e renúncia[73], algo que levou ao radicalismo de muitas práticas litúrgicas, ficando excluídas da cidadania litúrgica muitas pessoas. Quanto a esses muros, que discriminam pessoas da cidadania litúrgica, ao lermos os profetas do Antigo Testamento, anteriores ao exílio, como, por exemplo: Amós, Isaías, Miqueias, vemos que eles já denunciavam, em termos de uma violência extrema, a ineficácia dos sacrifícios e de qualquer ritual para alcançar a graça de Deus[74]. Para esses profetas, a deterioração da eficácia do sacrifício estava ligada à deterioração das relações humanas, sobretudo, à falta de sinodalidade. E Jesus, nessa mesma ótica, profetizou a respeito do fim dos sacrifícios (Jo 4,21-23). Em Jesus, cumpre-se o que diz o salmo 51 (18-19): "Pois não queres nenhum sacrifício e, se te oferto um holocausto, não o aceitas. Sacrifícios para Deus são espíritos alquebrados. Corações alquebrados e abatidos, ó Deus, tu não os desprezas". Vemos aí a construção de uma nova narrativa para agradar a Deus, não mais pelo sacrifício, algo discriminatório que só ergue muro entre as pessoas, mas pela doação da própria vida em favor de mais vida. E foi isso que fez Jesus ao morrer na Cruz, doando sua vida livremente (Jo 10,18). É essa nova narrativa que deve impulsionar a Igreja, narrativa que se prima pela sinodalidade.

Quando olhamos para o Antigo Testamento, vemos que, quase sempre, há um Deus carente de oferta e sacrifícios para poder cuidar e proteger o seu povo. Esse Deus sempre vai exigir o sacrifício de alguma coisa, que pode ser bens ou a própria vida; dessa forma, não há nada gratuito da parte de Deus. Por isso a necessidade do ritual. E, sabe-se que, quase sempre, os ritos são rígidos[75], violentos e excludentes. Na história do mito, quando se pede o sacrifício da vida humana em vista de uma melhoria ou de uma recompensa, não se pode ceder às paixões e aos prazeres da vida[76]. Esse sacrifício tem como objetivo obter a paz, a proteção e a bênção dos deuses, bem como humanizar o ser humano, instruindo-o sobre o que deve ser feito e não ser feito para evitar a violência e a desgraça. E todos os que realizam o rito estão depois livres para fazerem tudo o que quiserem como nos ritos de passagens, em que há a abolição da diferença e da interdição, como no caso do casamento, em que os jovens ficam impedidos do sexo e, após o rito do casamento, podem usufruir livremente do sexo como fazem os adultos ou aqueles que já passaram por esse rito. Os ritos de passagens, como diz Girard (1998, p. 356), "tem a função de abolir a diferença".

O sacrifício pode ser um ato de heroísmo, de doação, ou de fé, em vista de mais vida para a humanidade. Este tipo de sacrifício nasce como fruto do diálogo ou como ponte, uma vez que o diálogo foi rompido. Quando o sacrifício é uma ponte para estabelecer o diálogo, ele tende a se tornar leve, sendo pontual e não permanente, não sendo pesado para quem sacrifica. Deus, quando pede um sacrifício para o ser humano, fá-lo dialogando com esse ser humano. Quando Deus pede para alguém sacrificar a si mesmo ou alguma coisa, está visando a um bem maior para todos. E é somente em vista de um bem maior para todos que o sacrifício tem seu valor e sentido.

Na missa, sob os sinais de pão e vinho, elementos de uma simples refeição que, no ato da consagração, pela transubstanciação, se tornam corpo e sangue de Jesus por meio das palavras da consagração, Jesus se torna Eucaristia dia após dia em centenas e milhares de lugares, sendo alimento para aqueles que participam dela. Ela não é uma alegoria, espetáculo ou representação teatral da Ceia do Senhor, nem se reduz ao peso do sacrifício, mas sim é comunhão, unidade e sinodalidade[77]. Do mesmo modo que ela não é alegoria, espetáculo ou representação teatral da Ceia do Senhor, também não se reduz a sacrifício, uma vez que este se liga mais à renúncia e ao sofrimento. Sabe-se que a missa é ação de graças, generosidade, partilha, comunhão, ceia, entrega e doação do Senhor, sinodalidade. Segundo Jungmann (2009, p. 586): "Devemos lembrar aquilo, cujo memorial é representado no ato sagrado. Pois missa não é um sacrifício em si, ela é sacrifício somente na medida em que é, ao mesmo tempo, memória do sacrifício já oferecido para a nossa salvação. Por isso ela é simultaneamente ação de graças e exige de nós tal agradecimento".

Cada Eucaristia celebrada é um ato de amor, um ato sinodal do ser humano com Deus e de Deus com o ser humano. Em cada Eucaristia se atualiza, no hoje da história, o sacrifício de Jesus, sua entrega, sua doação, sua morte na cruz, sua comunhão e união com a humanidade. A morte de Jesus na cruz é o "extremo da sinodalidade" ou o "extremo convite à sinodalidade" de Deus, sendo um modo de Deus falar onde está a verdade, convidando o ser humano a se libertar de seus extremismos e avançar para o diálogo, o encontro, o abraço, a comunhão, a irmandade e a fraternidade universal[78].

Na essência da liturgia está a sinodalidade. Uma liturgia sem "democracia", sem espaço para o diferente e o plural peca contra sua própria origem. Ela, em si, é uma celebração de pecadores, como na grande liturgia da crucifixão do Senhor, em que estão mulheres, jovens, discípulos, ladrões e algozes. Se a celebração da Eucaristia não fizer memória à entrega do Senhor para a conversão das pessoas, torna-se apenas um ritualismo vazio. Jesus não teve medo de estar entre pecadores, até mesmo na última ceia, partilhando o pão com Judas, o traidor, e lavando os pés de Pedro.

Na liturgia da Igreja, sempre ouvimos a expressão: "troca de dons entre o céu e a terra", sendo ela mesma glorificação a Deus e salvação da humanidade. Nela há a sinodalidade entre o presidente da celebração e a assembleia celebrante, entre Deus e o homem, que responde Amém. A saudação, invocando a bênção da Santíssima Trindade, também pede uma resposta. Um belíssimo diálogo temos na abertura da Oração Eucarística. O final da Oração Eucarística, por sua vez, síntese de toda a prece, prepara a grande resposta de assentimento, o grande Amém. Tudo é sinodalidade. O diálogo entre o presidente da celebração e a assembleia celebrante é comunhão entre as pessoas da Santíssima Trindade. Onde há comunhão tudo é mais leve e flui melhor, a liturgia por si mesmo é leve, é encontro entre duas pessoas que se amam: Deus e o ser humano.

Na própria origem da Eucaristia, está a comunhão: ela nasce do desejo da comunhão de Deus com a humanidade e gera comunhão entre Deus e a humanidade. Ela foi instituída em uma "ceia pascal", em volta de uma mesa. Sentar-se em volta da mesa implica diálogo e comunhão. Mesa lembra família: que se reúne em volta da mesa, um lugar leve, lugar da comunhão, de diálogo, da inclusão, do encontro, da celebração, do perdão, da confraternização, da fraternidade e da irmandade. Podemos dizer que o cristianismo é uma comunidade de mesa, do estabelecimento de laços familiares entre os convivas. Sentar-se em volta da mesa e participar da Eucaristia significa fortalecimento dos laços de paz, de harmonia, de diálogo, de comunhão. Assim, na celebração da Eucaristia, estabelece-se tanto laços familiares com os convivas quanto com Deus. Em cada Eucaristia, Jesus se doa como alimento, iniciando o Reino de Deus onde todos são irmãos e irmãs. Em cada Eucaristia, são cumpridas, as promessas de Deus: "O rei dará um grande banquete" (Is 25,6). A Eucaristia, como "ceia do Senhor", aponta para o sentido da festa, da alegria, do amor e da felicidade que Deus nos oferece, cumprimento das promessas de Deus: "De fato, todas as promessas de Deus têm nele seu 'sim'" (2Cor 1,20).

Ser uma Igreja sinodal é ser "salão de festa em que se celebra a "ceia do Senhor", vivendo toda essa amplitude da Eucaristia, acolhendo o convite do Pai para participar do "banquete" de seu Filho, confirmando que o tempo de Deus chegou. O traje, para sentar-se à mesa do "banquete do Reino" (Mt 22,1-44), participar na festa do encontro e da comunhão com Deus, é o do diálogo, da abertura de coração, do amor, da partilha, do serviço, da misericórdia, do dom da vida, da acolhida amorosa do outro, da justiça e não do egoísmo, da arrogância, do extremismo, do legalismo, do orgulho, da injustiça, do fechamento ou da exclusão. O convite para participar do banquete não exclui ninguém, todos são convidados, "maus e bons" (Mt 22,10). E, como afirma São Paulo: "Que cada um examine a si mesmo antes de comer do pão e beber do cálice" (1Cor 11,28).

Na Igreja Católica, a expressão sacrifício passou, sobretudo, para a liturgia. Desde Santo Agostinho, a Eucaristia, celebração maior da comunidade cristã, passou a ser compreendida como sacrifício. Todo o peso da "missa" como sacrifício ainda foi carregado com o Concílio de Trento[79]. A retomada da "missa" como "fração do pão" ou "ceia do Senhor" me parece mais fiel ao cristianismo nascente. Sabe-se que, "até o século III, os presbíteros não eram chamados de sacerdotes; isso foi aplicado pela primeira vez aos bispos devido ao seu papel de celebrante da Eucaristia. O termo sacerdote implica sacrifício, e a Eucaristia foi considerada sacrifício, por causa do sacrifício de Cristo; isso parece que se deu a partir do século III. Quando os presbíteros foram autorizados a celebrarem a Eucaristia, algo que se deu, provavelmente, somente no século IV, passaram a ser chamados também de sacerdotes" (Santos, 2014, p. 309)[80].

Quanto à missa ser entendida como um ritual sacrifical, isso é de longa data na história do cristianismo. Segundo Jungmann (2009, p. 42): "De fato, para os nossos ouvidos, algumas afirmações daquele tempo soam muito ousadas. Deus 'não quer sacrifícios de animais ou de libação, nem de alguma coisa visível'; ele não precisa de 'sacrifícios de sangue e de libação, nem do perfume de flores e de incenso, pois ele mesmo é o perfume perfeito, sem necessidade ou carência'; para ele o sacrifício mais importante é que o conheçamos e lhe consagremos o serviço espiritual". Segundo a pesquisa histórica do mesmo autor, temos a Eucaristia como ação de graças ou fração do pão até o século III. Com Hipólito de Roma (170-236), já se tem a desvinculação da Eucaristia como refeição: "A Eucaristia, em uma época em que ela foi desvinculada da refeição fraterna vespertina, foi acrescida a uma liturgia matinal dominical já existente em que continuava viva a liturgia sinagogal da manhã de sábado". Se voltamos à interpretação da celebração dos primeiros cristãos, sobretudo as trazidas por Paulo Apóstolo em 1 Coríntios (10,16-17), veremos que é o sentido de "comunhão" e não de sacrifício que é destacado: "O cálice da bênção que abençoamos não é comunhão com o sangue de Cristo? O pão que partimos não é comunhão com o corpo de Cristo? Somos um só corpo, porque, mesmo sendo muitos, participamos todos do único pão". Nesse diálogo sobre a Eucaristia, trazido por Paulo, vemos o acento na comunhão, na união e não no sacrifício. São João Crisóstomo, em uma de suas homilias (*in* Kasper, 2015, p. 210-211), afirma: "E não pensemos que basta para a nossa salvação apresentar um cálice de ouro e pedras preciosas depois de ter despojado viúvas e órfãos. A Igreja não é um museu de ouro e prata, mas uma reunião de anjos que cantam louvores... Não era de prata, na Última Ceia, nem aquela mesa nem aquele cálice em que o Senhor deu aos seus discípulos o seu próprio sangue. Contudo que precioso era tudo aquilo e que venerável, tão cheio estava do Espírito Santo! (...) O sacramento não necessita de panos preciosos, mas sim de uma alma pura; os pobres, contudo, precisam de muito cuidado, porque Deus não tem necessidade de vasos de ouro, mas sim de almas de ouro". Segundo a Lumen Gentium (8): "Assim como Cristo realizou a obra da redenção na pobreza e na perseguição, assim a Igreja é chamada a seguir pelo mesmo caminho para comunicar aos homens os frutos da salvação". Grande problema em nossas liturgias é que os vasos sagrados, o ritualismo e as vestes eclesiásticas se tornaram fins absolutos, ofuscando, assim, a singeleza, profundidade e o essencial do sacramento da Eucaristia, que é o encontro com Deus e com os irmãos, e pecando contra a orientação de Jesus dada a seus discípulos (Mc 12,38-40). Além do mais, nossas liturgias perderam, em muito, o sentido de "ceia do Senhor", "de fração do pão", sendo mais sacrifício, do que comunhão. Sabe-se que, quando o acento recai sobre o sacrifício, a tendência é gerar violência ou desprezo contra quem não obedece às mesmas normas ou regras ou as segue, pois é uma desonra de todo grupo alguém não seguir as mesmas orientações. Dessa forma, a tendência é agir com violência contra quem comporta de forma diferente, descriminando-o ou eliminando-o.

Segundo Jungmann (2009, p. 47): nos três primeiros séculos "não podíamos contar com um texto fixo para a liturgia da missa, senão apenas com uma moldura fixa que o celebrante ainda preenchia com suas próprias palavras de oração, como é atestado também em notícias mais antigas". Foi somente a partir do século IV, com a organização eclesial, acima das comunidades individuais e seus presidentes episcopais, principalmente em Alexandria e Antioquia, que a liturgia da missa recebeu sua forma fixa. Para Jungmann (2009, p. 50): "Necessariamente, tornou-se sempre mais comum fixar os textos por escrito. Assim deve ter crescido o desejo de adotar bons textos de outras Igrejas. Do mesmo modo, aumentou também a possibilidade de controle". Já, no século IV, o clero apareceu com vestimentas esplêndidas, luz e incenso eram usados em abundância, uma cerimônia exterior com reverências começou a se desenvolver[81]. Para Jungmann (2009, p. 56): "Espalhavam-se formas que cercavam ocasiões festivas para aparição do imperador e seus mais altos oficiais. A passagem da oferenda para o altar e, se for o caso, depois a volta para distribuí-las na comunhão, tornou-se uma procissão solene dos clérigos que lembrava os exércitos invisíveis dos espíritos celestiais, como dizem explicitamente hinos solenes".

Talvez aqui pudéssemos falar de um problema ou uma dificuldade que os presbíteros vêm encontrando na celebração do rito litúrgico hoje, sobretudo da Eucaristia, que é "simultaneamente a meta para a qual se encaminha a ação da Igreja e a fonte de onde promana toda a sua força" (SC n. 10). Após o Concílio Vaticano II, vivemos uma maior abertura para a criatividade, participação e o envolvimento na liturgia. Segundo o *Sacrossanctum Concilium* (n. 11), a orientação é: "Por conseguinte, devem os pastores de almas vigiar para que não só se observem, na ação litúrgica, as leis que regulam a celebração válida e lícita, mas também que os fiéis participem dela consciente, ativa e frutuosamente". Parece que, quanto à primeira parte da orientação, não temos tantos problemas, mas quanto aos fiéis participarem "dela consciente, ativa e frutuosamente", estamos regredindo ou não avançamos. Às vezes, o ministro ordenado mal prepara hoje a homilia da celebração, o restante é "leitura de missal", observação de "rubricas", devocionismo e nada mais. Muitos até perguntam: "porque preparar, se já está tudo no missal ou na liturgia diária?" Sabe-se que também alguns liturgistas, ou "controladores" ou "notáveis da liturgia" dizem: "A liturgia é da Igreja". Essa é uma forma de matar a sinodalidade, impedindo os fiéis da "participação consciente, ativa e frutuosa" da liturgia. Dizer que a "liturgia é da Igreja" é uma verdade e uma forma certa de expressar, pois "o corpo dos fiéis é Igreja". Só que tais falas vêm no sentido da observação rubricista que, muitas vezes, só mata ou deixa entediante as celebrações. Em uma perspectiva sinodal do Concílio Vaticano II, perguntamos: a falta de inquietude litúrgica dos ministros ordenados e dos "liturgistas", ou "controladores" ou "notáveis da liturgia, bem como sua tendência à regressão à liturgia de antes do Concílio Vaticano II, seria talvez uma tendência conservadora deles? Ou seria porque não foram preparados para lidarem com a sinodalidade, propiciando a todos participação "consciente, ativa e frutuosamente" na liturgia?

Com o Concílio de Trento (1543-1565), quando o rito foi unificado em um único Cânon, compilado e outorgado pelo papa São Pio V (1566-1572) com o intuito de consolidar a fé católica e combater o protestantismo que surgira no período em questão e que tinha outra visão do culto cristão, não como sacrifício, mas como memória, deu-se ênfase à expressão sacrifício. Mas, por sacrifício, não se tem aquele sentido pesado de ser cruento como de sangue de animais, nem de sofrimento, mas de entrega de Jesus pelo ser humano. Para entendermos isso, precisamos voltar aos abusos de antes do Concílio de Trento. O Concílio, ao falar da missa como sacrifício, quis retomar toda a unidade da liturgia da missa com a Eucaristia. Com isso o Concílio quis tornar sempre mais claro que a entrega a Deus no sacrifício, a liturgia da palavra e a preparação adequada para a comunhão estão unidas, mostrando que pertence ao sacrifício a refeição sacrifical para a qual Deus convida e para a qual levamos todas as orações da missa; essa refeição é ao mesmo tempo a refeição da comunidade cristã. Se de um lado houve no Concílio de Trento a tentativa de recuperação de todo o valor da Eucaristia, por outro lado o povo ficou sempre mais separado do coro[82] e do presbitério, como a comunhão dos fiéis, na qual, raramente, podiam comungar do pão e do vinho, corpo e sangue de Jesus[83].

Sabe-se que, no Concílio de Trento, foi feito um levantamento de todos os erros e abusos na questão litúrgica[84]. Um grupo foi montado para apresentar uma proposta de reforma, a fim de combater abusos ou desmandos na liturgia[85]. Esperava-se que fossem respeitados os diversos Missais existentes, bem como a língua de cada povo, mas o que se viu foi um assumir a versão única do Missal já existente, isto é, *Missale Romanum*. Houve também a imposição de uma única língua, isto é, a latina, e a proibição de qualquer mudança, criatividade ou iniciativa regional na liturgia. Em lugar de uma evolução viva e saudável, colocou-se uma petrificação eterna, fechada ao diálogo, caracterizada como época de estagnação ou rubricista, algo que, em vez de corrigir os obscurantismos passados, abriu brecha para toda forma de obscurantismo, devocionismo, controversas, fundamentalismos, fanatismos, dogmatismos, intolerância, legalismos, extremismos, patologias e escrúpulos. Dentre todos os males, o maior foi a perda da ideia da Eucaristia como fração do pão e também de que os fiéis deveriam participar ativa, consciente e frutuosamente da celebração e sacrificar junto com o ministro ordenado, como os primeiros cristãos[86]. Se a oração alimenta a vida e a vida alimenta a oração, toda reforma litúrgica do Concílio de Trento, com sua fixação, seu rubricismo e rigorismo, só contribuiu para isolar a vida do povo da liturgia, alienando-o. Com isso se perdeu toda a força da missa, levando o povo a não se satisfizer mais com ela.

Podemos dizer que o Concílio de Trento, com essa atitude, ergueu um dique, com dutos bem determinados e canais bem construídos de caminho para a liturgia. Quando isso aconteceu, houve um golpe de todos os caminhos laterais e paralelos. Parece que foi isso que aconteceu com toda a riqueza que compunha a liturgia, sobretudo de sua trajetória nos diversos tempos, nações e comunidades. Uma vez levantado o dique, teve-se a impressão de que todos os males tinham sido cortados, todas as enchentes e sedimentações combatidas e uma contínua regularidade frutífera foi garantida. No entanto as consequências foram o vale florido do rio ficar agora deserto, o que impediu o crescimento dos frutos, produzindo apenas "migalhas" para alimentar os fiéis. A Igreja sinodal, espelhada no Concílio Vaticano II, com muito mais serenidade, em vez de traçar diques, vem dialogando e abrindo caminhos, rompendo com eles, tirando o peso dos anátemas, possibilitando, assim, recuperar a rica história da liturgia e, de novo, convidar todos os fiéis à aventura de plantar novas iniciativas, acolher as riquezas dos povos, discernindo-as à luz do Espírito Santo, alimentando e recuperando a exuberância e a riqueza que sustentam o povo de Deus na travessia da história.

Para os mais tradicionalistas, a carga simbólica dos gestos da missa de Paulo VI deu lugar a uma Babel de posicionamentos que Roma não conseguiu controlar. Citando uma frase de Paulo VI "por uma brecha aberta a fumaça de Satanás penetrara na casa de Deus", esse grupo arrogou que a ação simbólica da missa de Paulo VI, abriu caminho para uma distinta interpretação, a lei da oração moldou a lei da fé e com isso um processo de conturbados movimentos estremeceu a Igreja. Dizer que a "fumaça de satanás entrou pelas frestas na casa de Deus" pode ser uma metáfora para dizer que o culto cristão estava impregnado de muita coisa, que, com a repetição, passou a ser considerada sua identidade, o que na verdade era fumaça. Sabe-se que pode haver evolução e crescimento onde há diálogo. A liturgia intuída pelo Concílio Vaticano II tende a voltar à verdadeira identidade perdida ou modificada ao longo dos séculos, sobretudo, à simplicidade, à ceia e à participação ativa, consciente e frutuosa dos fiéis. Na verdade, com o Concílio Vaticano II, a liturgia da missa não perdeu sua identidade, pois não se perde o que não se tem. O que aparentava ser sua identidade, na verdade poderia ser apenas "fumaça de Satanás". Com o Concílio Vaticano II apenas se buscou livrar dessa "fumaça de Satanás" que não era, ou talvez, nunca foi sua identidade. Um grande número de pessoas não entendeu todo o profetismo desse Concílio Vaticano II e, descontente com os resultados da reforma litúrgica, voltou para a ala mais tradicionalista da Igreja[87].

A liturgia sinodal busca colocar a vida antes da norma e do culto. É a vida celebrada comunitariamente, em que a Igreja se reúne para meditar a Palavra de Deus, rezar e partilhar a vida e o pão. Para os Bispos da CNBB, no encontro dos fiéis que celebram a Eucaristia, sacramenta-se a privilegiada comunhão da igreja local, os vínculos fraternos se fortalecem, partilha-se a vida, dialoga, há compromisso em projetos comuns e impulsiona-se à missão em meio à sociedade (CNBB, 2019, n. 85). Ser uma Igreja sinodal implica recobrar o sentido da Eucaristia como sacramento da unidade de toda a Igreja, na qual estará a vivência eucarística de todos os participantes. A Igreja sinodal, deixando de ser autorreferencial e presa em um emaranhado de obsessões e procedimentos, avança para ser "ceia do Senhor" para todos: "Tomai e comei todos vós..." (Mt 26,26-28).

Na verdade, o Concílio Vaticano II varreu para fora do culto cristão tudo aquilo que não era nem foi identidade do culto cristão, como toda pompa e exterioridade de roupas, língua, passividade, falta de diálogo e separação do povo, convidando-nos a um resgaste da leveza do culto cristão em sintonia com as celebrações dos primeiros cristãos.

Advogar-se por uma liturgia sinodal implica recuperar o frescor do Evangelho na questão da Eucaristia (EG 11). Recuperar o "frescor do evangelho na liturgia" significa recuperar toda sinodalidade que daí deriva. É essa sinodalidade do culto que precisa sempre mais ser resgatada para que a Igreja possa ganhar novo ânimo missionário. Tal sinodalidade pode se libertar de um monte de gestos, posturas corporais, roupas, sapatos, paramentos, orações em voz baixa, purificações e tudo mais[88]. E, ainda, pode significar mudança na construção dos Templos, uma vez que eles passaram a ser construídos com certas estruturas, perdendo o sentido de casa, onde foi celebrada a primeira Eucaristia, perdendo o sentido dialogal de estar sentados em volta da mesa; pode significar mudança quanto ao colégio de cantores treinados, rubricas a serem observadas, mestres de cerimônias, incenso, velas, cruz, utensílios, procissões, desfiles, linha divisória entre altar e povo[89], entre clero e laicato e tudo mais que tornou a participação do povo passiva, levando os fiéis a se entenderem mais como "espectadores" do que participantes ativos e conscientes[90].

Recuperar a espiritualidade sinodal na liturgia é se pautar pela novidade do Espírito Santo. Uma liturgia sinodal é sem exclusão social, aberta, acolhedora e integradora dos "novos rostos", sem passividade nem fechamento ao diálogo, livre da lei de pureza ritual[91], uma liturgia que não perde a memória da grande nuvem de testemunhas que nos ensinaram e nos ensinam a antecipar na celebração o triunfo da ressurreição; uma liturgia que nos leva rumo à beleza e comunhão da Trindade.

Por uma espiritualidade sinodal que acolhe os pecadores

O perdão é o maior gesto sinodal de Deus. Ser perdoado é ser acolhido, abraçado, incluído, tendo a cidadania de volta, sentindo que se é importante e amado. E esse é o maior milagre. Dizemos que é um milagre, pois, no lugar de acionar a justiça de Deus, pede-se perdão, e Deus perdoa: "Deus é aquele que guarda seu amor até a milésima geração e suporta as faltas (Ex 34,6-7). A falta é pesada para suportar (Gn 4,13). Assim, Deus suporta nossas faltas e nos oferece uma nova chance, apagando nossos pecados. Por isso Pedro pode dizer: "O amor cobre uma multidão de pecado" (1Pd 4,8). O pecado divide, afasta-nos, o perdão nos une, devolve-nos a graça da irmandade. Sabe-se que, para o mundo ser habitável, deve haver perdão: "Deus não criou o céu e a terra para o vazio, mas para que seja habitável" (Is 45,18). Diante de Deus, o homem é sempre devedor, e somente o perdão quita essa dívida.

O pecado não é algo "normal" para o crente, pois é sempre um "não" a Deus e às suas propostas, e isso deve ser visto pelos crentes como uma "anormalidade"; de outro lado, é uma realidade que o crente reconhece e sabe que está sempre presente ao longo da sua caminhada pelo mundo. Se assim não fosse, Jesus não teria dito: "Assim está escrito, que o Messias tinha de sofrer e ressuscitar dos mortos no terceiro dia. E que, em seu nome, fosse anunciado o arrependimento para o perdão dos pecados a todas as nações, começando por Jerusalém" (Lc 24,46). Segundo o autor da primeira carta de João (2,1-2), se caímos em pecado, temos um advogado que nos defende junto do Pai. Vemos aí que somos convidados a tomar consciência da nossa realidade de pecadores e acolher a salvação, que Deus nos oferece, confiando em Jesus, o "advogado" que nos defende.

O ser humano é por natureza um ser de dois lados, isto é, simbólico, que une, e diabólico, que divide. Santo Agostinho chegou a dizer que "todo homem é Cristo, todo homem é Adão". Com isso quis significar que cada um carrega a graça divina e, simultaneamente, o pecado de Adão. Assim, podemos dizer que o ser humano é complexo, imperfeito e contraditório, que só se torna perfeito em Deus. Da mesma forma, podemos dizer que o pecado sempre fará parte de sua vida, pois não tem ninguém perfeito. Quando falamos de pecado, temos muita dificuldade em precisar o pecado, pois isso exige rever muitos postulados teológicos colocados ao longo da história. Como o modo de argumentar da teologia é refutar argumentos com argumentos teológicos ou bíblicos, ficamos sempre na mesma repetição dos argumentos, pois se argumenta religião com religião, tornando, assim, difícil um novo conhecimento ou visão. Paulo já falara disso: "De resto, se alguém quer discutir, não é este nosso costume, nem o das Igrejas de Deus" (1Cor 11,16). Para o Papa Francisco (2016, n. 2): "O perdão é o sinal mais visível do amor do Pai, que Jesus quis revelar em toda a sua vida. Não há página do

Evangelho que possa ser subtraída a este imperativo do amor que chega até ao perdão. Até nos últimos momentos da sua existência terrena, ao ser pregado na cruz, Jesus tem palavras de perdão: "Perdoa-lhes, Pai, porque não sabem o que fazem (Lc 23,34)'". Assim, o perdão é o maior gesto de sinodalidade de Deus com a humanidade.

Redescobrir o "frescor do Evangelho de Jesus'", na questão da visão do perdão, significa redescobrir toda sinodalidade trazida por Ele sobre o amor, a graça e a misericórdia de Deus, cujo único castigo é a condenação eterna, pois, aqui na terra, "Deus faz seu sol nascer sobre malvados e bons, e faz chover sobre justos e injustos" (Mt 4,45). À guisa de exemplo, podemos citar a fala de Jesus à mulher surpreendida em adultério: "Ninguém condenou você? Eu também não a condeno. Vá, e não peques mais" (Jo 8,10-11); na cruz Jesus vai dizer ao bom ladrão: "Eu lhe garanto: hoje mesmo estará comigo no paraíso" (Lc 23,43); para Zaqueu, Jesus vai dizer: "Hoje a salvação chegou a esta casa, pois também este é um filho de Abraão. Porque o Filho do Homem veio procurar e salvar o que estava perdido" (Lc 19,9-10); e ainda: "Eu lhes garanto: os cobradores de impostos e as prostitutas vão entrar no Reino de Deus antes de vocês" (Mt 21,31). Olhando para esses textos bíblicos, vemos que Jesus está aberto à comunhão e fala mais da graça, do amor, do perdão de Deus, do que do pecado.

A teologia do pecado sofre o peso da teologia da redenção. Entender a morte de Jesus por causa de nossos pecados sempre foi "o calcanhar de Aquiles" de toda a teologia cristã. Pois, segundo essa visão, o mal existe no mundo por causa do pecado do homem. Para a grande maioria das religiões o mal consistiu em uma violação da lei divina, portanto o sofrimento, a dor e a morte são consequências da infração do ser humano. Mas também, de outro lado, toda a teologia da graça sustenta que a graça é a antítese do pecado, sendo ela quem resolve o problema da culpa do pecador. Enquanto o pecado é o afastamento do amor de Deus, a graça é a reconciliação com Deus, é sinodalidade de Deus, algo que reflete a ideia de salvação. A salvação é graça de Deus uma vez que o amor de Deus é superior ao seu caráter de justiça, superando o pecado. Dessa forma, o ser humano pode ser perdoado de seus pecados. Para o Papa Francisco (2016, n. 2): "Nada que um pecador arrependido coloque diante da misericórdia de Deus pode ficar sem o abraço do seu perdão. É por esse motivo que nenhum de nós pode pôr condições à misericórdia; esta permanece sempre um ato de gratuidade do Pai Celeste, um amor incondicional e não merecido". Pensar que nada que um pecador arrependido coloque diante da misericórdia de Deus pode ficar sem o abraço do seu perdão é avançar para além de toda justiça da Lei, alcançando um Deus Sinodal, que tudo perdoa na sua infinita misericórdia.

No sacramento da Confissão, vemos o gesto sinodal do perdão sendo confiado aos ministros ordenados. No Evangelho de João (20,23) lemos: "Os pecados daqueles que vocês perdoarem estarão perdoados. Os pecados daqueles que vocês não perdoarem não serão perdoados". Essa é uma graça concedida aos ministros ordenados, a graça de perdoarem os pecados dos irmãos de caminhada. Essa graça, que também é um poder, foi um presente pascal do Senhor ressuscitado aos seus discípulos. A Igreja, logo no seu início, entendeu o sacramento da penitência como uma segunda tábua de salvação após o Batismo. Segundo Kasper (2015, p. 201): "No decurso dos séculos, este sacramento conheceu múltiplas transformações". Sabe-se que perdoar é um gesto divino. Assim, os ministros ordenados, quando absolvem as pessoas de seus pecados, estão exercendo esse gesto divino de Deus. E, uma vez perdoado, está perdoado, pois é o próprio Jesus que diz: "Os pecados que vocês perdoarem serão perdoados". Muitos duvidam desse perdão de Deus, até mesmo alguns ministros ordenados colocam dúvida no perdão que colegas o fazem ao dar a absolvição de alguns pecados dos fiéis. A pergunta mais séria é: têm ou não os ministros ordenados, em nome de Deus, o poder de perdoar "os pecados"? E, se têm, de onde advém a dúvida dessa graça e desse poder quando exercido pelo ministro ordenado? Colocar em dúvida o perdão significa colocar em dúvida a própria divindade do ministro ordenado, pois o perdão é algo divino, e, quando o ministro ordenado perdoa os pecados, está exercendo esse poder divino confiado por Deus no momento de sua ordenação. Segundo Kasper (2015, p. 202: "Para o futuro da Igreja, será essencial elaborar uma nova ordem penitencial e levar a cabo uma renovação do sacramento da Penitência". De novo, é preciso acreditar que, quando um ministro ordenado diz ao penitente: "Os teus pecados estão perdoados", na verdade estão perdoados. Isso é um gesto de sinodalidade, pois, daquele momento em diante, todos os muros foram derrubados. A sinodalidade significa que até de um pedaço de madeira torto Deus consegue retirar alguma coisa útil como conseguiu de Santo Agostinho, que, se fosse considerada a sua vida passada, não chegaria nem a acólito; como também de Saulo, perseguidor dos cristãos, que se tornou Paulo; ou Carlos de Foucault, que teve dias de fracassos e assim por diante.

Para se ter uma Igreja sinodal, acolhedora dos pecadores, devemos partir da teologia da graça e não da condenação. Para Paul Tillich (Teologia sistemática. 2ª ed. São Paulo/São Leopoldo: Paulinas/Sinodal, 1987, p. 279), Paulo apóstolo usa o termo "pecado" no singular e sem artigo, apontando-o como o estado de alienação do mundo, diferente dos "pecados" da cristandade, que apontavam para "desvios das leis morais". O que significa dizer "pecado" no singular e "pecado" no plural? "Pecado" no singular significa a desobediência do ser humano, que, segundo o mito adâmico judaico-cristão, introduziu o mal no mundo (Gn 3)[92]. Já "pecado" no plural se liga à desobediência às leis morais fixadas pelas doutrinas religiosas. Talvez aqui possamos entender o que disse Jesus: "Se alguém disser algo contra o Filho do Homem, isso lhe será perdoado. Mas, se alguém disser algo contra o Espírito Santo, não lhe será perdoado, nem no presente nem no futuro" (Mt 12,31-32). Jesus, ao se referir ao pecado contra o Espírito Santo, diz que tal pecado não será perdoado. Talvez pudéssemos dizer que o pecado contra o Espírito se liga ao pecado no singular e o pecado contra Jesus se liga ao pecado no plural e, com isso, às leis. As leis e disciplinas podem mudar com o tempo, pois elas podem ter sido apenas uma roupagem, podendo ser mudada como Jesus, que mudou a lei judaica da observância do sábado, bem como instituiu o batismo, rompendo com a circuncisão. Sabemos que tanto a observação do sábado quanto a circuncisão eram algo muito caro ao povo judeu, a tal ponto que quem não observava essas normas era considerado maldito: "Essa multidão, que não conhece a Lei, é feita de malditos" (Jo 7,49). Já para Jesus, se alguém não observava o sábado nem observava a circuncisão, não estaria em pecado (Lc 6,2-4; 13,2-3).

Continuando nessa linha de reflexão sobre ser uma Igreja sinodal, capaz de acolher os pecadores, podemos dizer que, da mesma forma que a circuncisão, como condição para fazer parte do povo de Deus, e a guarda do sábado, como algo sagrado, foram revogadas por Jesus, alguns pecados também deveriam ser. Dentro dessa linha, podemos citar também as orientações quanto ao modo de rezar e profetizar, propostas por Paulo (1Cor 11,4-6). Vemos aí que qualquer um que agisse diferente estaria "desonrando a Deus". E o que é desonrar a Deus, senão estar no pecado? No entanto, sabemos que essas orientações foram muito circunstanciais na época de Paulo. Algo que não é levado em conta hoje. Até perto de nós, temos pregadores que condenaram as mulheres e as expulsaram da Igreja por usarem minissaia ou calça cumprida ou coisa semelhante! Dessa forma, não compreender que "pecados" quer dizer algo ligado às leis e normas que podem mudar de acordo com o tempo ou época é não ter uma visão correta da palavra de Deus quanto a essa questão. Para se ter uma Igreja Sinodal, é imprescindível avançar nessa questão, alcançando um Deus sinodal, justo, amoroso e misericordioso.

Finalizando

Em uma espiritualidade sinodal, devemos pautar-nos por apresentar um Deus amor, um Deus aberto ao diálogo e não um Deus violento e vingativo, pois um deus que se manifesta de forma vingativa, violenta e não dialogal não pode ser Deus. O Deus a ser apresentado deve ser aquele que se manifestou a Paulo e o fez ser diferente, passando de perseguidor dos cristãos a pregador do Evangelho (At 9); é o Deus que se manifestou nos apóstolos, fazendo-os usar seu poder e não a espada: "Guarde a espada na bainha. Por acaso vou deixar de beber o cálice que o Pai me deu?" (Jo 18,1); é o Deus que, diante de toda maldade da crucificação, é contrário a toda forma de violência: "Ou você pensa que eu não poderia pedir a meu Pai, e ele não me enviaria imediatamente mais de doze legiões de anjos? (Mt 26,53); é um Deus que se fez carne, armou tenda entre nós e caminha dialogando com a humanidade. Buscar esse Deus é buscar o Deus sinodal, revelado por Jesus. Caso contrário, corremos o risco de não ter o vinho novo do evangelho, oferecendo muitas teorias, dogmas, mas ficando devedor do Deus sinodal, da Trindade Santa.

PARTE V

O PRESBÍTERO SINODAL: HOMEM DA COMUNHÃO, PARTICIPAÇÃO E MISSÃO

Falar de um presbítero sinodal é falar de alguém mediador da comunhão, da participação e da missão, alguém próximo, misericordioso, aberto ao diálogo, vivendo o Evangelho de Jesus.

Antes de avançarmos nessa questão, é bom precisar que a sinodalidade não é algo a ser praticado individualmente, mas é algo eclesial, isto é, algo da própria Igreja. Esta, que é corpo místico de Jesus, é por si mesma o sacramento da sinodalidade. Segundo Kasper (2015, p. 195): "A crítica mais grave que cabe fazer à Igreja, e com frequência se faz, é que ela própria não pratica o que anuncia aos outros; mais ainda: que muitas pessoas olham para a Igreja como sendo severa e sem misericórdia". Dessa forma, a sinodalidade não deve ficar confiada à piedade individual, mas ser uma prática da própria comunidade cristã.

O ministro ordenado sinodal é alguém que se entende como líder no mundo de muitas complexidades, valores e visões de mundo. Atualmente o conjunto de técnicas, conhecimentos, conceitos e valores muda muito rapidamente e, às vezes, de forma complexa. Como pregadores do Evangelho de Jesus neste mundo, os ministros ordenados chegarão ao coração dos ouvintes se falarem de Deus de um modo concreto diante das necessidades e dos sofrimentos delas, ajudando-as a descobrirem o Deus sinodal na sua própria vida.

Tal como o pai do Filho Pródigo (Lc 15,11-32), Pai sinodal, os ministros ordenados sinodais devem estar à espera dos filhos para acolherem de novo e, valentemente, restituir-lhes os seus direitos. Para isso, faz-se necessário inclinar-se, como o Bom Samaritano (Lc 10,25-37), sobre todos os seres humanos e tratar-lhes as feridas, bem como providenciar-lhes uma hospedaria; à semelhança do Bom Pastor (Lc 15,1-7), ir atrás da ovelha perdida, oferecendo seus ombros para a reintegração na comunidade dos cristãos. Dessa forma, a sinodalidade é o maior milagre que os ministros ordenados podem realizar (1Jo 3,16; Rm 5,8).

A mediação do ministro ordenado sinodal

Para Amado (2019, p. 62): "Nossos dias, porém, trouxeram uma avalanche de possibilidades pastorais, deixando ao presbítero pelo menos três caminhos: permanecer fazendo o que sempre fez, selecionar atividades capazes de abranger grande público e considerar que todos estão assim cobertos ou aceitar todas as demandas, sem todavia priorizar algumas. Importa observar que, em nenhuma das três hipóteses, a questão é de ausência de dedicação. Pelo contrário, em cada uma das opções, encontramos presbíteros desgastados em decorrência exatamente de entrega generosa. A questão aqui não é a quantidade de trabalho dispensado na missão, mas o tipo de trabalho que se executa. Assim como trouxeram a pluralidade de opções, nossos dias também trouxeram a necessidade de articulação entre as diversas possibilidades". Sabemos que, em cada modo de exercer o ministério ordenado, há algum tipo de sinodalidade.

Na catedral de Palermo, em 15 de setembro de 2018, o Papa Francisco afirmou: "O sacerdote é um homem de Deus 24 horas por dia, e não somente quando veste os paramentos. A liturgia seja para vocês vida, não somente rito (...). O Sacerdote é o homem do dom, do dom de si, todos os dias, sem férias e sem pausa. Porque a nossa, queridos sacerdotes, não é uma profissão, mas uma doação; não é um trabalho, mas uma missão". Entendemos aí que o ministro ordenado, em si mesmo, é mediador da graça de Deus. Não são só os sacramentos que ele ministra que são mediadores, mas ele mesmo. Por isso também pode-se dizer como São João Paulo II: Ele é um "Alter Christus". Ser mediador é ser sacramento de Deus para as pessoas. O ministro ordenado, como Jesus, é sacramento da sinodalidade do Pai com a humanidade. Por intermédio do ministro ordenado, Deus vive a comunhão com o seu povo. Ser sinodal é ser mediador do diálogo amoroso, maduro e sábio de Deus com a humanidade. Para o Papa Francisco (2020, p. 92): "Os mediadores são importantes. Fazer acordos que evitem rupturas e permitam que todos os lados caminhem juntos é um papel vital da lei e da política. A mediação é uma ciência, mas também um exercício de sabedoria humana. Na lei e na política, o mediador desempenha um papel análogo, de alguma forma, ao do Espírito Santo no Sínodo, mantendo juntas as diferenças até que se abram novos horizontes". A sinodalidade leva a viver o reconhecimento da ação do Espírito Santo em todos os seres humanos.

Hoje nos assustamos com os diversos modos de representar o ministério ordenado. Poucas décadas atrás, conhecíamos um modelo padrão de representar essa identidade. Para Amado (2019, p. 21-22): "Os presbíteros que, poucas décadas depois, mergulharam na defesa dos pobres e marginalizados assustam-se quando se deparam com estilos de ser presbíteros que soam descompromissados com tudo aquilo pelo qual têm dado a vida. Os mais jovens descobrem-se imersos em uma mistura oscilante de mediações, que vão desde as pré-conciliares até as que espalham a mobilidade de referências e a pressão do consumo (...). Por certo, a primeira resposta é de que cada presbítero deve encontrar, na articulação entre sua história pessoal e o ambiente a que foi enviado, um conjunto de mediações que lhe permitam ser sinais do Cristo, que chama, reúne em comunhão e envia a chamar. Nesse sentido, o perigo será sempre o de estar munido de mediações anacrônicas ou descontextualizadas. Trata-se do apego a mediações que foram efetivamente úteis em outros ambientes e tempos, um apego que nos pode levar a desejar que elas se mantenham aplicáveis atualmente, apesar das mudanças radicais pelas quais estamos passando. Esse perigo ocorre quando não conseguimos separar o que efetivamente é dado de fé daquilo que é mediação, ou seja, concretização histórico-cultural. O dado de fé não pode, em hipótese alguma, ser abandonado. Já as mediações podem e devem ser abandonadas quando já não cumprem sua missão (Fl 3,13)".

O ministro ordenado, mediador da sinodalidade, está hoje diante de uma crise mundial, que tem-se estendido sobre a família, a religião, a educação, a política, a economia, a ética e assim por diante, atingindo todas as dimensões da vida humana. Em todos os ambientes, vemos rupturas, extremismos, divisões, indiferentismos, exclusões e tudo mais. Muitos analistas e pensadores acreditam que, para sairmos dessa crise, será necessária a construção de uma cultura comum ou de novos paradigmas, que forneçam aos seres humanos e às culturas do mundo os critérios decisivos para a resolução do problema de dimensão planetária. Para o Papa Francisco é necessária a cultura do encontro: "É um trabalho lento e árduo que exige querer integrar-se e aprender a fazê-lo até se desenvolver uma cultura do encontro em uma harmonia pluriforme" (EG 220).

O ministro ordenado, na pós-modernidade, encontra-se diante de um sujeito em crise de identidade, um sujeito que se sente órfão de "pai" e "mãe", um sujeito que quer falar e ser ouvido, mas que, talvez, como Pedro no monte Tabor, não sabe o que fala (Lc 9,33). Temos muitas falas e muitas tendas armadas para todos os falantes no mundo plural em que vivemos. É um mundo plural com tendência a cada um armar sua tenda, vivendo o extremismo de suas concepções. O extremismo tende a cegar as pessoas, impedindo-as de dialogarem, verem a verdade, discernirem e acolherem toda a riqueza do evangelho de Jesus. Construir pontes neste mundo, ligar novamente as pessoas entre si e Deus é a principal missão do ministro ordenado, mediador da sinodalidade.

Podemos dizer que as identidades fortes do passado estão em crise. A pós-modernidade[93], fruto das transformações, vem gerando o sujeito pós-moderno, isto é, uma pessoa desprovida de toda segurança, centralidade e todo foco; alguém que busca a libertação de tudo o que no passado serviu de referência, ou que não encontra nesse passado respostas para o presente; que luta pela sua liberdade, mas, ao mesmo tempo, sente necessidade de segurança e vive o conflito de se libertar do passado e se aventurar no novo. Podemos dizer que o sujeito pós-moderno é imprevisível, sendo conciliador e, ao mesmo tempo, extremista. Dialogar com esse sujeito, ser mediador da sinodalidade, implica muita paciência, serenidade e, sobretudo, muita confiança na ação do Espírito Santo, não se importando em ser acolhido ou não, mas ter diálogo amoroso de Deus, indicando-lhe o caminho da comunhão e da unidade.

Assim, ser um ministro ordenado, mediador da sinodalidade na sociedade pós-moderna, é muito inquietante e desafiante, pois nada do que serviu no passado parece servir agora. Os "pais" e as "mães" da verdade, aqueles que davam rumo à vida, referências seguras ao pensamento e que eram sinais de comunhão e união, hoje são questionados, criticados ou ignorados. Na sociedade pós-moderna, vemos a confiança e a fé no futuro se dissolverem, e ninguém mais parece acreditar nos amanhãs radiosos da revolução, nas utopias da vida, na união da humanidade. Nessa sociedade as pessoas querem viver o momento atual, aqui e agora, querem se conservar jovens e não pensam mais em forjar um ser humano comunitário. Tal sociedade tende a criar mais ídolos ou tabus, predominando o vazio, o individualismo e indiferentismo, sendo dominada pelo sentimento de repetição e estagnação, e a autonomia particular avança por si mesma, sendo o novo acolhido do mesmo modo que o velho, a inovação se torna banal, o futuro não é mais assimilado a um progresso inelutável. A sociedade moderna era conquistadora, acreditava no futuro, na religião, na ciência, na técnica, nos seus líderes. A sociedade atual parece descrente de tudo e de todos, precisando ser constantemente repensada, a fim de que consiga caminhar junto. A dificuldade para a implementação da mediação da sinodalidade se dá uma vez que a tendência humana é evitar o estresse que traz o esforço de caminhar junto. A tendência é buscar uma mediação mais individualista, pois alivia o indivíduo da aflição de ouvir e dialogar com o outro. Assim, creio que isso explica porque muitos preferem estar fechados à inquietude do diálogo, sendo arbitrários em suas posições, preferindo as representações mais individualistas ou conservadoras da identidade. Nessa questão, percebe-se uma inversão com relação a Eras passadas. Se no passado era herói quem trazia uma nova representação mais comunitária da identidade e muitos deles chegavam aos altares como santos, hoje a tendência é considerar herói quem melhor representar uma identidade isolada ou conservadora. Essa ironia é constatada por Amado (2019, p. 38) que afirma: "Esse tempo, sem dúvida, gerou muitos santos e muitas santas". Os santos do passado eram aqueles que abriam novos caminhos, caminhos comunitários; a tendência hoje é ser aqueles que "repetem os caminhos", sobretudo os caminhos do individualismo e conservadorismo.

O ministro ordenado sinodal e os dois projetos "politicamente corretos"

Temos uma tendência muito forte em abraçar um comportamento direcionado por aquilo que é tido como "politicamente correto". Nesse modo de agir, não há espaço para o discernimento, mas sim, aceitação passiva do modo de agir determinado pelo grupo. Podemos dizer que, no "politicamente correto", está alguém que segue as normas e leis estabelecidas por uma instituição oficial ou um grupo ou modo de comportamento que desperta admiração. Alguém que segue o padrão de comportamento do "politicamente correto" tende a obedecer aos padrões da ética e da moral convencionais em determinadas sociedades, não importando se é certo ou errado, mas sim se a comunidade aprova aquele comportamento. A tendência é quem não segue o "politicamente correto" ser punido ou hostilizado. Já, de outro lado, tem gente que gosta de quebrar regras, mostrar novos caminhos, desafiar o caminho feito. Isso pode causar certa satisfação para quem gosta de novidades. Quem está do outro lado do "politicamente correto" pode achar que está sendo marginalizado, sendo minoria, não tendo espaço para a ação.

Assim estamos diante de uma sociedade dividida entre duas grandes possibilidades de mediações: uma inquieta e com tendência a buscar novas e inusitadas mediações, fugindo das mediações ortodoxas e doutrinárias, e outra de cunho tradicional, ortodoxa, legalista e conservadora, que tende a considerar as novas mediações como algo do demônio, comunista ou sem espiritualidade. Percebe-se que, no primeiro grupo, a "religião organizada" é considerada de pouco ajuda, já para o segundo grupo o que conta é a "religião bem estruturada", tal qual entendida e vivida pelos antepassados. Quem acredita no seu projeto acredita estar agindo de modo "politicamente correto".

Ambos os grupos se arrogam como mediações corretas para levar a fé cristã aos corações das pessoas. Para os que insistem nas novas mediações, é preciso abandonar as mediações antigas e criar novas mediações, pois as antigas já não dão conta de aproximar o fiel do sagrado e merecer suas bênçãos. Esses arrogam, sobretudo, o refrão: "Eis que estou fazendo novas todas as coisas" (Ap 21,5). Já os que abraçam as mediações mais tradicionais, conservadoras, legalistas e ortodoxas, tendo esse caminho como mais seguro, insistem no refrão: "sempre foi assim" e "O vinho velho é melhor" (Lc 5,39). Sabe-se que a Igreja santa, católica, apostólica e romana não está plenamente nem em uma, nem em outra mediação, mas na sabedoria do seguimento de Jesus (Mt 24,23-26). Vemos assim que Jesus é guiado não só pelo "politicamente correto", mas pelo discernimento.

Agir não só guiado pelo "politicamente correto", mas discernir o que de bom tem em cada uma das mediações, é o desafio hoje em uma Igreja que quer ser sinodal. Sabe-se que ambas as mediações serviram e têm servido a Igreja, produziram e tem produzido muitos santos e muitas santas que servem de inspiração para os fiéis no hoje da história. Além do mais, não podemos deixar de render homenagens a essas mediações, uma vez que levaram a fé a tantas regiões deserdadas, realizaram muitas obras maravilhosas e plantaram as sementes do Reino de Deus em diversas culturas. Dessa forma, é necessário sentir orgulho do patrimônio da fé que ambas as mediações têm promovido. E, por mais incompleta que possa ser cada mediação, as sementes do Evangelho de Jesus foram plantadas e cresceu a fé cristã no mundo todo.

Assim como todas as mediações têm suas riquezas, também têm seus limites e seu tempo de finitude; em dado momento da história, cada uma pôde servir a humanidade. Sabe-se hoje que advogar por uma ou por outra mediação não é tão simples assim, pois é plural o mundo, são plurais as necessidades, são complexos os impactos das transformações socioeconômicas, culturais, políticas, religiosas e relacionais na vida humana, bem como intricadas as causas, motivações ou os interesses pessoais que levam a advogar-se por uma ou outra mediação. Assim, quando o ministro ordenado se fecha em uma ou em outra mediação, não sendo dialogal, nem sinodal, a tendência é se "tornar cego", "autoritário", "lunático", "extremista" e "legalista", ficando empobrecido quanto à sua atuação e a desejar quanto à capacidade de envolver os seres humanos na vivência da sinodalidade do Evangelho de Jesus. A tentação hoje é reduzir a missão presbiteral a uma ou outra mediação, fechando-se ao diálogo com as outras mediações. O discernimento, a abertura, a flexibilidade, reconhecendo o bem e a verdade em cada mediação, aplaudindo, sobretudo, quando serve para a maior glória de Deus e não somente de acordo com o "politicamente correto", é o caminho para ser um ministro ordenado sinodal: homem da comunhão, da participação e da missão.

Diante dos dois projetos de Igreja, antes de sair em missão, deve haver proximidade, diálogo e sinodalidade dentro da Igreja em vista da comunhão e união interna. Para o Papa Francisco: "O Bispo deve favorecer sempre a comunhão missionária na sua Igreja diocesana, seguindo o ideal das primeiras comunidades cristãs, em que os crentes tinham um só coração e uma só alma (cf. *Act* 4,32)" (EG 31); e ainda: "Aos cristãos de todas as comunidades do mundo, quero pedir-lhes de modo especial um testemunho de comunhão fraterna, que se torne fascinante e resplandecente" (EG 99); e também: "É na comunhão, mesmo que seja fadigosa, que um carisma se revela autêntica e misteriosamente fecundo. Se vive este desafio, a Igreja pode ser um modelo para a paz no mundo" (EG 130). Viver a comunhão, eis o caminho para partir em saída missionária.

Ser um ministro ordenado sinodal é viver a comunhão, sendo próximo e dialogal, indo além do "politicamente correto". A abertura para a sinodalidade traz enriquecimento para todos e evita a divisão e os extremismos: "A diversidade deve ser sempre conciliada com a ajuda do Espírito Santo; só Ele pode suscitar a diversidade, a pluralidade, a multiplicidade e, ao mesmo tempo, realizar a unidade. Ao invés, quando somos nós que pretendemos a diversidade e nos fechamos em nossos particularismos, em nossos exclusivismos, provocamos a divisão; e, por outro lado, quando somos nós que queremos construir a unidade com os nossos planos humanos, acabamos por impor a uniformidade, a homologação. Isto não ajuda a missão da Igreja" (EG 131). Agir guiado pelo Evangelho de Jesus e não pelo "politicamente correto" significa proximidade, abertura ao diálogo e à ação do Espírito Santo: "Pois não proclamamos a nós mesmos, mas a Cristo Jesus, o Senhor. Quanto a nós mesmos, somos servos de vocês por causa de Jesus" (2Cor 4,5). É bom ter presente que a mensagem do evangelho de Jesus não é neutra; pelo contrário, está profundamente marcada pela fé da comunidade, bem como por seus desafios e suas crises. Perceber as sementes do Verbo aí espalhadas, "não apagar a mecha que aí fumega" implica muito diálogo, caso contrário haverá discriminações ou privilégios. Assim, diante dos dois projetos de Igreja, o diálogo interno é o farol norteador para ser Igreja Sinodal e não do "politicamente correto".

Para compreender um pouco melhor o ministro ordenado sinodal diante dos dois projetos de Igreja, agindo não guiado pelo "politicamente correto", mas pela Evangelho de Jesus, precisamos olhar para os dois modos de fazer teologia: uma na vertente do pecado e outra na vertente do sofrimento. Em linhas gerais, podemos dizer que a primeira é aquela que trata somente das questões espirituais e sua preocupação se concentra em como tornar a alma, que é separada do corpo, a mais virtuosa e a mais santa possível. Esse modo de fazer teologia lida com o dualismo de corpo e alma, afirmando que aquilo que deve ser valorizado é o espiritual, uma vez que, no fim de todas as coisas, somente a alma será salva ou condenada. Já o segundo modo de fazer teologia parte do sofrimento humano. Nesse modo de fazer teologia, o dualismo da primeira torna-se sem sentido, uma vez que o ser humano não é visto como uma alma habitando um corpo e esperando sua libertação, mas sim como pessoa, um todo integrado que vive na realidade criada por Deus. Diante dessas duas formas de fazer teologia, é importante perguntar de onde se faz teologia. Sabe-se que aqueles que optam por fazer teologia pela via do pecado seguem uma tendência muito mais conservadora, tradicional, legalista e de direita, primando-se pela minimização das questões sociais, não se inquietando com guerras, injustiças, desigualdades, desgraças, misérias, sofrimentos, pobrezas, catástrofes e assim por diante, uma vez que tudo é visto como fruto do "pecado" ou, ainda, como sendo "vontade divina". Já aqueles que optam pela teologia do sofrimento têm como ponto de partida que todas as questões sociais estão ligadas ao agir humano. Esse tipo de visão, por sua vez, seguindo uma linha mais de "esquerda", tende a motivar a luta contra as injustiças e tudo o que mata populações inocentes.

O ministro ordenado sinodal não deve ficar apegado a esse ou àquele modo de ser ministro ordenado, mas buscar viver a inquietude da comunhão e da participação, sem medo de contemplar, dialogar, ser próximo, amar, inspirar-se, apoiar ou abandonar alguns quadros, cenários ou algumas visões do passado, sem medo de estar agindo "politicamente incorreto" para um grupo ou outro, pois o importante é defender a vida de acordo com Evangelho de Jesus. Quando olhamos para a centralidade da mensagem de Jesus, vemos que ela é muito maior do que tudo aquilo que se vê e que a salvação não será um prêmio para aqueles que ignoraram o sofrimento humano, nem para aqueles que só viveram o social, mas sim agiram segundo o entendimento da mensagem do Evangelho de Jesus e também de seu exemplo, vivendo o amor a Deus e ao próximo, sobretudo, aos mais desamparados da vida (Mt 25,34-36; 7,21-23). Dessa forma, o que conta no final não são nem os extremismos de "direita" ou de "esquerda", não são os polos, mas o amor a Deus vivido em favor dos mais necessitados. Naturalmente isso exige que não exista apenas uma possível via de saída, uma única metodologia aceitável, uma receita aplicável igualmente para todos e pressupõe que mesmo a posição mais rigorosa possa propor percursos diferentes. Na verdade, o perigo não é estar em um polo ou outro, mas no modo como as pessoas se servem deles. O ministro ordenado sinodal é alguém que vive a proximidade e o diálogo amoroso em busca da verdade. Onde há proximidade e diálogo há amor. Onde há amor Deus está. Para o Papa Francisco: "A estatura espiritual de uma vida humana é medida pelo amor, que constitui 'o critério para a decisão definitiva sobre o valor ou a inutilidade de uma vida humana'" (FT, 2020, n. 92).

Além do mais, ser um ministro ordenado sinodal não é agir repetindo coisas, costumes, crenças, ideias e valores do passado nem novidades ou posturas socais, sendo "politicamente correto" de acordo com o projeto que elegeu, mas caminhar com Jesus e sua Igreja no hoje da história, tendo os olhos e o coração abertos, pintando novos quadros, construindo novos cenários, abrindo novas brechas e novos caminhos para encantar o ser humano de hoje e conduzi-lo a Jesus e sua Igreja. E tudo isso deve ser feito na proximidade e na inquietude do diálogo. Longe de nós dizer que não devemos valorizar os quadros, cenários e as épocas passadas. Visitar esses quadros, cenários e as épocas passadas pode trazer inspiração para a construção de uma espiritualidade sólida no presente. Mas não se deve querer transportar para o presente aquele modelo e impor como único e verdadeiro. Tudo são apenas "quadros", "setas", "nichos" da fé, e não o ponto de chegada. O ponto de chegada de todo ministro ordenado é Jesus. Por isso podemos passar por eles. Na verdade, ser ministro ordenado sinodal é ser "próximo", "peregrino", inquieto, "caminhante", misericordioso, aberto, flexível, acolhedor, criativo e ousado; é viver longe dos extremismos, legalismos e fundamentalismos, mas perto da luz do Espírito Santo, sendo sinodal.

Sinodalidade: ponte para a integração social

Vamos começar esse item com uma pergunta: qual o nosso papel como possíveis agentes de integração social neste mundo? Todos têm um contributo a dar ao conjunto da sociedade, todos têm uma peculiaridade que pode servir para o viver junto e, ninguém está excluído de contribuir com alguma coisa para o bem de todos. Este é, ao mesmo tempo, um direito e um dever. Algo que deve inquietar os ministros ordenados sinodais é a questão da integração social, pois quem tem um espírito sinodal tende a advogar-se por essa causa.

Pensar a missão evangelizadora da Igreja na via da integração social é pensar a missão de modo abrangente e universal, o que exige ministros ordenados com essa mesma inquietude, disposição e sabedoria. Sabe-se que, em cada época, temos necessidades de homens sábios.

Como diz São Paulo VI (1967, n. 40): "O futuro do mundo está ameaçado, afirma gravemente o Concílio, se na nossa época não surgirem homens dotados de sabedoria". Como Jesus, todos somos convidados a crescer em estatura, graça e sabedoria (Lc 2,52). Integrar todos os povos e o homem todo é missão que exige muita sabedoria, uma vez que, por natureza, tendemos ao egoísmo e ao individualismo, conseguindo, muitas vezes, traçar um círculo somente em volta de nós mesmos, outras vezes, em volta de nossa família ou tribo, e, raramente ou quase nunca, traçar um círculo maior, cabendo todas as pessoas da sociedade (Santo, 2016, p. 215). A integração social significa o canto novo do Leão da tribo de Judá, o "Cordeiro Imolado", que rompe os selos e abre o livro (Ap 5,5-10). Em sua visão, João chorava muito (Ap 5,3-4). Em Jesus e com Ele se é possível "abrir o livro" para a integração social da humanidade, rompendo o indiferentismo, o distanciamento, a busca do poder, os privilégios e a exclusão social. Abrir o livro da vida para todos, não somente para um grupo de privilegiados, exige muita bravura e imolação, sendo o "cântico antigo e novo" ao "Cordeiro Imolado".

A questão da integração social foi debatida, de modo especial, por São Paulo VI na carta encíclica *Populorum Progressio*. São Paulo VI sublinhou, nessa encíclica, o significado de "desenvolvimento integral" e propôs a fórmula: "promover todos os homens e o homem todo" (1967, n. 14). O que significam, então, esses conceitos para o ministro ordenado sinodal? Ser um ministro ordenado sinodal é pensar em cada ser humano, cada grupo, cada comunidade, até se chegar à humanidade inteira. Para São Paulo VI (1967, n. 17): "Cada homem é membro da sociedade: pertence à humanidade inteira. Não é apenas tal ou tal homem; são todos os homens, que são chamados a este pleno desenvolvimento". A integração social visa realizar, em plenitude, o verdadeiro desenvolvimento, que é para todos a passagem de condições menos humanas às condições mais humanas. Buscar a integração social significa empoderar todos os seres humanos para o diálogo, lutar para reduzir as desigualdades, combater discriminações, libertar o homem da servidão, tornando-o capaz de, "por si próprio, ser o agente responsável do seu bem-estar material, progresso moral e desenvolvimento espiritual" (Paulo VI, 1967, n. 34). Quando falamos de desenvolvimento integral, temos bem presente que, em continentes inteiros, homens e mulheres são torturados pela fome, pela falta de moradia, pelo saneamento básico, pela saúde, educação, pelo lazer e tudo mais. Tudo isso tende a prejudicar física, emocional, social e espiritualmente o desenvolvimento integral do ser humano, causando perigo para a humanidade.

Pensar a missão do ministro ordenado na via da integração social significa pensar em todas as dimensões que envolvem o ser e o viver humano. Para o apóstolo Tiago (2,15-16): "Suponhamos que um irmão ou uma irmã não têm o que vestir e lhes falta o pão de cada dia, e um de vocês diz a eles: 'Vão em paz, aqueçam-se e comam até ficar saciados', mas não lhes dá o necessário para o corpo, de que adianta isso?" Temos uma tendência na fé de outorgar a Deus a missão da integração social. Assumir a responsabilidade pela promoção da vida humana em sua totalidade, tendo presente que Deus age por meio dos seres humanos, é o que nos indica São Paulo VI, em sua encíclica: "São os povos os autores e primeiros responsáveis do próprio desenvolvimento" (1967, n. 77). Sabe-se que Deus age em cada ser humano que adere ao seu projeto. Sua ação não é miraculosa e exterior ao ser humano, sendo realizada em sintonia com o desenvolvimento solidário da humanidade. A integração social é o "canto antigo e novo" do livro do Apocalipse (5).

O ministro ordenado sinodal é alguém que tem a coragem e a ousadia de ser próximo e dialogar, cantando o "cântico antigo e novo da integração social"[94], cântico do encontro das várias gerações, raças e nações, realização da fraternidade universal, reconhecimento e preservação do direito de todos os seres humanos. Essa missão envolve tanto a parte espiritual, quanto física, emocional e social. Para São Paulo VI (1967, n. 36): "Mas o homem só é homem quando integrado no seu meio social". Dessa forma, podemos dizer que o futuro da humanidade depende do grau de integração social. Quanto menos integração social mais injustiças, vícios, corrupção, violência, guerras e extremismos e menos fraternidade, diálogo, justiça e paz. Ser sinodal é buscar interagir com as instâncias do poder e das instituições com famílias, pastorais, movimentos, paróquias, prisões, hospitais, seminários, igrejas, conventos, manicômios, escolas e agremiações, com cada pessoa, grupo, comunidade, sociedade ou nação, fazendo o discernimento comunitário de como melhorar a integração social.

A integração social só atingirá seu fim se tiver Deus como centro e luz nas ações a serem implementadas. Sem Deus podemos buscar a integração social de forma desumana, cometendo injustiças, não conseguindo ser sinodal com o outro, não vendo nele o irmão ou a irmã de peregrinação nesta terra (Hb 13,14). De modo especial, oferecer um desenvolvimento integral significa não trair Deus nem o homem. Nesse sentido, o conceito de pessoa, amadurecido no Cristianismo, ajuda a perseguir um desenvolvimento plenamente humano. Porque pessoa remete sempre à relação, não ao individualismo, remete à inclusão e não à exclusão, remete à dignidade única e inviolável e não à exploração, remete à liberdade e não à coação, remete ao diálogo e não aos extremismos e fechamentos, remete à proximidade e não ao distanciamento. Para o Papa Francisco (EG 210): "Como são belas as cidades que superam a desconfiança doentia e integram os que são diferentes, fazendo desta integração um novo fator de progresso! Como são encantadoras as cidades que, já no seu projeto arquitetônico, estão cheias de espaços que unem, relacionam, favorecem o reconhecimento do outro!"

Sinodalidade: "rosto das rupturas"

Por si só a sinodalidade implica rupturas. A missão significa renovação das pessoas e da sociedade, precisando também ser renovada, em todos os tempos e lugares, para melhor poder cumprir sua função de gerar unidade e comunhão. Paulo apóstolo nos diz que tem algo que estava escondido e foi revelado nos novos tempos por intermédio de Jesus (Cl 1,25-26). Mas tal novidade não para aí, pois o próprio Jesus vai dizer havia muitas coisas ainda para vir (Jo 16,12-13).

O novo sempre traz rupturas. A novidade da sinodalidade é a comunhão, a partilha e a união. Quando olhamos para Jesus, vemos que ele se compreende como "vinho novo", como novidade, alguém sinodal: "E ninguém põe vinho novo em vasilhas de couro velhas. Porque o vinho novo estouraria as vasilhas, derramar-se-ia, e as vasilhas ficariam estragadas. Ao contrário, vinho novo se põe em vasilhas novas. E ninguém que tomou vinho velho quer vinho novo, pois diz: 'O velho é melhor'" (Lc 5,37-39). Sabe-se que o "novo" sempre foi algo sonhado pela humanidade, ao mesmo tempo que temido e rechaçado. Jesus, homem sinodal, propõe a ousadia do "vinho novo". O que transforma o velho em novo é a graça do Espírito Santo, e Jesus nos propõe essa ousadia, o que significa nascer de novo (Jo 3,8). A renovação significa um novo nascimento, ou novo recentrar, definir ou reajustar a vida e a missão. O mundo precisa de nossa renovação, sobretudo da renovação espiritual (Rm 12,2). A renovação passa por todas as dimensões da vivência da fé. Exemplificando, o apóstolo Paulo propôs aos cristãos do cristianismo nascente uma mudança com relação ao culto judaico. Para ele não deveria mais oferecer a Deus animais, mas sim, a própria vida (Rm 12,1). Isso simboliza uma grande inquietude e renovação no modo de celebrar a fé. E Paulo continua falando dessa novidade trazida por Jesus (Ef 4,12-13). Podemos dizer que ser discípulo de Jesus é viver a sinodalidade do evangelho, não tendo medo das rupturas. Algo que Paulo Apóstolo deixa bem claro: "Pois para mim o viver é Cristo e o morrer é lucro" (Fl 1,21). Assim, se o ministro ordenado é um representante de Jesus aqui na terra e "quem os recebe a ele recebe" (Mt 10,40), e Jesus é ruptura, é sinodalidade, da mesma forma podemos dizer que ser ministro ordenado sinodal é não ter medo de ser "rosto das rupturas", se preciso for. As rupturas devem se dar tanto internas quanto externas, isto é, com toda forma de escravidão, injustiça, corrupção, distanciamento, exclusão social, marginalização, fechamento, legalismo, falta de diálogo, negação de cidadania religiosa, negação da vida e assim por diante.

A compressão de que a sinodalidade implica "rupturas" não é tão simples de ser vivida. Jesus, "rosto das rupturas", vai dizer: "Não penseis que vim trazer a paz à terra: não vim trazer paz, mas a espada" (Mt 10,34). O padre Zezinho tem uma música que se intitula: "Paz inquieta", na qual ele diz: "Eu trago esta paz inquieta, feita de treva e luz, desde que eu siga o caminho de um profeta chamado Jesus. Na treva eu me sinto inquieto, na luz eu me sinto capaz, e pelos caminhos do mundo eu sigo inquieto, mas vou em paz". Jesus, homem sinodal, rompeu com as injustiças, os fechamentos, legalismos, as exclusões, os distanciamentos, muros, as explorações e marginalizações do seu povo em sua época, foi tido como perturbador público, como rebelde e subversivo (Lc 23,2). Tanto é verdade que ele, "o rosto das rupturas, morreu mártir da fé, e o cristianismo, em seu início, está recheado de mártires, homens e mulheres que romperam com os costumes, valores, distanciamentos, exclusões, doutrinas e comportamentos, tanto religiosos quanto sociais.

Na visão cristã é o Espírito que aproxima as pessoas, gera sinodalidade e faz novas todas as coisas (Ap 21,5). A novidade nunca foi nem será fácil e exigirá proximidade e diálogo, valentia e abertura de coração. Quando olhamos para Jesus, vemos que ele enfrentou todo um modo de pensar judaico que estava petrificado e que já não dava mais fruto nenhum. Ele não teve medo de viver a comunhão, ser próximo e dar a cada fato ou personagem do Antigo Testamento o seu devido lugar, algo que foi seguido pelos apóstolos. Exemplificando: a) Quanto aos profetas, ele vai dizer de João Batista: "Eu lhes garanto: Entre os nascidos de mulher, não apareceu ninguém maior do que João Batista. No entanto, o menor no Reino dos céus é maior do que ele" (Mt 11,11). Enquanto Jesus anunciava a vinda do Reino de Deus, João Batista anunciava a catástrofe e destruição[95]; b) Quanto a Jonas, vai dizer: "Os habitantes de Nínive se levantarão com esta geração no julgamento, e a condenarão, porque eles se arrependeram com a pregação de Jonas. E aqui está quem é maior do que Jonas" (Mt 12,41); c) Quanto aos reis, vai dizer: "A rainha do sul se levantará com esta geração no julgamento, e a condenará, porque ela veio dos confins da terra para escutar a sabedoria de Salomão. E aqui está quem é maior do que Salomão" (Mt 12,42); "Portanto, se Davi o chama de Senhor, como pode o Messias ser filho dele?" (Mt 22,45); d) Quanto aos patriarcas, vai dizer: "Eu lhes garanto: Não foi Moisés quem deu a vocês o pão que veio do céu. É o meu Pai quem dá para vocês o verdadeiro pão que vem do céu" (Jo 6,32); "Por acaso serias tu maior do que nosso pai Jacó, que nos deu este poço, e do qual ele mesmo bebeu junto com seus filhos e seus rebanhos?" (Jo 4,12); "Os judeus então lhe disseram: 'Agora temos certeza de que tens um demônio. Abraão morreu, e os profetas também; e tu dizes: 'Se alguém guardar minha palavra, nunca vai experimentar a morte' (...) Antes que Abraão existisse, Eu Sou" (Jo 8,52-58); e) Quanto ao Templo, vai dizer: "Pois eu lhes digo: aqui está algo maior que o Templo" (Mt 12,6). Na carta aos hebreus, lemos que, com Jesus, veio algo novo: "Jesus foi considerado digno de glória maior que a de Moisés, assim como o construtor da casa é mais estimado que a própria casa" (Hb 3,3); f) Jesus é maior do que os anjos (Hb 1,4-5). Em Jesus, "o rosto das rupturas", temos uma esperança melhor (Hb 7,19), como também temos uma aliança melhor (Hb 8,6).

Em Romanos (13,9-10), Paulo continua mostrando que Jesus trouxe algo novo para a humanidade perante a cultura religiosa judaica. Diante desses textos bíblicos, somos convidados a aceitar que pode vir alguma novidade, alguma coisa boa de Nazaré (Jo 1,46). Na sinodalidade temos a ousadia de desfazer preconceitos, ideias erradas ou falhas, ideologias e tudo mais e mostrar a verdade, não tendo medo de ser o "rosto das rupturas", como foi Jesus em sua época. Quem é sinodal deve estar disposto a abandonar sua verdade, se preciso for, caminhando juntos, como irmãos e irmãs, pois mais importante que sua verdade é a vida e bem-estar do outro.

A missão exige renovação da mensagem para renovar a humanidade; exige rupturas, algo que implica proximidade e muito diálogo. Cada um que se converte converte a Jesus e não aos santos, místicos, às filosofias ou espiritualidades[96]. Pode acontecer de alguém dizer que é um católico, que "ama muito os santos", que reza muito, mas amar pouco Jesus, não vivendo o amor para com os irmãos e as irmãs. Quando Jesus aparece, o "santo desaparece" da mesma forma que, quando Jesus aparece, o ministro desaparece. É preciso que Jesus apareça e seu discípulo diminua (Jo 3,30).

O amor de Deus nos constrange. Deus é amor e sua vingança é nos amar: "Pois o amor de Cristo nos impulsiona, quando consideramos que um só morreu por todos, e assim todos morreram" (2Cor 5,14). Os historiadores dizem que a imagem de Jesus crucificado demorou cinco séculos para ser confeccionada, isto porque a cruz é escândalo.

Estar aos pés da cruz por amor é o jeito de amar. A cruz é o grande gesto de sinodalidade de Deus com cada ser humano. Na cruz Deus está sempre nos convidando à sinodalidade. Aceitar o desafio de sentar-se aos pés da cruz com Jesus, "rosto das rupturas", eis a grande ousadia e valentia dos ministros ordenados sinodais.

Sabe-se que, na promulgação do Concílio Vaticano II, São João XXIII falava de um "rejuvenescimento da Igreja: "Propor ao mundo de hoje uma Igreja que vive sempre jovem, que percebe o ritmo do tempo, que em cada século se orna de novo esplendor (...) embora ficando sempre idêntica a si mesma, fiel à imagem divina impressa em seu rosto pelo Esposo que a ama e a protege"[97]. Às vezes, a Igreja parece que se tornou uma matrona encurvada, distante e enrugada pelo peso dos anos, e os ministros ordenados, pessoas arrogantes, mal-humoradas, tristes, homens do distanciamento, das Leis, disciplinas e doutrinas, homens sem proximidade, inquietudes e sinodalidade.

A nossa fé cristã é "Boa Nova" de Jesus, mas foi se sobrecarregando de raciocínios complicados; nossas liturgias foram se tornando pomposas e nossos ritos foram se tornando distantes, frios e punitivos, perdendo a leveza, a inquietude, a proximidade, a beleza, a jovialidade e a sinodalidade de Esposa de Jesus, como profetizado pelo profeta Isaías (7,14). O próprio nascimento de Jesus já é uma ruptura com tudo o que vinha acontecendo e sendo esperado pelo povo judeu, sendo um revés para traçar o itinerário da fé: é estranho que não houvesse lugar para José e Maria (Lc 2,7), já que para o povo Judeu a hospitalidade era sagrada, principalmente para uma mulher grávida; é estranho que quem ouve o chamado de Deus e vai acolher Jesus são os pastores, gente pobre; é estranho que Jesus tenha morrido como um "fora da Lei", um malfeitor. A própria vida de Jesus é proximidade, é sinodalidade, ruptura e subversão. Como diz um poema de Dom Helder sobre o Natal: "Um menino pobre, uma mãe 'solteira', um pai 'adotivo', quem assiste seu nascimento é a ralé da sociedade (pastores), quem visita e lhes dá presentes são os magos (gente de outras religiões), José, Maria e o menino Deus fogem para o Egito (são fugitivos), e na morte, Jesus morre como malfeitor e entre ladrões". Esse é o rosto de Jesus, o "rosto da ruptura", rosto de Deus, que se aproxima e dialoga com a humanidade. Ser um ministro ordenado sinodal é não ter medo de ter esse rosto, o rosto de Jesus.

Quanto ao ministro ordenado não ter medo das rupturas, sabe-se que, quase sempre, ele se vê diante de dois projetos: o da continuidade e o da descontinuidade[98]. No projeto da continuidade, ele se depara com o modo estático de entender o mundo, Deus, Igreja, doutrina, sociedade, economia, política, ciência, natureza, valores morais, religião e tudo mais que envolve o viver humano, não precisando ser próximo nem dialogar com os avanços da humanidade, não precisando romper com nada, uma vez que tudo já está dado. Em tal projeto, tudo "sempre foi assim" e deve continuar "sendo sempre assim". Já, no segundo projeto, ele se depara com um modo dinâmico de entender o mundo, Deus, Igreja, doutrina, sociedade, economia, política, ciência, natureza, valores morais, religião e tudo mais que envolve o viver humano, exigindo dele muito diálogo, proximidade, discernimento e ousadia para as necessárias rupturas. Todas as rupturas sinalizam para um maior crescimento e uma renovação da sociedade e da Igreja. Ser um ministro ordenado sinodal é ser o "rosto das rupturas": "Hoje, eu estabeleço você sobre as nações e os reinos, para arrancar e arrasar, para demolir e destruir, para construir e plantar" (Jr 1,10).

Sinodalidade: agir guiado pelo amor

É o amor que nos permite existir. Sem amor nada somos. Quando falamos de mediações para nos aproximar de Deus e merecer a salvação, vemos que, a mais evidente, é a da inquietude do amor, pois nos permite existir diante de Deus e, de modo especial, ser seus filhos. Tornamo-nos filhos de Deus pelo amor: "Ela (a palavra) porém, deu o poder de se tornarem filhos de Deus a todos aqueles que a receberam, isto é, acreditaram no nome dela" (Jo 1,12). Jesus é claro ao dizer a respeito do amor: "Ame o Senhor seu Deus com todo o seu coração, com toda a sua alma e com toda a sua mente (...). Ame seu próximo como a si mesmo" (Mt 22,37-39). Resumir a lei em amar a Deus com todo o nosso poder e ao próximo como a nós mesmos é dizer que ambos devem ser amados, isto é, Deus e o companheiro. O próximo não é o ser humano em sua generalidade, mas aquele que encontramos no decorrer da vida, que deve ser amado como igual, como companheiro de caminhada; Deus deve ser amado de forma exclusiva. Amar o outro como a mim mesmo é evidenciar ao outro, isto é, não deve amar a si mesmo, mas sim aprender a amar como o outro me ama. Sabe-se que, muitas vezes, somos falhos no amor para conosco e que devemos aprender a amar a nós mesmos por meio do amor do outro. É verdade que, sendo amado, se aprende a amar e que somos amados quando amamos. Assim, o amor de si e o do próximo parecem caminhar juntos. Unindo os dois mandamentos, Jesus traz à luz a verdade do Antigo Testamento, segundo o qual os homens não são rivais. O amor exclusivo a Deus é porque ele é Deus. Esse amor exclusivo a Deus é um amor que inclui o outro, inclui todo o amor. Somente o amor cria espaço para o amor. É no amor a Deus que se cria o espaço para amar o outro, bem como é no amor a si que se cria o espaço para amar o outro. Dessa forma podemos dizer que quem não sabe amar não consegue viver a Palavra de Deus. Um Deus que, fosse alcançado pela exclusão das criaturas, não seria Deus de todos os seres humanos[99].

O amor passa pela individualização. E quanto mais alguém alcança sua individualização mais capaz de ser sinodal e trabalhar por essa causa. No comportamento religioso católico, a individualização passa, muitas vezes, por estar só, ficar solteiro, e, dessa orientação, temos o celibato tanto para os homens quanto para as mulheres. Mas sabe-se que nenhum homem conseguiu evoluir na individualização por ter optado por essa ou aquela posição. Vemos, tanto no Antigo quanto no Novo Testamento e na história da Igreja, pessoas casadas que cresceram na individualização e foram arautos da sinodalidade como: Abraão, Moisés, profetas, Maria, os apóstolos e muitos santos e muitas santas; de outro lado, temos pessoas que foram radicais e não se casaram, mas nem todos tiveram sucesso no crescimento da individualização e, assim, na sinodalidade. Portanto podemos dizer que nem o celibato nem o casamento parecem interferir para que alguém possa crescer na individualização, sendo mais sinodalidade. Assim, a individualização não se alcança, simplesmente, por abraçar essa ou aquela opção[100]. E, se não se alcança a individualização, não se consegue ser sinodal.

Jesus não só prega o amor àqueles que estão distantes, mas, sobretudo, ao próximo, isto é, a todas as pessoas indiscriminadamente. Esse amor não fica sujeito a vínculos familiares, nem à amizade, nem à pertença a um determinado grupo religioso, mas àquele que precisa de nós. Vemos essa lógica de Jesus na parábola do Bom Samaritano (Lc 10,25-37), em que passa um sacerdote, um levita e um Samaritano ao lado de uma pessoa caída, somente o Samaritano foi capaz de se compadecer daquele que estava caído à beira do caminho. Podemos dizer que o Bom Samaritano é uma pessoa que tinha crescido na individualização. Quem cresce na individualização não depende de leis externas nem age guiado por legalismos ou medos, mas guiado pelo amor. E, é isso que vemos retratado no Bom Samaritano e o que falta para o sacerdote e o levita.

Para Jesus a plena individualização, o amor, alcança até aqueles que infringem a justiça da Lei (Lc 15,11-32). Aí está a base para agir sinodalmente. Individualizar-se é ser você mesmo. Somente quem é assim consegue viver a sinodalidade com os irmãos. Jesus expressa, em suas falas e seus gestos, a maior e a mais elevada sinodalidade do Pai (Lc 15,2-7). Para Jesus Deus é Pai. E o Pai nunca pode deixar de ser sinodal, assim como o filho nunca pode deixar de ser filho. Ser pai é manter-se fiel à paternidade, como ser filho é manter-se fiel à filiação. Na parábola da misericórdia (Lc 15,11-32), a misericórdia do Pai ultrapassa toda a medida esperada pelo filho. O pai aí não se orienta pela justiça distributiva, mas pelo amor, pela sinodalidade. Para Kasper (2015, p. 92): "A misericórdia de Deus leva o ser humano a 'regressar à verdade acerca de si mesmo'". Assim, ser fiel ao Pai é agir sinodalmente.

O Deus de Jesus é sinodal, arrisca-se, não abandona ninguém, aproxima-se, caminha com os seres humanos, manifestando sua sinodalidade até na cruz, faz tudo isso por amor e se "esconde no amor": "De fato, tu és o Deus escondido, o Deus de Israel, o salvador" (Is 45,15). Esse Deus sinodal é confundido com o jardineiro (Jo 20,15); é confundido com o estrangeiro (Lc 24,18); é confundido com o fantasma (Mt 14,26); é confundido com Beelzebu: (Lc 11,15); esconde-se nos pequeninos (Mt 25,40). Para "Deus nada é impossível" (Lc 1,37; Mc 9,23; 10,27). Ele entrou na história da humanidade, rebaixou-se por amor: "Ele, que tinha amado os seus que estava no mundo, amou-os até o fim" (Jo 13,1). Mas o que é amar até o fim, senão até a última gota de sangue? O que é amar, senão ser sinodal com todos?

Na inquietude do amor, não precisa haver palavras, mas sim escuta amorosa do outro, reconhecimento desse outro e atendimento de suas necessidades. Quando olhamos a história dos ministros ordenados, vemos que, durante os mais de dois mil anos de cristianismo, foram assumindo uma pesada herança de mandamentos, de disciplinas, leis, preceitos, proibições, distanciamentos, exigências e tudo mais dificultando o amor, a proximidade, a sinodalidade. Quando isso acontece, o outro pode deixar de ser importante, algo que merece os questionamentos de Jesus (Lc 6,9-10). Dessa forma, o essencial é viver a comunhão, sendo próximo e dialogando na inquietude do amor a Deus e aos irmãos!

Viver a sinodalidade é viver o ícone do discípulo amado, que está recostado do lado de Jesus: "Um deles, aquele que Jesus amava, estava à mesa bem ao lado de Jesus" (Jo 13,23). Para haver sinodalidade, é necessário se fazer próximo do outro. É a proximidade que favorece a sinodalidade. Sabe-se que mais difícil do que amar a Deus é deixar-se amar por ele. O ministro ordenado que vive a mística da sinodalidade é sinal de que é discípulo de Jesus (Jo 15,13-15). O verdadeiro amor aparece na dor, no sofrimento, nos momentos difíceis ou momentos essenciais da vida. O discípulo amado aparece no lava-pés, na pesca, na cruz e na ressurreição. Ele é sinodal em todos os momentos e todas situações da vida do outro.

O ministro ordenado que vive a sinodalidade se apressa para chegar primeiro, não deixa para amanhã, sai na frente e se arrisca. A sinodalidade é uma corrida em direção ao encontro com o outro. Tal ministro está aberto ao diálogo e chega primeiro. Ele pode até errar, mas sabe que "haverá no céu mais alegria por um só pecador que se converte do que por noventa e nove justos que não precisam de conversão" (Lc 15,7); sabe que, mesmo errando, como Pedro apóstolo, que falhou muitas vezes com Jesus, Jesus é a centralidade de sua vida: "A quem iremos, Senhor! Tu tens palavras de vida eterna" (Jo 6,68). Deus sempre chega primeiro, nunca nos abandona, arrisca-se por causa de cada um de nós, pois Ele é sinodal e nos ama do jeito que somos para que possamos ser do jeito que ele quer. Tal amor, maior força do universo, é capaz de quebrar qualquer barreira, transformar qualquer situação e mudar os corações mais endurecidos, gerando proximidade, diálogo, perdão e fé. Aos pés da cruz, vendo a grandeza do amor de Jesus, ouvimos a grande profissão de fé (Mt 27,54). Esta é a certeza que nos fortalece: somos amados e podemos, diante de Deus, ser nós mesmos, pois Ele é sinodal, Ele nos ama.

Nas missões anteriores, é possível perceber que a fé sempre imperou como princípio indispensável para acolher qualquer manifestação do transcendente, algo que está concorde com as falas e os gestos de Jesus (Mt 9,29; Mt 17,20). Paulo fala das três virtudes, três irmãs gêmeas, que devem acompanhar o ser humano: "Agora permanecem a fé, a esperança e o amor, essas três coisas. A maior delas é o amor" (1Cor 13,13). Diante de tantos percalços da vida, perguntamos o que é mais importante: a fé ou o amor? Paulo responde em Gálatas (5,6): "E sim a fé que age por meio do amor". Sem amor a fé tende a ficar estéril. Às vezes, vemos ministros ordenados que parecem carregados de fé, mas falta a inquietude do amor, a sinodalidade. Onde falta sinodalidade, Deus não está. Segundo Hadjady (2017) "o demônio tem fé, mas não consegue amar", por isso ele não consegue fazer nada de bom. Quem ama vive a sinodalidade e não está longe do Reino de Deus (Mc 12,34).

Sabe-se que, no coração do cristianismo, está a sinodalidade que nasce da inquietude do amor. Gerar a devoção nos fiéis parece não ser tão difícil para o ministro ordenado. Difícil é gerar sinodalidade. A "missa" da inquietude do amor, a missa do dia a dia, a "missa da sinodalidade" é mais desafiante de acontecer. No plano da teoria e doutrina, tudo pode ser perfeito, mas, no plano do relacionamento sinodal, tratando o outro com respeito, reconhecimento e, sobretudo, como irmão, é muito desafiador. Em um olhar, mesmo que grosso modo, é possível perceber que temos muita religião em nossa sociedade, muita doutrina e muitas teorias, mas "pouca missa da sinodalidade". O que renova e transforma o mundo é o amor. O amor é, portanto, o verdadeiro gerador da vida, abrindo espaço para a vivência da sinodalidade.

A sinodalidade perante a ética do mundo atual

Ser um ministro ordenado sinodal no mundo atual é ser um líder no hoje da história e não de um passado que não existe mais ou de um futuro que ainda não existe. Hoje, sabe-se que não existe a cidade e a roça, uma vez que temos a cultura urbana estendida a todas as populações. Como líder, nesse "espaço estendido", não precisamos fazer muito esforço para percebermos que os grandes temas que apaixonam homens e mulheres e transcendem, em amplas dimensões, a opinião pública são quase sempre temas que dizem respeito, de algum modo, aos comportamentos éticos, embora quase ninguém viva de forma ética. Como sugere o filme "Beleza Americana" de Alan Ball: "nos primamos mais pela beleza do que pela ética". Nesse "espaço estendido", assistimos ao debate sobre o uso de células tronco, aborto, eutanásia, casamento gay, uso do preservativo, economia, política, aquecimento do universo, destruição da natureza, avanços técnico-científicos, ensino da religião em escolas públicas e laicidade do Estado, como também a comunhão para amasiados e casais de segunda união, celibato sacerdotal, lugar da mulher na Igreja, racismo, pedofilia, ecologia, corrupção e assim por diante[101]. Sabe-se que, nas reflexões e discussões que aí acontecem, não só há uma preocupação pelas respostas a serem dadas, mas pelo tipo de respostas que se quer dar aos problemas delineados. Nesse espaço, às vezes, vemos os ministros ordenados dando respostas de forma que Jesus nunca daria, sendo respostas que mais se parecem com as receitas dos escribas e fariseus do que com o comportamento desconcertante, ousado e livre, adotado por Jesus em seu tempo. Tais respostas nascem não do fruto da proximidade e inquietude sinodal, mas da arrogância do poder, do fundamentalismo, legalismo ou extremismo. Quando se está distante e fechado ao diálogo, a tendência é haver sempre a repetição do mesmo discurso.

Quando olhamos para a ética espelhada nos primeiros cristãos, vemos uma ética voltada para a convivência com os demais seres humanos e não para excluir, enriquecer, dar honraria ou proteger os "perfeitos". Como diz Castillo (2015, p. 369): "A ética que os primeiros cristãos aprenderam de Jesus tem sido vista e analisada como uma espécie de mística do radicalismo, que, segundo alguns pensam, levou as primeiras gerações de crentes em Jesus a comportamentos extremos que hoje chamaríamos uma 'conduta desviante'". Tal ética tinha como ponto central a defesa da vida (Mc 2,27-28), sendo uma ética que humaniza, superando toda inumanidade.

O mundo globalizado, que universalizou a cidade, teoricamente, deveria ser o grande palco da proximidade e da sinodalidade. Mas o que se vê são sempre mais extremismos, fundamentalismos, legalismos, isolamentos, tribalismos, brigas, disputas pelo poder, distanciamentos, indiferentismos, falta de ética, falta de diálogo, falta de amor. Ser sinodal nesse "espaço estendido" é um desafio, correndo o perigo de se corromper, uma vez que aí temos uma ética que, muitas vezes, vai a reboque de interesses que nada têm a ver com a ética do Evangelho de Jesus. Os detentores do poder ou do dinheiro tendem a camuflar suas decisões, apresentando-as como disfarce de certa justificação ética, não estando abertos ao diálogo e à sinodalidade. Todavia o mais chocante não está nos homens da política e da economia manipularem os princípios éticos e os apresentarem de acordo com seus interesses, mas sim os ministros ordenados se dedicarem, muitas vezes, à mesma tarefa.

Sabe-se que, no "espaço estendido", temos padrões de comportamento que diferem, em muito, dos do passado não longínquo. Temos uma ética do tempo em que a sociedade compreendia a vida rural como local de trabalho e a vida urbana como lugar do convívio, do descanso e do lazer. Hoje, a cidade se tornou o lugar de trabalho e a "roça" local do descanso, do lazer e do convívio fraterno. No espaço anterior, as famílias desejavam ter uma casa na cidade para poderem descansar, passarem um fim de semana, dialogar, conviver. Hoje, as pessoas desejam ter uma casa na roça para poderem descansar, passarem um fim de semana, dialogarem, sentirem-se próximas, conviverem com a família e os amigos. No Documento de Aparecida, da V Conferência Geral do Episcopado Latino-americano (2007, n. 509; 511), lemos: "as grandes cidades são laboratórios dessa cultura contemporânea complexa e plural" e, "no mundo urbano, acontecem complexas transformações socioeconômicas, culturais, políticas e religiosas que causam impacto em todas as dimensões da vida". Podemos dizer, sem sombra de dúvida, como afirma Carlos (*in* James F. Keenan, org. *Ética teológica católica:* passado, presente e futuro, Editora Santuário, 2015, p. 234), "que a cidade grande é o grande laboratório cultural atual, o lugar real e simbólico de grupos e movimentos de onde se materializam e projetam diversos valores éticos". Ser um ministro ordenado sinodal nesse espaço significa não ter medo de se fazer próximo desse ambiente, dialogando e levando a leveza do Evangelho de Jesus, evitando ser rígido, legalista, distante e extremista. Isso requer aproximar-se das pessoas e dessa realidade. Ao fazer isso, teremos uma verdade pastoral que leva a ver tudo isso com um olhar de pastor.

A cidade promete a todos: "progresso, educação e diversão", porém somente uma minoria social logra obtê-los. Neste meio surgem os sujeitos que trabalham por mais democracia social, maior participação de todos os grupos mais vulneráveis (crianças, mulheres, pobres, idosos etc.), aqueles que, como diz o Papa Francisco, passam a ser "resíduos, 'sobras'" (EG, n. 53). Aqui façamos um parêntese para trazer à tona uma lacuna em nossos presbitérios: Quando falamos de "resíduos e sobras", às vezes, tendemos a pensar somente nos pobres, abandonados e excluídos. Mas não precisamos ir muito longe para ver que, dentro do próprio presbitério, existem os "resíduos e as sobras", isto é, muitos ministros ordenados são colocados à margem do presbitério pelos próprios presbíteros, sendo "sobras e resíduos", ficando invisíveis ou à margem social em tudo o que o clero faz e realiza. Dessa forma, podemos dizer que até aqueles que deveriam ser testemunhas vivas de sinodalidade acabam pecando nessa questão.

A cultura urbana é híbrida, dinâmica e mutável, reunindo múltiplas formas, múltiplos valores e estilos de vida, além de afetar todas as coletividades. Esse fenômeno representa um autêntico desafio para o ministro ordenado, pois, como afirma o Documento de Aparecida (2007, n. 509): "o cristão de hoje não se encontra mais na primeira linha da produção cultural, mas recebe sua influência e seus impactos". Assim, não dá para o ministro ordenado falar de um modo monolítico do Evangelho de Jesus, pois não dá nem para reconquistar uma moral na cidade com estabelecimento de normas e códigos morais rígidos e inflexíveis – tarefa muito árdua e praticamente impossível hoje. Nesse espaço plural[102], ser um ministro ordenado sinodal significa perguntar seriamente pelo grau de qualidade de vida em nossas cidades, como também colaborar com outros que têm místicas e visões de mundo, às vezes, muito diferentes. Todos devem trabalhar para a construção de cidades mais humanas e sinodais, especialmente para as maiorias mais empobrecidas, invisíveis ou excluídas da sociedade. Para isso, sua missão aí deve ser de proximidade, diálogo, unidade e parceria.

Ser um ministro ordenado com uma agenda tradicional, típica das mediações dos velhos tempos, falando de moral, sermões dramáticos e moralizantes, que acentuam, quase e exclusivamente, questões que giram em torno do tema da sexualidade (aborto, prevenção, homossexualidade, pílulas, sexo antes do casamento, casais amasiados), sendo distante e estando fechado à sinodalidade, pode agradar um grupo de saudosistas desse modo de pensar, mas não dar conta dos problemas do nosso tempo como: questões éticas das pesquisas científicas, avanços das tecnologias, valores culturais propagados pelas mídias, aquecimento do universo, democracia, justiça social, conservação do meio ambiente ou responsabilidade social, seguimento de Jesus no hoje da história. Muitas vezes, sua fixação na sexualidade ou moralismo apresenta mais o caráter de uma "indignação moral contra o outro", não aceitação, inclusão, empatia, reconhecimento, acolhida, compreensão e encorajamento desse outro, sobretudo, fechamento à sinodalidade, não conseguindo, com isso, apresentar soluções reais para problemas humanos complexos em seu viver[103].

A própria cidade em que o ministro ordenado se vê inserido é carregada de algo simbólico e de símbolos. Nesse sentido, o rito urbano, que geralmente é um cruzamento entre o religioso e o secular, coloca o ser humano em relação com alguma forma de transcendência e permite reordenar o ambiente ou criar um cosmo dentro do caos da cidade, algo que ressignifica a existência e fortalece a identidade de um grupo, geralmente submetido a diversos níveis de exclusão social ou cultural. Nesse meio é necessário observar os "valores éticos invisíveis" que permeiam a consciência e a vida dos seres humanos que vivem aí. Pois, em uma cidade, de modo quase que "invisível" convivem diversas visões e diversos comportamentos éticos. Ser sinodal, caminhar dialogando e acolhendo, em vez de condenar e excluir, é o caminho para que as sementes do Evangelho sejam aí jogadas (Lc 8,5-15).

Na sociedade em que o ministro ordenado vivia antes, urbanizar era ajuntar-se em grupos mais ou menos comuns. Hoje, com a tecnologia virtual, urbanizar é muito mais que povoar o mundo de cidades, pois podemos nos juntar aos grupos virtualmente, tendo acesso a encontros, serviços administrativos, religiosos, burocráticos e financeiros. Podemos dizer que a cidade moderna permite suprir, de maneira real ou imaginária, dimensões que antes eram vividas somente a partir da religião e da proximidade física. Na cidade, como diz Peter Berger (2004)[104], "vivemos a contaminação cognitiva", processo no qual o sujeito se vê convidado a abrir mão de sua cosmovisão, ao perceber que as cosmovisões diferentes da sua têm elementos positivos ou certos. Desse modo, as certezas e convicções adquirem um valor muito pessoal e se aceita que sejam relativizadas por outras. Nesse ambiente, é possível o sujeito levar em conta outras concepções diferentes das que possuía. Assim, podemos falar do sujeito "híbrido" eticamente na cidade. Esses sujeitos sempre existiram, mas, como diz Berger (2004), "as cidades se tornaram um lugar favorável para tal situação". Do mesmo modo que as cidades fornecem formas e modelos mentais para perceber a vida e compreender a realidade, elas também criam consensos ou normas sociais. Ser um ministro ordenado sinodal aí é estar presente em todos esses ambientes, não para dar lição de moral ou impor um comportamento, mas para dialogar e propor um caminho a seguir (Mt 19,21).

Para Marciano Vidal (1983, p. 45-49): "A cidade pode tornar-se o lugar da perda do lar ético" ou de "corrosão de estima moral". Em meio ao pluralismo moral das cidades, muitos jovens, por abraçarem certos valores éticos vindos da família ou da religião, sofrem "Bullying" e padecem depois de autoestima por se comportarem de forma diferente do grupo, ou de forma "politicamente incorreta". Sabemos que a ética não é elaborada por meio de consensos, pois nem todo comportamento aceito por uma maioria é ético, mas também não podemos aceitar que a ética seja elaborada "às costas de nossas práticas religiosas". De outro lado, sabemos que a realidade urbana é plural e polissêmica, exigindo, do ponto de vista ético, mais inquietude dialogal, flexibilidade e valentia de todos, pois sua riqueza é sua variedade de formas de viver e considerar a vida. A ousadia missionária do ministro ordenado deve levá-lo a ser próximo e dialogar com todos esses valores, discernindo o caminho da vida e da graça de Deus, não apagando o Espírito e ficando com o que é bom (1Ts 5,19-21). Assim, ser um ministro ordenado sinodal na cidade significa não ter medo de cumprir sua missão de ser portador do "escândalo da cruz", procurando fazer com que a mensagem do Evangelho de Jesus se encarne na vida cotidiana das pessoas. A maioria dos cristãos vivem um pluralismo ético de maneira natural e sem peso de consciência ou sem achar que estão no pecado, mesmo sabendo que suas práticas diferem das indicadas e dadas pela hierarquia eclesiástica.

O que mais afeta a ética no mundo atual é a internet. Segundo alguns analistas, nada foi tão revolucionário depois da escrita, dentre as invenções humanas, quanto a internet[105]. Se as redes sociais transformam nosso modo de viver e de pensar, não mudará também o nosso modo de pensar, nossos padrões éticos e nosso modo de viver a fé? As pessoas estão cada vez mais conectadas e com menos tempo para silenciar, refletir, rezar, ser próximo, discernir atitudes sobre a própria vida e viver a comunhão. A internet vem sendo um novo modo de mediar os padrões éticos e a fé na vida dos seres humanos. Nesse novo cenário a mediação que se dava somente pela relação física com o pároco, pastor ou líder da pastoral, movimento ou comunidade é substituída pela mediação da relação virtual, com informações que satisfaçam suas necessidades momentâneas, sem muitas regras e normas. Estar nesse cenário, levando a mensagem de Jesus, parece não ser fácil para ninguém.

No mundo digital, muitas vezes há "conexão" entre as pessoas, mas não há comunicação entre elas. Havendo, como afirma o Papa Francisco, apenas monólogos (FT, n. 199). Quando há monólogo não há diálogo, não há comunhão. No início do cristianismo, tínhamos a comunicação oral. Segundo Zanon (2021, p. 10): "Com uma comunicação, sobretudo, oral, seguindo a tradição da época, os discípulos foram de cidade em cidade, de sinagoga em sinagoga, de praça em praça, anunciando a mensagem da salvação e transmitindo os ensinamentos de Cristo, a boa notícia, que salva e a dá vida". Assim ela é itinerante e parte das praças, marcada por uma relação pessoal, próxima, relacional e dialógica, com grande ênfase na tradição oral e não verbal. Com a morte dos discípulos que conviveram com Jesus e a necessidade de levar seu Evangelho a outros povos, levou os cristão a fixarem os testemunhos orais em forma escrita, nascendo assim os Evangelhos e as cartas dos apóstolos. É importante notar que esses escritos eram tidos como "palavra viva". Como afirma Zanon (2021, p. 10): "A prioridade era dada ao conteúdo do texto, e não a seu suporte. Nesse sentido, não eram 'livros' como os conhecemos hoje". Com o passar dos tempos, isto é, a Igreja de perseguida, sendo agora oficial, pouco a pouco a espontaneidade foi cedendo lugar à normatização, o diálogo ao monólogo, a comunidade de irmãos e irmãs à hierarquização. Com a construção dos templos e das catedrais, esses locais foram consolidados como símbolo maior da pregação. Aqui temos uma diferença fundamental em relação ao período anterior, isto é, o comunicador fala do púlpito, no qual ensina magistralmente, não interagindo como acontecia nas praças. Dessa forma, começa a haver os monólogos e não diálogos dentro dos templos e das catedrais. Esse modo de comunicação, acrescido com a imposição do silêncio sagrado, passou a silenciar os participantes das assembleias, podendo somente falar quem presidisse e todos os outros somente repetir coisas já formuladas e textos já prefixados em cantos e orações. Assim, o diálogo sumiu de dentro dos tempos e das catedrais. O que se vê são apenas monólogos, discursos e repetição de orações e cantos petrificados no tempo. Ademais, o pregador passa a ser o "detentor da verdade", "repetidor de teorias ou visões consolidadas no passado". Como diz Zanon (2021, p. 11): "Entretanto, isso dá início à nova lógica comunicativa, que passa a ser hegemônica na Igreja: além do Evangelho, intuitivamente tudo o que os clérigos começaram a comunicar passou a ser interpretado como verdade, como conteúdo indiscutível, como 'certezas'". Essa lógica perdura até hoje e tem interferido muito em nossa interação, pregação e vivência da sinodalidade. Temos depois uma segunda fase que é do púlpito ao estúdio. Com a invenção da tipografia por Gutenberg, foi possível a impressão de livros. O livro é, portanto, o primeiro meio de comunicação social de massa. Aqui se dá outra mudança na comunicação. A comunicação do púlpito, mesmo com suas falhas, era personalizada e limitada. Já, com o livro, a comunicação passou a ser unilateral e não relacional, interpessoal, presencial e contextualizada como nas praças, nos templos e nas catedrais, mas transcenderam os limites do tempo e do espaço. Dando um salto na história, sabe-se que agora vivemos a era digital. Passando todas essas fases, incluindo televisão, rádio, cinema, artes etc., e chegando à era digital, percebe-se que ainda perdura a lógica do "púlpito", daquela comunicação unidirecional, linear, hierárquica, vertical, quase impositiva, na qual há pouco diálogo, proximidade e sinodalidade. Nesse tipo de comunicação, há uma grande preocupação com o conteúdo, a doutrina e pouco com o outro.

Trazendo essas questões para pensarmos a sinodalidade e a ética, podemos dizer que é muito complexo tudo isso, sobretudo, tendo em vista as transformações, descobertas e evoluções da humanidade da época dos evangelhos até o dia de hoje. Como diz Zanon (2021, p. 14): "Não há dúvida de que a Igreja tem um conteúdo sólido a ser transmitido, mas precisa se adaptar às novas formas, à nova linguagem e à nova gramática da comunicação para melhor responder aos anseios do ser humano contemporâneo". Viver a sinodalidade, ou gerar sinodalidade nesse "espaço estendido", eis o grande desafio dos ministros ordenados.

A terrível verdade: "Deus é sinodal"

Jesus disse: "Eu sou a verdade" (Jo 14,6). Vemos que a verdade é uma pessoa. Toda pessoa é feita de subjetividade e interioridade, sendo diálogo, sendo sinodalidade. Podemos pensar que todo o existencialismo de Kierkegaard deriva desta afirmação evangélica. Para Kierkegaard (*in* Hadjady, 2017, p. 162), "A verdade tem sempre muitos apóstolos para manifestá-la, mas a questão é saber se o homem quer plenamente reconhecê-la, deixá-la penetrar todo seu ser, se ele quer aceitar todas as suas consequências sem reservar uma escapatória diante do pior, nem as trair em um beijo de Judas". Para o Papa Francisco: "A expressão da verdade pode ser multiforme. E a renovação das formas de expressão torna-se necessária para transmitir ao homem de hoje a mensagem evangélica no seu significado imutável" (EG 41). Sabemos que Judas conheceu a verdade, que é Jesus, mas talvez se fechou em sua verdade, sendo incapaz de viver a proximidade e a sinodalidade com Jesus, que chamou Judas de amigo (Mt 26,50). Jesus tinha dito antes: "Ninguém tem amor maior do que alguém que dá a vida pelos amigos" (Jo 15,13). Ele revelou o comportamento sinodal de Deus: os homens podem ser inimigos de Deus, mas Deus nunca poderá ser inimigo dos homens. Para Cantalamessa (2019, p. 95): "Esta é uma terrível vantagem que os filhos têm sobre os pais e as mães". Quando Jesus morreu na cruz, gritava: "Pai, perdoa-lhes, porque eles não sabem o que estão fazendo" (Lc 23,24). Esse comportamento sinodal de Deus revela quem é Ele. E essa é a terrível verdade de nossa fé: "Deus é sinodal!" Ninguém precisa dizer mais nada nem fazer mais nada a partir desta terrível verdade: "Deus é sinodal" e, em vez de salvar somente Jesus da cruz, preferiu salvar, com Jesus, toda a humanidade! Jesus disse: "Eu sei que sempre me ouves" (Jo 11,42). Aí está uma terrível verdade: "Deus não é excludente", como afirma Castillo (2015, p. 381-423). Devemos acreditar que o Pai ouviu a oração de Jesus. A grandeza de Deus é que ele ofereceu seu perdão até aos inimigos mais encarniçados. Mesmo que tenham agido com astúcia e maldade, na realidade não sabiam o que faziam, não pensavam estar crucificando um homem que era realmente o Filho de Deus: "Realmente este homem era Filho de Deus!" (Mc 15,39). Em vez de acusar os seus adversários, Jesus na cruz se tornou advogado de seus algozes, defendendo-os diante do Pai. Esse comportamento sinodal de Jesus é terrivelmente assustador e horrível, pois propõe aos seus seguidores uma generosidade infinita. É colocar em prática o que Ele tinha dito: "Eu, porém, digo-vos: Amem seus inimigos e rezem por aqueles que perseguem vocês" (Mt 5,44). O amor de Deus, revelado na cruz, tem o poder de nos "despertar do nosso sono de ateísmo": "Uma mulher intelectual se diz ateia. Um dia recebe, infelizmente, uma daquelas notícias que a deixam meio morta: a sua filha de dezesseis anos tem um tumor nos ossos. Operam-na, mas a rapariga tem de voltar à sala das operações, com tubos, sondas e soro por todo o lado. Sofre terrivelmente, geme e não quer ouvir nenhuma palavra de conforto. A mãe, sabendo-a piedosa e religiosa, pensando agradar-lhe, diz-lhe: 'Queres que te leia alguma página do Evangelho?' 'Sim, mãe!' 'O quê?' 'Lê-me a Paixão'. E esta, que nunca tinha lido um Evangelho, vai rapidamente comprar um ao capelão; senta-se ao lado da filha e começa a ler-lhe. Passados uns momentos, a filha adormece, mas ela continua, na penumbra, a ler até o final. 'A filha ainda dormia' – dirá no livro que depois escreveu –, e 'a mãe despertava! Despertava do seu ateísmo. A leitura da paixão de Cristo tinha-lhe mudado a vida para sempre'" (Cantalamessa, 2019, p. 97). Assim, a morte e a ressurreição de Jesus é a manifestação plena da sinodalidade do Pai com toda humanidade (Rm 4,24-25). A sinodalidade de Deus, revelada na cruz, impulsionou-nos e gera sinodalidade no mundo.

Na fé cristã, sabemos que todos os batizados são chamados à vida de santidade, mas, de certa forma, podemos dizer que o santo é, ao mesmo tempo, um crente e um ateu. Ele acredita no poder de Deus, mas é descrente de muitas facetas de Deus construídas ao longo da história pelas mais diversas filosofias ou correntes espirituais. Muitas "faces de Deus", construídas ao longo da história, podem não condizer com a verdadeira "face de Deus", revelada em Jesus. Hoje falamos de multiformes "faces de Deus", Cada espiritualidade, grupo ou comunidade tende a criar sua "face de Deus" de acordo com os gostos e as necessidades próprias ou de seus pares. Assim, se pode falar de uma multiplicidade ou pluralidade de "faces de Deus". Todas essas "faces de Deus" são comercializadas ou difundidas por seus gurus ou suas tribos, por meio das mídias sociais. Às vezes, introjetamos a face de um Deus vingador, que gosta de normas, disciplina, leis, castigo, distanciamento e punição, algo que pode nos impedir de ver sua verdadeira face, revelada em Jesus, o menino-Deus, que se esvazia e se faz sinodal na encarnação (Fl 2,6-7). Diante da multiplicidade de "facetas de Deus", construídas ao longo da história pelas mais diversas espiritualidades cristãs, ser um ministro ordenado sinodal é estar descrente de muitas dessas, esvaziando-se de muitos raciocínios complicados, de pompas litúrgicas, de poderes corruptos, de atitudes excludentes e marginalizadoras, de distanciamentos, de ritualismos frios e sem vida, de atitudes punitivas e condenatórias e assim por diante.

Ser um ministro ordenado sinodal é não ter medo de buscar a renovação por fidelidade a Jesus, que faz nova todas as coisas: "eis que faço nova todas as coisas" (Ap 21,5). Segundo o Papa Francisco, toda a renovação é para a cumprir sua missão de ser próximo das pessoas, gerando a comunhão: "Temos, porém, de reconhecer que o apelo à revisão e renovação das paróquias ainda não deu suficientemente fruto, tornando-as ainda mais próximas das pessoas, sendo âmbitos de viva comunhão e participação e orientando-as completamente para a missão" (EG 28). Para Passos (2016, p. 53): "O carisma do bondoso Papa João XXIII precisou dos padres conciliares para fazer o *aggiornamento* da Igreja. Muitas figuras carismáticas não puderam deixar a herança de seus dons por serem ceifadas da vida, por serem traídas por seus seguidores ou por não terem manejo político hábil o suficiente para fazer acontecer seus ideais renovadores". Na verdade, nem o tradicionalismo, o conservadorismo ou o progressismo em si são maus ou antievangélicos. Mas, quando se tem apego a um modo ou outro de ser, considerando esse modo como "água limpa" ou cristão de primeira categoria, ou identidade sólida e verdadeira, Deus pode não estar aí, pois a terrível verdade é que "Deus é sinodal", estando para além de toda e qualquer representação. Por mais bem-intencionado que alguém possa ser, ao abraçar qualquer das opções, Deus sempre está além de qualquer representação, e muitas representações podem ser pouco cristãs.

Quanto à identidade da Igreja, que muitos ministros ordenados defendem, segundo Passos (2016, p. 126): "esse projeto foi traduzido em identidade institucional, que foi sendo reduzida em identidade curial, que foi sendo consubstanciada em poder eclesiástico, que foi sendo privatizado por sujeitos curiais". Assim, estar fechado em um ou outro modo de ser, como se fosse a identidade da Igreja, é viver uma miragem cristã, tornando o cristianismo uma antiprofissão de fé, ficando impedido de viver a proximidade e inquietude dialogal do evangelho de Jesus. Em nome de uma ou outra mediação, muitas vezes, o ministro ordenado acaba travando a continuidade da revelação. O fechamento em uma ou outa mediação, como também sua absolutização do passado e não abertura para o futuro, pode trazer-lhe um véu que obscurece e o impede de perceber a manifestação de Deus no hoje da história: "Contudo obscureceu-se o entendimento deles. Pois até hoje, quando eles leem o Antigo Testamento, esse mesmo véu permanece sem ser retirado, véu que só em Cristo desaparece (...). Somente pela conversão ao Senhor é que o véu será retirado" (2Cor 3,14-16); "Com efeito, a letra mata, mas o Espírito é que dá vida" (2Cor 3,6).

Quando o ministro ordenado reduz o seguimento de Jesus a uma tendência, seja ela conservadora ou progressista, ele corre o risco de trair sua fidelidade ao Evangelho de Jesus, o Bom Pastor[106], podendo esconder-se no "belo canto gregoriano", nas vestes "pré-conciliares", na "comunhão de joelho", "nos incensos", na "contrição", nos progressismos sociais e assim por diante. Seguir Jesus não é ficar falando de santos ou dos santos padres, nem de pecado, como também não é estar na luta social, mas sim viver a sinodalidade de Deus. Para o Papa Francisco: "O fato de crer em Deus e o adorar não é garantia de viver como agrada a Deus" (FT, 2020 n. 74). Criticar outras posturas quando se está em uma ponta ou em outra, ou em uma situação de conforto, pode ser fácil, mas não é ser ministro ordenado sinodal. Ficar na acusação é viver um cristianismo monológico que expulsa Jesus da cruz. A Igreja do Concílio Vaticano II faz um convite a sair desse eixo. Mas, mesmo com as reformas advindas do Concílio Vaticano II e o magistério do Papa Francisco, como diz Passos (2016, p. 127): "Há a sobrevivência da cultura eclesial: os modos de pensar e ser objetivados em hábitos, costumes, normas e estéticas que são reproduzidos coletivamente dentro da Igreja".

Em muitos dos casos, aqueles que são apegados a uma ou outra mediação são os que mais se primam pelo desrespeito aos direitos humanos e pelo distanciamento, estando fechados à sinodalidade. Segundo Emmanuel Lévinas (*in* Hadjady, 2017, p. 166), "dizemos que esse amor ao próximo se perde e se deforma quando se pretende doutrina, tratando de

Política ou de Teologia, Partido, Estado e mesmo Igreja". Muitas vezes nos encontramos diante de ministros ordenados que defendem uma e outra mediação como se fosse possível ser cristão somente desse modo, isto é, "somente de acordo com seu comitê", algo que acaba sendo um risco, o risco de uma hipocrisia diabólica, o risco de uma tibieza da fé cristã, uma perversidade plena sobre disfarce de cristianismo. Tanto o modo conservador quanto o progressista têm suas riquezas, uma vez que tende a guardar os tesouros de muitas facetas e riquezas da Igreja ao longo da história. O ministro ordenado que vive a sinodalidade não se prende a uma ou outra posição, pois não é um "ministro que fica" em oposição ao que sai em missão, mas que se deixa ser renovar pela missão.

Nenhuma doutrina que impeça a realização do homem pode ser considerada como proveniente de Deus. Muitas vezes, o saber pode se fundamentar apenas na doutrina, nas filosofias ou espiritualidades, não se apoiando à experiência que nasce da sinodalidade e desmente a doutrina, as filosofias ou as espiritualidades impostas pelas autoridades religiosas, pois a vida é mais forte que qualquer teoria e qualquer ideologia. Sabe-se que as doutrinas, filosofias ou espiritualidades podem dividir as pessoas, mas a sinodalidade, que se torna diálogo e serviço, tem o poder de uni-las[107]. Ademais, tudo que vai contra a vida, discrimina, exclui, afasta e marginaliza está destinado ao fracasso, pois ofusca o verdadeiro semblante de Deus-Pai, ofusca a terrível verdade de que "Deus é sinodal", ofusca o olhar da fé, levando todos a ficarem presos das acrobacias teológicas e, assim, impedindo-os de acolherem as novidades trazidas pelo Espírito Santo. É a alegria de sentir-se tão amado por Jesus, o Bom Pastor, que deve impelir o ministro ordenado a ser sinodal, colocando-se a serviço dos outros para transmitir-lhe a plenitude de vida que ele experimentou. Muitas vezes, ele pode adorar um deus que aceita discriminação, distanciamento, doutrinação ou teologias, um deus que aceita como culto a morte ou o sofrimento das pessoas, e não as obras que comunicam vida, continuando a ação criadora do Pai: "farão isso porque não conheceram nem o Pai nem a mim" (Jo 16,3), não conheceram a terrível verdade: "Deus é Sinodal"[108]. A terrível verdade de que Deus é Sinodal leva-nos a uma revolução no crer.

Sinodalidade: caminho da vida

Onde não há sinodalidade, a morte tende a imperar. Aqui queremos falar do suicídio. Se o tema do suicídio já é problemático por si mesmo, imagine o suicídio no âmbito religioso[109]. Sabe-se que, nos últimos tempos, o suicídio tem atingido uma alta porcentagem de ministros ordenados, a maioria deles estando entre 25 a 50 anos, isto é, os primeiros anos do exercício do ministério[110]. Muitos ministros ordenados vivem a dor mais profunda da sua própria existência. Mas isso não é um fator exclusivo da vida deles. A sociedade moderna ou pós-moderna, especialmente a sociedade do vazio existencial, vive dramas incompreensíveis. O isolamento afetivo, a Síndrome de Bornal, os conflitos espirituais, o sentimento de inutilidade, as críticas, o não reconhecimento de seu modo ser, a decepção com o ministério e tantas outras coisas a afetam profundamente. O suicídio no Brasil tem atingido um alto índice de ministros ordenados. Precisamos falar, avaliar e procurar ajuda. Precisamos nos unir. Precisamos mais uma vez deixar ecoar em nosso coração o que diz a *Presbiterorum Ordinis* (4): "Vós todos sois irmãos". É a partir dessa relação de irmandade que iremos avançar para a entreajuda. Todos precisam de ajuda, todos precisam de cuidados. Cuidar dos ministros ordenados é a proposta da Pastoral Presbiteral (Santos, 2016).

Muitos deles estão no primeiro grau de suicídio, no sentido de autodestruição, quando já não são capazes de cuidar de si mesmos devido ao excesso de trabalho que assumem ou aos conflitos espirituais e existenciais que enfrentam, bem como a solidão que vivem[111]. Esse tema ainda é algo desconhecido pela maioria da população. Mesmo que a maioria das pessoas já tiveram uma experiência na família ou que já ouviram falar, ainda não compreendem o porquê de uma pessoa tirar a própria vida. Nisso encontramos alguns "tabus" e, até mesmo, preconceitos por parte de muitos em relação a uma pessoa que tentou suicídio, que tenha falado nisso ou que consumou o suicídio. Quando um ministro ordenado tira a vida, é algo que causa muitos questionamentos, uma vez que essa pessoa é de Deus, pertence à Igreja Católica e defende a vida em primeiro lugar.

Perguntamos: quais as possíveis causas que levam um ministro ordenado a cometer o suicídio e a ajuda que o presbitério, o bispo e toda a comunidade eclesial pode oferecer, uma vez que ninguém está imune a esse fenômeno? A postura da Igreja é clara como se lê na primeira carta aos Coríntios: "Vocês não sabem que são templo de Deus e que o Espírito de Deus habita em vocês? Se alguém destrói o templo de Deus, Deus o destruirá. Pois o templo de Deus é santo, e esse templo são vocês" (3,16-17). O suicídio é visto como uma forma de homicídio. Talvez, por isso, a relação negativa entre religião e suicídio, particularmente no catolicismo, seja uma das mais conhecidas.

Sabe-se que foi na época de Santo Agostinho, e com ele, que se institui a interdição do suicídio. A ideia de que a morte conduzia o homem ao reino dos céus induzia os camponeses, que levavam uma vida de trabalho árduo, a darem fim à vida para alcançar, assim, um mundo melhor. Essa forma de pensar e agir tinha reflexos imediatos na economia da época, diminuindo, significativamente, a força de trabalho. Assim se instituiu a interdição do suicídio, entre 354 e 430. Com a interdição, a morte voluntária passou a se constituir como pecado. Segundo a Doutrina da Igreja, ninguém tem mais o direito de acabar com a própria vida para alcançar uma vida melhor. Ao contrário, aquele que se matar não irá para o reino de Deus, mas sim, para o inferno. Essa situação é retratada no *Inferno de Dante*, que é o lugar daquele que infringe o quinto mandamento "Não matarás"[112].

Ser um ministro ordenado é uma vocação que requer muitas qualidades em uma única pessoa. Isso porque os ministros ordenados são tratados quase que como "super-homens", pessoas que têm "superpoderes" e que, a todo o momento, devem estar à disposição para servir a comunidade eclesial. Segundo Bastos, "trabalhos importantes da suicidologia, tal como o de Stengel (1969), mostram-nos que, em 75% dos casos, antes que venha realizar uma tentativa de suicídio, a pessoa dá uma mensagem alertando-nos acerca disso"[113]. Espantosamente, apesar de essa mensagem ser emitida, na maioria das vezes, nem sempre ela é entendida e acolhida devidamente. Dessa forma, como essa comunicação pode ser entendida como um "pedido de socorro", um sinal de que "algo pode não estar bem"?

O ministro ordenado, na ideia de muitos, é uma pessoa incansável. Com todo esse imaginário sobre ele, acaba-se esquecendo daquela igualdade primeira que todo ser humano, criado por Deus, carrega: ser pessoa humana. Evidentemente, não podemos separar o ser ministro ordenado da sua pessoalidade, sendo alguém que se alegra, fica triste, sorri, chora etc. Toda a sensação que um ser humano tem o ministro ordenado também possui. Sabe-se que a vida religiosa não dá superpoderes a esses ministros. Pelo contrário, eles são tão falíveis quanto qualquer ser humano. Além do mais, em muitos casos, a fé pode não ser forte o suficiente para superar momentos difíceis. Diante desse contexto, podemos observar que, por estranho que pareça, muitos deles fazem parte do primeiro grau de suicídio: o suicídio autodestrutivo ou indireto. Mesmo que seja inconsciente e que não se tenha a intenção e nem se cogite a morte, pelo fato de se sobrecarregar de muito trabalho, viver profundos conflitos existenciais ou dedicar pouco cuidado a si, está se autodestruindo.

Segundo especialistas consultados pela BBC e conforme a pesquisa de 2008 do Isma Brasil, que tem a finalidade de analisar o estresse dos brasileiros, constatou-se que "a vida sacerdotal era uma das ocupações mais estressantes: dos 1.600 padres e freiras entrevistados naquele ano, 448 (28%) se disseram 'emocionalmente exaustos', um percentual superior ao dos policiais (26%), dos executivos (20%) e dos motoristas de ônibus (15%)". Os ministros ordenados estão cometendo, de forma inconsciente, o suicídio no primeiro grau, pois se "matam" em suas atividades, esquecendo-se de que precisam se cuidar. Eles vivem a Síndrome de Burnout[114]. Esses homens e essas mulheres, que se sacrificam pelos outros, são colocados sob extrema pressão e passam a se sentir esgotados, exaustos, apáticos e incapazes de lidar com a situação, ou seja, veem-se "completamente queimados", tal qual um palito de fósforo que se consumiu completamente ("burnout")".

Podemos dizer que os ministros ordenados estão cometendo, de forma inconsciente, o suicídio no primeiro grau, pois se "matam" em suas atividades ou visões espirituais ou se isolam, esquecendo-se de que precisam de tempo para si, de amarem a si mesmos, de que precisam de amigos e amigas. Em pesquisas com sacerdotes do México, da Costa Rica e de Porto Rico, foi identificado um alto grau de incidência, entre eles, de transtornos relacionados com a atividade sacerdotal: Três em cada cinco experimentavam graus médios ou avançados de *burnout*, a síndrome do esgotamento profissional. Às vezes, sobra trabalho e falta tempo. Se não tomar cuidado, o ministro ordenado negligencia sua espiritualidade e trabalha no piloto automático[115].

A Síndrome de burnout tem efeitos catastróficos na vida dos ministros ordenados, sobretudo em seus trabalhos pastorais e no relacionamento com os outros. Se o ministro ordenado com essa síndrome não procura ajuda profissional ou se não ocorrem as mudanças no seu ambiente de trabalho, pode causar transtorno de estresse pós-traumático, abuso de álcool, perda do sentido e da vontade de viver e/ou abuso de medicações e concepções suicidas. Destarte, para o ministro ordenado nessa situação chegar aos outros dois graus do suicídio (intermediário e suicídio consumado), não se torna difícil, pois aumenta-se a sua vulnerabilidade. Para que isso não venha acontecer, são importantes algumas precauções já delineadas pela Pastoral Presbiteral e postas em prática em muitos presbitérios: a primeira prevenção é que os ministros ordenados tirem um tempo para si, façam valer o seu tempo livre para o lazer e o período de férias. A segunda precaução é no que tange à fraternidade presbiteral, como seria bom ter um clero sempre unido e atento às necessidades uns dos outros, pois possibilita mais a abertura para o diálogo e a ajuda mútua! A terceira é por parte da comunidade eclesial, que deve julgar menos e ajudar mais os ministros ordenados nessas condições. Uma quarta questão é que os bispos, além de promoverem formações e retiros (como já acontecem em muitas dioceses), devem ser sinodais, ter mais afeto e compreender as fragilidades propriamente humanas dos seus ministros, pois estes devem ter abertura, encontrar acolhimento nos seus bispos, responsáveis, por excelência, na saúde integral de seu presbitério.

Ser um ministro ordenado é estar preparado para o desprezo, o abandono, a descrença e a morte. Assim é a história do Cristianismo, a história de tantos homens e tantas mulheres que deram a vida pelo seu povo, uns morreram mártires, outros foram abandonados, outros nem sequer foram lembrados. Na fé, sabe-se que o único reconhecimento vem de Deus: "Por isso Deus o exaltou soberanamente e lhe outorgou o nome que está acima de todos os nomes" (Fl 2,8-11); "Assim também Cristo não se atribuiu a si mesmo a glória de ser pontífice. Esta lhe foi dada por aquele que lhe disse: tu és meu filho, eu hoje te gerei" (Hb 5,5).

O suicídio é um grande mistério. Isso pode estar ligado a quedas na tensão espiritual, à solidão, ao isolamento, ao cansaço, ao excesso de trabalho, a funções pesadas, à falta de sinodalidade... Existem antídotos: a oração, a fraternidade entre os ministros ordenados e a proximidade com os leigos a quem são enviados, o esporte, a vida social, a oração, as leituras e, sobretudo, a sinodalidade. Mas cada um o administra à sua maneira. Não podemos dar conselhos gerais para todos. A maior recomendação é a sinodalidade, pois o suicídio é uma possibilidade de "autodestruição" de muitos que levam uma vida desgastante, mas também isolada, fechada em seu modo patológico de ser e viver.

Finalizando

São muitas as dificuldades para viver a sinodalidade. Ser sinodal, vivendo as inquietudes do evangelho de Jesus, sujando as mãos, aproximando-se, dialogando e caminhando juntos, não é nada fácil para ninguém. O paradoxo está nos ministros ordenados serem colocados a "serviço de todos" os paroquianos, sabendo, na verdade, que muitos deles são incapazes, na maioria das vezes, de serem sinodais. Ninguém caminha junto com o outro em seu ser e na situação dolorosa em que esse outro se encontra se não se abaixar, mostrando interesse e preocupação por ele. São Paulo Apóstolo vai dizer: "alegrem-se com os que se alegram, chorem com os que choram" (Rm 12,15); "De fato, sendo livre em relação a todos, eu me fiz servo de todos, a fim de ganhar o maior número possível. Para os judeus, eu me fiz judeu, a fim de ganhar os judeus" (1Cor 9,19-20).

Como proposta de sinodalidade entre os ministros ordenados temos a Pastoral Presbiteral. A Pastoral Presbiteral é uma proposta de corresponsabilidade do presbitério. "A Pastoral Presbiteral é um sonho de maior fraternidade, caridade pastoral, diálogo e comunhão entre os diáconos, os presbíteros, e os bispos, em vista da missão" (Santos, 2016). Ela é fruto do Concílio Vaticano II e nasceu como um sopro do

Espírito Santo, algo que vem ajudando os presbitérios a melhor viver a comunhão, a partilha e a missão.

Ser sinodal, ir atrás daquele que está perdido no "deserto da vida", ou isolado, ou foi "descartado", aproximar-se, envolver-se, caminhando junto com ele deve ser a verdadeira razão de ser ministro ordenado. E esse é um serviço humanitário e solitário. Ser um ministro ordenado sinodal é ser capaz de percorrer o caminho de ninguém para ir ao encontro dessas pessoas que sentem que estão excluídas, marginalizadas, invisíveis e sem cidadania. Para Nouwen (2018, p. 91): "A observação 'ele preocupa-se realmente conosco' é frequentemente ilustrada por histórias que demonstram que esquecer muitos por um só é um sinal de verdadeira orientação". Aí entendemos por que muitos que estão à margem da vida acabam aceitando qualquer coisa, não é que não creem em nada, mas que, estando à margem da vida, qualquer proximidade pode ser uma fagulha de esperança ou servir de conforto. À margem da vida, poucas pessoas escutam um sermão intencionalmente dirigido a todos, mas sim escutam, com muita atenção, as palavras que brotam da proximidade e preocupação com ela; as palavras de um coração sinodal.

CONCLUSÃO

As mediações que se apresentam para ser ministro ordenado sinodal, estando disposto a vencer todos os extremismos e legalismos, formando o homem novo, derrubando os muros de separação, caminhando junto, construindo comunhão, são antigas e novas, sendo sobretudo: proximidade, diálogo, comunhão e misericórdia. Em Efésio (2,14-15) lemos: "De fato, Cristo é nossa paz! Ele de dois povos fez um só, destruindo em sua própria carne o muro de separação, a inimizade, a Lei dos mandamentos, expressa em preceitos. Isso ele fez para criar em si mesmo, de dois povos, um Homem Novo, estabelecendo a paz". Essa passagem bíblica é uma confissão de que a fé em Jesus não é motivo de divisões, conflitos ou exclusões, mas inspiração para a convivência, a inclusão, o diálogo, a comunhão, em uma palavra, a sinodalidade. Jesus, o amor sinodal do Pai, gerou o homem novo, homem da comunhão. O ministro ordenado, como "Alter Christus", é chamado a essa mesma ousadia, valentia e missão.

Em Jesus todos os muros foram abolidos, pois todas as pessoas, independentemente de sexo, classe social ou etnia, são iguais: "Não há judeu nem grego, não há escravo ou livre, não há homem nem mulher, pois todos vocês são um só em Cristo Jesus" (Gl 3,28). A ousadia e valentia da sinodalidade do evangelho de Jesus está em ter um coração sinodal, estando, de modo especial, com os ouvidos abertos para escutar o clamor dos mais pobres, dos excluídos e dos invisíveis; está em ser próximo de toda a evolução cultural, biotecnológica e social; está em estar disposto a acolher o Concílio Vaticano II em sua plenitude;

está em ser testemunha de fé, esperança e caridade, trabalhando para a edificação de uma Igreja, Povo de Deus, servidora da humanidade, verdadeiramente ministerial e missionária; está em ser próximo e aberto ao diálogo, acolhendo as novidades do Espírito Santo; está em buscar caminhar junto com a humanidade, indicando-lhe o caminho de Jesus.

O Papa Francisco, grande impulsionador da Igreja sinodal, convida-nos a evangelizar sem radicalismos e legalismos. Sabe-se que ser um ministro ordenado que vive a sinodalidade implica resgatar a identidade da Igreja de Jesus, sobretudo, a ousadia da proximidade, do diálogo, da inclusão, do encontro e da comunhão. Quando falamos do ministro ordenado sinodal, podemos ter algumas dificuldades, uma vez que a sinodalidade implica abertura de coração, disposição em envolver-se com o outro, caminhar junto, sendo irmão e irmã, algo que exige conversão. Ser sinodal exige, antes de tudo, a desconstrução do imaginário religioso de muitos estereótipos de espiritualidade que até deram certo no passado, mas não funcionam mais, uma vez que leva a caminhar distante do outro e do mundo atual. Mas isso não é tão simples assim, pois a espiritualidade cristã, ao longo da história, parece ter seguido muito mais o caminho do fechamento à sinodalidade do evangelho de Jesus, metendo medo nas pessoas, como se essa fosse a forma correta de tocar o transcendente ou fosse o modo que o transcendente exigia para sua manifestação. Além disso, temos também o cerceamento do diálogo, sendo, muitas vezes, apresentado como astúcia do demônio, como foi para Eva no paraíso (Gn 3), ou modo de enganar as pessoas ou ter adeptos ou modo de "preservá-los do mundo".

Entendemos também que, para ser um ministro ordenado sinodal, faz-se necessária uma nova e antiga refundação de sua identidade. Esta nova e antiga refundação deve passar, também, pela revisão do modo como aconteceu ao longo da história a intepretação do Deus de Jesus, buscando, assim, redescobrir a verdadeira face de Deus. Para Castillo (2018, p. 65-66): "Porém, com certeza, ninguém se dá conta de pensar que nos relacionamos com Deus quando desfrutamos de um bom momento de deleite e de alegria. Isso quer dizer que nossa 'formação' religiosa foi, em boa medida, uma infeliz 'deformação', porque cortou a frondosa árvore da fé, de modo que nela deixou apenas os ramos e as folhas que nos são feias e desagradáveis". Tal refundação implica fazer uma guinada copernicana, isto é, abandonar a defesa de um Deus, que somente se encontra onde existem a dor, o distanciamento, a tristeza, o sofrimento e as lágrimas; abandonar a defesa da tese de que para ser santo, deve-se viver uma vida de inteira renúncia de todo prazer e toda felicidade; abandonar a tese de que Deus castiga quem não segue as doutrinas, leis e disciplinas da Igreja; abandonar a tese de que não se pode haver rupturas, renovação e mudança na Igreja, como se isso fosse algo do demônio; abandonar a tese dos conservadorismos e progressismos que levam apenas aos extremismos, legalismos, fanatismos e radicalismos religiosos; abandonar a tese da rigidez que se traduz em anátemas, exclusões, marginalizações de muitos cristãos da Igreja e assim por diante. Tudo isso implica muito diálogo, abertura de coração e conversão. Sem isso, será impossível uma refundação da identidade dos ministros ordenados para ser uma Igreja sinodal.

Mas sabemos que as grandes instituições não gostam de ousadia, profetismo e mudança e, em geral, só mudam quando obrigadas a fazê-lo por seu ambiente externo, e os corpos autoperpetuados, que são independentes do controle externo, raramente se reformam, a menos que a própria sobrevivência esteja em jogo, e o ministro ordenado faz parte dessa instituição, por isso sua dificuldade em avançar. O ambiente externo está enviando sinais para sua sinodalidade, crescendo o número de teólogos dissidentes, aumentando o declínio das vocações religiosas e sacerdotais, crescendo o anticlericalismo e o abandono da Igreja, havendo um desejo maior de autonomia por parte das Igrejas locais. Elevar os muros, fechar-se à sinodalidade por temor a esses sinais dos tempos é uma resposta. Tomar a iniciativa da sinodalidade seria a resposta profética, valente e ousada daquele que abraça a sinodalidade evangélica. A história da Igreja ensina que há períodos de progresso quando a Igreja responde às situações com inteligência, proximidade, diálogo, razão, responsabilidade e sinodalidade. Apesar de sua fraqueza e seu pecado, os cristãos têm fé na Palavra de Deus que lhes mostra o caminho da vida, na luz do Espírito Santo.

Sejamos sinodais no hoje da história. E que Maria, mãe e companheira, mãe sinodal, que recebeu junto da Cruz a maternidade de todos os povos e cuida não só de Jesus, mas também do "resto da sua descendência" (Ap 12,17), guie-nos para que possamos construir um mundo de irmãos e irmãs, onde haja lugar para todos, resplandecendo a sinodalidade, desejo de Jesus: "Para que todos sejam um, como tu Pai, estás em mim e eu em ti; para que também eles estejam em nós, a fim de que o mundo acredite que tu me enviaste" (Jo 17,21).

BIBLIOGRAFIA

AGOSTINHO, Aurélio. Contra Faustum. In *Obras de San Agustín, t. XXXI*. Madri: Biblioteca de Autores Cristianos, 1993.

AMADO, Dom Joel Portella. *Presbíteros:* comunhão e missão. Edições CNBB, 2019.

AQUINO, Santo Tomás. *Suma Teológica.* Madri: Biblioteca de autores cristianos (original do século XIII), 1963.

ARAÚJO, Silvalino Ferreira. *A guerra justa em Santo Agostinho e o seu legado no pensamento cristão*. Tese de Doutorado, Florianópolis, 2017.

BENTO XVI. *Caritas in Veritate*. Editora Paulus, 2009.

BRIGHENTI. *O novo rosto do clero:* perfil dos padres novos no Brasil. Editora Vozes, 2021.

BUBER, Martin. *Do diálogo e do dialógico*. Editora Perspectiva, 2018.

________. *Eu e Tu*. Editora Centauro, 2001.

CANTALAMESSA, Raniero. *O Rosto da Misericórdia.* 2ª edição, Paulus, 2019.

CATECISMO DA IGREJA CATÓLICA. Editora Vozes & Loyola, 1993.

CASTILLO, José M. *Espiritualidade para insatisfeitos*. Editora Paulus, 2ª reimpressão, 2018.

________. *Jesus:* a humanização de Deus. Editora Vozes, 2015.

CIPOLLINI, Dom Pedro Carlos. *Sinodalidade, tarefa de todos*. Editora Paulus, 2021.

CNBB. *Diretrizes Gerais da Ação Evangelizadora da Igreja no Brasil, 2019-2023*. Edições CNBB, 2019.
CÓDIGO DE DIREITO CANÔNICO. Editora Conferência Episcopal Portuguesa. 1983.
COMPÊNDIO DO VATICANO II. Editora Vozes, 1984.
CONGREGAÇÃO PARA O CLERO. *O presbítero, mestre da Palavra, ministro dos sacramentos e guia da comunidade em vista do terceiro milênio*, 1999.
COMISSÃO TEOLÓGICA INTERNACIONAL. A Sinodalidade na vida e na missão da Igreja. Documentos da Igreja, n. 48, Edições CNBB, 2018.
FERNANDES, Jorge Manuel Pombo. *A misericórdia:* atributo de Deus e compromisso ético. Dissertação de mestrado, Universidade Católica Portuguesa, Faculdade de Teologia, Lisboa, 2019.
FERNANDES, Leonardo Agostini. *Eterna é a sua misericórdia:* reflexões bíblicas e orantes. Editora Paulinas, 2016.
FRANCISCO, Papa. *Pronunciamentos do Papa Francisco no Brasil.* Editora Paulus & Edições Loyola, 2013.
FRANCISCO, Papa. *Exortação apostólica:* A alegria do Evangelho. Editora Paulinas, 2013.
________. *Pronunciamentos do papa Francisco no Brasil.* Editora Paulus&Edições Loyola, 2013.
________. *Laudato Si.* Editora Paulus, 2015.
________. Bula de Proclamação do Jubileu Extraordinário da Misericórdia *Misericordiae Vultus*. Edições Paulinas, 2015b.
________. *Amoris Laetitia*: sobre o amor na família. São Paulo: Paulus, 2016.
________. Carta Apostólica *Misericordia et Misera*. Paulinas, 2016.
________. (Org. James P. Compbell). *A alegria de ser discípulo*. Editora Best Seller, 2017.
________. *Quem sou eu para julgar?* Editora Leya, 2017.
________. Exortação Apostólica *Gaudete et Exsultate*. Editora Paulus, 2018.
________. Exortação Apostólica Pós-sinodal *Christus Vivit*, 2019.

FRANCISCO, Papa. *Pai-nosso:* Pai nosso, que estais no céu, santificado seja o vosso nome. Editora Planeta, 2018.

_______. *Fratelli Tutti:* sobre a fraternidade e a amizade social, 2020.

_______. *Vamos Sonhar Juntos.* Editora Intrínseca, 2020b.

_______. *Vida após pandemia.* Editora Libreria Editrici Vaticana, 2020c.

FREUD, Sigmund. *Obras psicológicas completas de Sigmund Freud, V. XVIII* (1925-1926). Imago Editora, RJ, 1969.

FREUD, S. Sobre a psicoterapia. In S. *Freud.* Edição Standard brasileira das obras completas de Sigmund Freud (J. Salomão, Trad. Vol. 7, p. 267-278), Rio de Janeiro, editora Imago, 1977.

GIRARD, René. *A violência e o sagrado.* Paz e Terra, 2ª edição, 1998.

_______. *O bode expiatório.* Editora Paulus, 2004.

HADJADY, Fabrice. *A fé dos demônios ou a superação do ateísmo.* Editora Vide Editorial, 2017.

HALIK, Tomás. *Não sem esperança:* o retorno da religião em tempos pós-otimistas. Editora Vozes, 2018.

JOÃO PAULO II. *Dives in Misericordia.* Edições Paulinas, 1980.

JUNGMANN, Josef Andreas. *Missarum Sollemnia.* Editora Paulus, 2009.

KASPER, Walter. *A Misericórdia, condição fundamental do Evangelho e chave da vida cristã.* Lucerna, Cascais, 2015.

KUNG, Hans. *Projeto de ética mundial:* uma moral ecumênica em vista da sobrevivência humana. Editora Paulinas, 4ª edição, 2003.

_______. *A Igreja tem salvação?* Editora Paulus, 2012.

LEWIS, C. S. *Carta de um diabo a seu aprendiz.* Editora Martins Fontes, 2017.

MAGGI, Alberto. *A loucura de Deus:* o Cristo de João. Editora Paulus, 2013.

MANCINI, R., ALMONE, F., CATALANI, A., GAETANI, S. & MASTROVINCENZO, E. *Ética das mundialidades:* o nascimento de uma consciência planetária. Edições Paulinas, 2000.

MATTEI, Roberto. *Guerra Justa, guerra santa:* ensaio sobre as cruzadas, a jihad islâmica e a tolerância moderna. Editora Porto: Civilização, 2002.

NOLAN, Albert. *Jesus antes do cristianismo*. Editora Paulus, 9ª Reimpressão, 2014.

NOUWEN, Henri J. M. *O Presbítero:* o ministério na sociedade contemporânea. Editora Paulinas, 3ª edição, 2018.

PASSOS, João Décio. *A Igreja em saída e a casa comum:* Francisco e os desafios da renovação. Editora Paulinas, 2016.

PAULO VI, *Populorum Progressio*, 1967.

REESE, Thomas J. *O Vaticano por dentro*. Editora Edusc, 1997.

SANTOS, Jésus Benedito. *Cultura como elemento de transformação da realidade, em Gramsci* (Dissertação de mestrado). PUC/SP, 2004.

_______. *O presbítero católico:* uma identidade em transformação. Editora Santuário, 3ª edição, 2012.

_______. *Novo Presbítero Católico sob a Mística do cuidado*. Editora Santuário, 2012b.

_______. *Nunca pare de Sonhar:* o presbítero que ama Jesus e sua Igreja, Editora Paulus, 2014.

_______. *Pérolas nas mãos de Deus:* pastoral presbiteral. Editora Santuário, 2016.

_______. *Presbítero pastor. Sol nascente:* discípulo missionário do Senhor em tempos de mudanças. Editora A Partilha, 2018.

_______. *Presbítero para uma Igreja em Saída – Curador ferido:* guia espiritual de uma geração ferida e extremada, e-book. Editora A Partilha, 2021.

ZANON, Frei Darlei. Igreja e comunicação: uma aproximação histórica, In *Vida Pastoral*, ano 62, n. 340, julho e agosto de 2021.

NOTAS BIBLIOGRÁFICAS

[1] Um Sínodo é uma assembleia ou um encontro religioso, no qual os bispos, reunidos em torno e com o Santo Padre, têm a oportunidade de interagir e partilhar informações e experiências, na busca comum de soluções pastorais que têm uma validade e uma aplicação universal. O Sínodo, em geral, pode ser definido como uma assembleia dos bispos que representam o episcopado católico e que têm o dever de ajudar o Papa no governo da Igreja universal dando o próprio conselho.
[2] Comissão Teológica Internacional, 2018, n. 3.
[3] O papa Francisco convocou o Sínodo dos bispos para o ano 2023. O XVI Sínodo dos Bispos, cujo tema é "Por uma Igreja Sinodal: comunhão, participação e missão", inicialmente previsto para outubro de 2022, está dividido em três fases, entre outubro de 2021 e outubro de 2023, passando por uma diocesana e outra continental. Para a Comissão Teológica Internacional, (2018, n. 6): "A sinodalidade, nesse contexto eclesiológico, indica o específico *modus vivendi et operandi* da Igreja povo de Deus que manifesta e realiza concretamente o ser comunhão no caminhar juntos, no reunir-se em assembleia e no participar ativamente de todos os seus membros em sua missão evangelizadora".
[4] Durante a oração do *Angelus Domini* de domingo 22 de setembro de 1974, o próprio Paulo VI deu a definição do Sínodo dos Bispos: "É uma instituição eclesiástica, que nós, interrogando os sinais dos tempos e, ainda mais, buscando interpretar com profundidade os projetos divinos e a constituição da Igreja católica, estabelecemos, depois do Concílio Vaticano II, para favorecer a união e a colaboração dos Bispos de todo o mundo com esta Sé Apostólica, mediante um estudo comum das condições da Igreja e as soluções acordadas das questões relativas à sua missão. Não é um Concílio, não é um Parlamento, mas um Sínodo de particular natureza". Assim, o Sínodo dos Bispos é uma instituição permanente, desejada pelo Papa Paulo VI em 15 de setembro de 1965 em resposta ao desejo dos Padres do Concílio Vaticano II de manter vivo o espírito positivo gerado pela experiência conciliar.
[5] "O conceito de sinodalidade é mais amplo do que o de colegialidade, pois inclui a participação de todos na Igreja e de todas as Igrejas. A colegialidade exprime propriamente o emergir e o manifestar-se da comunhão do povo de Deus no nível episcopal, ou seja, no colégio dos Bispos *cum Petro et sub Petro*, e, por meio dessa, da comunhão entre todas as Igrejas. A noção de sinodalidade implica aquela de colegialidade, e vice-versa, visto que as duas realidades, sendo distintas, sustentam-se e se autenticam reciprocamente" (Comissão Teológica Internacional, 2018, n. 66).
[6] "Na Igreja sinodal, toda a comunidade, na livre e rica diversidade de seus membros, é convocada para rezar, escutar, analisar, dialogar, discernir e aconselhar ao tomar as decisões pastorais mais em conformidade com a vontade de Deus. Para chegar a formular as próprias decisões, os Pastores devem, portanto, escutar com atenção os desejos (vota) dos fiéis" (Comissão Teológica Internacional, 2018, n. 68).
[7] JOÃO PAULO I, Angelus Domini, Domingo, 10 de setembro de 1978, in https://w2.vatican.va/content/john-paul-i/pt/angelus/documents/hf_jp-i_ang_10091978.html, acedido em 18/02/2019.
[8] A misericórdia é tida, na teologia cristã, como a maior de todas as virtudes. Em se tratando de virtudes, Santo Tomás, na Suma Teológica (II-III, p. 30, 1963), segue de perto Aristóteles, mas estende a discussão à teologia. Em primeiro lugar, discorda de Aristóteles em relação ao status ontológico da misericórdia. Se em Aristóteles a misericórdia é uma mera paixão, como dor da miséria alheia, em Santo Tomás é uma virtude, enquanto, sem deixar de ser paixão, é elaborada pela inteligência como desprazer pela miséria de outrem que se desdobra na ação possível. Com efeito a misericórdia é uma compaixão para com a miséria alheia, a que nos sentimos obrigados a socorrer, se o pudermos. Esse trânsito da paixão à prática constata, tradicionalmente, de listas intituladas: "Obras de misericórdia".
[9] O conceito de equidade aparece na Grécia Antiga, nos escritos do filósofo Aristóteles. Para ele, o conceito de equidade está interligado ao conceito de justiça: [...]. A justiça, por outro lado, está relacionada identicamente com o injusto, que é excesso e falta, contrário à proporcionalidade, do útil ou do nocivo. [...]. No ato injusto, ter muito pouco é ser tratado injustamente, e ter demais é agir injustamente (ARISTÓTELES, 1999, p. 101). Nessa questão filosófica de equidade, pode ser consultado também o filósofo John Rawls e Norberto Bobbio.

[10] O imperativo categórico de Kant é: "Atua unicamente de acordo com aquela máxima que te permita desejar ao mesmo tempo que ela se converta em uma lei universal". Para ele a conduta ética de um ser racional não pode ser vinculada aos motivos emocionais, mas, unicamente, aos motivos racionais evidentes em si mesmos.

[11] Para Buber (2018, p. 25): "A verdadeira vida comunitária é aquela que permite a cada indivíduo relacionar-se com o próximo em termos de relação Eu-Tu, e não em termos de relação Eu-Isto (...) na qual se estabelecem relações humanas 'essenciais', dimensão em que o verdadeiro diálogo suplanta o mero debate como forma de comunicação básica entre os indivíduos".

[12] Para Cipollini, (2021, p. 52-52): "Em meio a assim chamada "questão das investiduras", o papa Bonifácio VIII, em 1296, pela bula Clericis Laici, lança a suspeita de que os leigos são inimigos do clero. O Decreto de Graciano (ano 1140) estabelece juridicamente as duas classes de cristãos na Igreja: clero e leigos. Trento aprofunda esta divisão: "societas inaequalis" (Igreja, sociedade de desiguais). O Código de Direito Canônico, de 1917, no cân. 118, sancionou essa posição. Porém o Concílio Vaticano II vai reverter esse equívoco. Vai reconhecer a "cidadania" aos leigos na Igreja: pelo Batismo, todos na Igreja têm a mesma dignidade, a diferença está no ministério que cada um ocupa, dependendo de seu carisma (cf. LG cap. IV – Os leigos; CDC cân. 208). O Vaticano II vai além, ao dizer que o ministério sacerdotal somente pode ser exercido em comunhão com todo o corpo da Igreja (cf. PO 15). (...) Porém o CDC de 1983 não tirou todas as consequências do que o Vaticano II diz sobre os leigos, embora tenha avançado nesse ponto (cf. CDC cân. 204-231). Os leigos continuam "menores de idade na Igreja", dependentes do clero e, não raro, infantilizados por ele como meros colaboradores e raramente protagonistas. A dignidade batismal é o fundamento da teologia do laicato e também de uma Igreja sinodal. Já tem muita teoria sobre isso, mas agora é hora de sair do papel e colocá-la em prática. Sem resolver essa questão, não há sinodalidade".

[13] Para melhor compressão dessas questões leia os livros de Hans Kung, de Thomas J. Keese (in: O Vaticano por dentro: a política e a organização da Igreja Católica, Editora Edusc – Editora da Universidade do Sagrado Coração, 1999) e do Jornalista Frédéric Martel (in: No armário do Vaticano: poder, hipocrisia e homossexualidade, Editora Objetiva, 2019.

[14] A teoria de John Rawls está no seu livro: "Uma teoria da justiça", Editora UnB, 1981.

[15] Para Cipollini (2021, p. 49): "Sinodalidade não é democracia na Igreja: é koinonia. Essa palavra grega significa o que há de comum (com-munis = condividir os afazeres, as obrigações, a carga a carregar), indica companheirismo, participação, solidariedade e, sobretudo, comunhão íntima e interligada".

[16] Um dos temas ligados à imortalidade é à morte. Quanto à morte, vemos que ela é um grande inimigo do ser humano. A ciência e a cultura moderna têm uma visão totalmente diferente da vida e da morte. Não pensam nesta última como um mistério metafísico e, certamente, não a veem como a fonte de sentido da vida. Na verdade, para pessoas modernas a morte é um problema técnico que pode e deve ser resolvido. Antes, em uma visão religiosa, quando alguém estava idoso ou doente se chamava um sacerdote, rabino e xamã para que a pessoa pudesse fazer um balanço da vida ou expulsar a morte para depois. Sabe-se que os seres humanos dificilmente alcançarão a imortalidade nesta vida, mas poderão se tornar amortais, segundo a visão de alguns cientistas e pensadores. Na visão metafísica, a morte é entendida como um "decreto de Deus" ou fruto do "anjo da morte", que veio ceifar a vida, ou parte de um plano cosmológico. Na visão da ciência e na de alguns pensadores, os humanos morrem devido a uma falha técnica: o coração para, a artéria principal enche-se de gordura, ou há um acidente e assim por diante. Consequentemente uma maioria de cientistas e pensadores, estão falando mais abertamente sobre o assunto hoje e declaram que a principal empreitada da ciência moderna é derrotar a more e garantir aos humanos, bem como uma juventude eterna. Já conseguimos duplicar a vida de 40 anos para mais de 70 amos, podendo, assim, tornar possível uma nova duplicação. Para mais aprofundamento veja Yuval Noah Harari in: Homo Deus: uma breve história do amanhã, editora Companhia das Letras, 2015.

[17] Para Sobrinho (2020, p. 53): "Na América Latina, as coisas aparecem com toda clareza. Existe uma Igreja que pratica as 'obras da misericórdia', mas não aceita ser regida pelo 'princípio misericórdia'. E existe outra Igreja já configurada por esse princípio, o qual a leva a propiciar aquelas obras, certamente, mas também a leva – como a Deus e a Jesus – além delas".

[18] "A Sinodalidade como dimensão constitutiva da Igreja se exprime no nível da Igreja universal na circularidade dinâmica de *consensus fidelium*, colegialidade episcopal e primado do Bispo de Roma" (Comissão Teológica Internacional, 2018, n. 94). Para o Papa Francisco (In: Cipollini, 2021, p. 17): "a) Infalibilidade in credendo de todo o povo de Deus, a serviço da qual está o ministério dos pastores e cuja base é a assistência do Espírito, que guia a Igreja rumo à plenitude da verdade de Cristo (Jo 16,13); b) também o *sensus fidei e o consensus fidelium*, o que faz de cada batizado um "sujeito ativo da evangelização" (cf. LG 12-14). O papa Francisco afirma: "O povo de Deus é santo em virtude

dessa unção, que o torna infalível in credendo, [...] Deus dota a totalidade dos fiéis com um instinto da fé – *sensus fidei* – que os ajuda a discernir o que vem realmente de Deus" (EG 119) 4".

[19] Para Cipollini (2021, p. 64): "Vivenciar a eclesiologia do povo de Deus exige a humildade de passar de uma cristologia do Pantocrator para uma cristologia do Servo Sofredor. Muito tempo antes de Paulo, foi no capítulo do Servo Sofredor (Is 53) que a comunidade das origens foi buscar a chave para penetrar o mistério profundo do Filho de Deus padecendo a morte ignominiosa de cruz".

[20] Para Sobrinho (2020, p. 24): "Que dizer, é muito mais decisivo ter nascido cidadão deste ou daquele país do que ter nascido ser humano?" Além do mais: é necessário ter nascido homem para poder ter ascensão na Igreja. Nascer mulher parece até uma condenação a ficar excluído da ascensão aos ministérios eclesiásticos.

[21] Este trabalho foi encomendado a Michelangelo pelo Papa Clemente VII (1478-1534), mas a obra só teria início após a morte desse Papa e já sob o pontificado de Paulo III (1468-1549). Contrastando com a vitalidade, o ritmo e a energia radiante dos afrescos do teto, a representação do Juízo Final é sombria. No total estão exibidos trezentos e noventa e um corpos, originalmente retratados a nu (incluindo a Virgem). Uma das figuras representadas é São Bartolomeu, que em uma mão segura a faca do seu sacrifício e na outra a sua pele esfolada. A Europa vivia uma crise espiritual e política, começavam os anos da Reforma, que dariam lugar à separação dentro da Igreja. Parece que a composição serve como aviso de que os inimigos da Igreja estão condenados. As almas dos seres humanos ascendem ao Paraíso ou descem ao Inferno, dependendo de como são julgadas por um Jesus, cercado de santos importantes como Pedro, Catarina de Alexandria, Lourenço, Bartolomeu, Paulo e João Batista. No centro do painel, Jesus representa um juiz com aspecto terrível e implacável. Com a mão direita levantada em direção aos que estão à sua esquerda, parece condená-los pelos males que causaram à terra durante sua existência. Estes encaminham-se indelevelmente para o inferno, onde os espera Minos e outros demônios. Para muitos críticos, Michelangelo colocou em O Juízo Final tudo o que estava sentindo em relação ao caos cultural, político e religioso que se abatia sobre a Europa – e a Igreja, em particular – nesse período da história. Vivia-se o início da Reforma Protestante, que levou à divisão da Igreja e ao surgimento das igrejas evangélicas, com o Calvinismo e o Luteranismo, com Jehan Cauvin (Calvino) e Martin Luther. Essa crise espiritual desagradava o artista, que manifestou toda sua preocupação em O Juízo Final. Aqueles que estavam se afastando e criticando a Igreja iriam pagar com a eternidade no inferno. E Jesus foi colocado ali, bem ao centro do painel, para julgar os bons e os maus. Não aquele Jesus sempre adorado como bom e capaz de dar a outra face, mas como um juiz impiedoso diante do comportamento infiel de alguns seguidores na terra. Talvez fosse isso a que a Virgem Maria não queria assistir.

[22] A barca é conhecida como a Barca de Caronte – os gregos e romanos da antiguidade acreditavam que essa era uma barca pequena, na qual as almas faziam a travessia do Aqueronte, um rio de águas turbilhonantes que delimitava a região infernal. O nome desse rio veio de um dos filhos do Sol e da Terra, que, por ter fornecido água aos titãs, inimigos de Zeus (Júpiter), foi por ele transformado em rio infernal. As suas águas negras e salobras corriam sob a terra em grande parte do seu percurso, donde o nome de rio do inferno, que também lhe davam. Caronte era um barqueiro velho e esquálido, mas forte e vigoroso, que tinha como função atravessar as almas dos mortos para o outro lado do rio. Porém só transportava as dos que tinham tido seus corpos devidamente sepultados e cobrava pela travessia, daí o costume de se colocar uma moeda na boca dos defuntos.

[23] A apocatástase representa a redenção e salvação final de todos os seres, inclusive os que habitam o inferno. Apocatástase é o termo criado por Orígenes de Alexandria (185-253 d.C.), também conhecido como Orígenes cristão, para designar a restauração final de todas as coisas em sua unidade absoluta com Deus.

[24] Santa Catarina de Sena assim admitiu ao seu confessor: "Estando completamente inflamada pelo fogo do amor divino, não pediria então com ardente coração ao meu Criador, ao verdadeiramente Misericordioso, que mostrasse misericórdia para com todos os meus irmãos? Não queria resignar-se a que um só desses seus irmãos, criados à imagem e semelhança de Deus, se perdesse". Temos também o testemunho de santa Tereza de Lisieux que queria oferecer vicariamente a sua vida em holocausto.

[25] Como exemplo de líder político na época de Jesus temos Barrabás. Para Barrabás devemos usar as armas deste mundo, isto é, a luta, a guerra, a violência: "Barrabás era o principal herói da multidão da época. Ele achava que tinha o ministério de libertar a Israel. Porém, seu suposto ministério era exercido na sua força e nas habilidades carnais, por meio das armas mundanas" (in: Rinaldo Fidêncio, A Igreja que Festeja Jesus, mas escolhe Barrabás, Editora Santos, 2016, p. 148).

[26] "Os oficiais e soldados cristãos que foram martirizados nesta época não foram condenados à morte por rejeitar como cristãos o serviço das armas, mas por se recusarem a participar de cerimônias pagãs pelos perseguidores, ou seja, por não quererem realizar atos de idolatria, de apostasia e por negarem a

divindade dos imperadores e os seus poderes transcendentais como – Senhor da redenção e da salvação histórica humana" (MATTEI, 2002, p. 16). Segundo Araújo (2017, p. 153): "Para Agostinho, o soldado é um homem da lei, deve cumprir a norma legal e defender as fronteiras de todos os inimigos da pátria, mas jamais adorar as insígnias de guerra em detrimento do verdadeiro Deus". Para A. G. Hamman (in: Santo Agostinho e seu tempo, Ediçoes Paulinas, 1989, p. 296): "Na estrutura essencial do Estado, o exército romano venerava os deuses da pátria. Para o militar serviço e religião fundiam-se e confundiam-se no culto dos imperadores. No campo africano de Lambese, as dedicatórias, em grande número, afirmam a celebração do culto de Augusto. [...]. Os imperadores cristãos apresentam-se a fazer desaparecer do exército o juramento e as cerimônias idolátricas. E, com esse fato, desapareceu o principal obstáculo ao ofício das armas. Mas outras objeções apareciam, principalmente nos meios monásticos, contra a profissão que podia levar a derramar sangue, inclusive o sangue de irmãos na fé". Nesse sentido, Hammam (1989, p. 299-300) comenta o conselho de Agostinho para que o amigo continue na vida pública do Estado: "Quando o conde Bonifácio, comandante-chefe do exército, ficou viúvo e pretendeu tornar-se monge, no auge dessa onda, Agostinho desencorajou-o. Nos difíceis tempos de uma África ameaçada, parecia-lhe importante poder se apoiar em um homem daquela classe e com aquele pulso. Trinta anos antes, o mesmo Agostinho havia feito a longa viagem de Tagasta a Hipona para aconselhar um amigo, agente secreto do Estado, a tornar-se monge. E agora, em comum acordo com aquele amigo, que se tornara Bispo de Tagasta, ele afastou das funções religiosas um outro alto funcionário, para que continuasse a proteger as populações berberes dos ataques dos bárbaros".

[27] "Não nos assustemos com as guerras feitas por Moisés; aí não existe horror nenhum, pois isso teria sido feito com as ordens de Deus. Ele não cedeu nada à crueldade, mas à obediência. Quanto a Deus, dando tais ordens, ele não era cruel. Ele não fazia senão tratar os homens como eles o mereciam" (AGOSTINHO, Contra Faustum, XXII, 74). Segundo Agostinho, Moisés, como líder do povo de Deus, e os demais profetas do Antigo Testamento não praticaram nenhum tipo de crime de guerra, todavia seus atos eram guiados por Deus. Segundo Araújo (2017, p. 106): "Portanto, o uso da força não tem apenas o objetivo de libertar e santificar o homem, mas também de punir quem erra. A guerra justa talvez seja necessária para eliminar as iniquidades entre as nações; inclusive a pena de morte, segundo Agostinho, tem a sua importância e não contradiz minimamente o preceito: 'Não matarás', sendo aplicada para o bem da sociedade (AGOSTINHO, De civitate Dei, I, 21)".

[28] Para Tessore, (2007, p. 33): "Interessante a esse propósito é a posição de Orígenes, segundo a qual a guerra em si pode ser justa e aceitável, mas os cristãos não podem participar dela a não ser com suas rezas. Se, portanto, por um lado Orígenes proíbe os cristãos de usar as armas, por outro considera que a própria igreja possa abençoar ações de guerra, quase as sacralizando com suas orações e sua intercessão". Segundo Araújo (2017, p. 52): "Para Santo Atanásio, matar não é nem pecado e muito menos crime, conforme as circunstâncias do ato, ou seja, se for em uma guerra é legal matar e pode ser um momento para a honraria por tal feito". Segundo Araújo (2017, p. 64): "Para Agostinho, a guerra justa acaba sendo um mal necessário, mas não um pecado porque visa estabelecer na cidade terrena a justiça e a paz por causa da violência humana". Segundo Santo Agostinho (In: Araújo, 2017, p. 73): "Qual é o mal em guerra? Será a morte de alguns que irão morrer em breve, em qualquer caso, para que outros possam viver em paz? Isto é pura antipatia e covardia, e não sentimento religioso. Os males reais em guerra são o amor pela violência, a crueldade vingativa, a inimizade feroz e implacável, a resistência selvagem, a ambição de poder, coisas dessa natureza; e geralmente é para punir essas coisas que é necessário aplicar a força para infligir o castigo, que, em obediência a Deus ou alguma autoridade legal, fazem bons homens empreender guerras (AGOSTINHO, Contra Faustum, XXII, 74)". Sabemos que não se pode esperar de Agostinho qualquer atitude que venha ser, radicalmente, contra a opinião oficial do Estado acerca da problemática da guerra, pois ele era um defensor das ideias romanas no aspecto político de uma grande unidade de segurança e de união cristã.

[29] O Papa Francisco, corajosamente, falou contra a ideia de "guerra justa" de Santo Agostinho. Sabe-se que Santo Agostinho elaborou a ideia da "guerra justa" que hoje já não defendemos (FT, 242; 258).

[30] Quando falamos de misericórdia nos deparamos com a questão da retribuição. Como afirma Kasper (2015, p. 11): "A misericórdia é um tema atual, mas esquecido". Talvez a ausência de um aprofundamento maior, dentre tantas possíveis causas, está o fato de a misericórdia não ser tratada como essência de Deus e dos atributos divinos em geral, acabando por não desempenhar nenhum papel determinante na teologia. Para Kasper (2015, p. 24): "A determinação metafísica da essência divina, que impregnou toda a tradição teológica desde os primeiros tempos da Igreja, não tem, de modo algum, de ser radicalmente questionada; no entanto, temos de nos ocupar da sua legitimidade e dos seus limites". Sabe-se que o ponto de partida metafísico tradicional da doutrina de Deus implica um problema adicional para o discurso sobre a misericórdia divina. Sendo Deus perfeito em seu Ser, na

visão metafísica, fica impossível falar de sofrimento, de misericórdia, pois, como diz Kasper (2015, p. 24): "Em razão do seu ponto de partida metafísico, era difícil para a dogmática falar de um Deus capaz de compartilhar o sofrimento". Assim, fica a pergunta: Deus é apático ou consegue sofrer com as criaturas? Do ponto de vista pastoral, Deus ser apático, não ter misericórdia é uma catástrofe, pois um Deus concebido de forma tão abstrata parece muito afastado da realidade do ser humano. Ademais, um Deus impassível é um Deus estranho e indiferente. Para Kasper (2015, p. 25): "No marco da concepção metafísica de Deus, os manuais só podiam abordar o tema da misericórdia em ligação com a questão da justiça divina; mais concretamente, da justiça tal como ela era entendida na filosofia antiga, a saber, como o procedimento que dá a cada qual o que é seu". Quando olhamos para as pregações de Jesus, vemos que Ele foge a esse modo da justiça legal, da justiça distributiva e da justiça retributiva, uma vez que esses conceitos de justiça levavam a ter a imagem de Deus como aquele que recompensava os bons e castigava os maus. Ademais, na visão da justiça legal, distributiva e retributiva, não cabe a misericórdia, uma vez que parece ser impossível conciliar a justiça de Deus com a misericórdia, não castigando os maus e pecadores. A única saída era dizer que Deus é misericordioso com os pecadores arrependidos e desejosos de se converterem, mas castiga aqueles que não se arrependem de suas más ações e não se convertem. Para Kasper (2015, p. 25): "Esta resposta torna evidente que, quando se reconhece a justiça retributiva e a justiça punitiva como ponto de vista superior ao qual a misericórdia fica sujeita, se passa a considerar a misericórdia, por assim dizer, como algo que está subordinado à justiça retributiva e à justiça punitiva".

31 Para Cipollini (2021, p. 57): "Note-se ainda que é preciso ampliar os espaços para uma presença feminina mais incisiva na Igreja (cf. EG 103), o que faz eco ao que já assinalava o papa João XIII, na *Pacem in Terris*, em que indicava a crescente consciência da dignidade da mulher e seu lugar na sociedade (PT 41)".

32 O pesquisador Melvin Konner lançou em 2015 o livro "Women After All: Sex, Evolution, and the End of Male Supremacy Paperback, ("mulheres depois de tudo", em tradução livre), que chega agora à Europa e aguarda interesse para publicação no Brasil. Na obra, afirma que mulheres são superiores aos homens em vários quesitos e, à medida que passam a ocupar mais espaços de poder, tendem a tornar o mundo um lugar menos violento e mais inclusivo.

33 Para Paiva Gerando José de Paiva (In: Ética da Misericórdia, in Associações com a Psicologia, Boletim da Academia Paulista de Psicologia, São Paulo, v. 37, 92, 1-10, in: http://www.redalyc.Org./articulo.oa?Id =94651818002, 2017, p. 3): "O tema "misericórdia" parece alheio à Psicologia, e muito mais próximo às tradições religiosas, como, em primeiro lugar, as do monoteísmo (cristianismo, judaísmo e islamismo) e, em segundo lugar, as do budismo". Embora a ética seja uma reflexão filosófica a respeito do comportamento humano e disso são provas as contribuições de Aristóteles, Kant, Mclntyre, Comte-Sponville e diversos outros pensadores, não há incompatibilidade conceitual entre ética e a teologia, uma vez que as religiões indicam o que deve ser feito e o que deve ser evitado e, mais do que isso, associam a indicação a sanções sobrenaturais quando se observam as normas e leis divinas.

34 "Assumindo a perspectiva eclesiológica do Vaticano II, o Papa Francisco descreve a imagem de uma Igreja sinodal como "uma pirâmide invertida" que integra o povo de Deus, o Colégio Episcopal e, nele, com o seu específico ministério de unidade, o Sucessor de Pedro. Nela, o vértice se encontra abaixo da base" (Comissão Teológica Internacional, 2018, n. 57).

35 Ao definirem a misericórdia, os Livros do Antigo Testamento servem-se sobretudo de duas expressões, cada uma das quais tem um matiz semântico diverso. Antes de tudo, o termo hesed indica uma profunda atitude de "bondade". E, se é certo que hesed significa também "graça" ou "amor", isso sucede precisamente na base de tal fidelidade. O segundo vocábulo, que na terminologia do Antigo Testamento serve para definir a misericórdia, é *rah^a^mim*. Enquanto *hesed* acentua as características da fidelidade para consigo mesmo e da "responsabilidade pelo próprio amor" (que são características em certo sentido masculinas), *rah^a^mim*, já pela própria raiz, denota o amor da mãe (*rehem*= seio materno). É uma variante como que «feminina» da fidelidade masculina para consigo próprio, expressa pelo hesed. O Antigo Testamento atribui ao Senhor estas características quando, ao falar d'Ele, usa o termo *rah^a^mim* (Is 49,15).

36 Percebemos que Agostinho mantém um discurso em defesa da punição como um gesto de misericórdia para com quem falhou: "Qual é o mal em guerra? Será a morte de alguns que irão morrer em breve, em qualquer caso, para que outros possam viver em paz? Isto é pura antipatia e covardia, e não sentimento religioso. Os males reais em guerra são o amor pela violência, a crueldade vingativa, a inimizade feroz e implacável, a resistência selvagem, a ambição de poder, coisas dessa natureza; e geralmente é para punir essas coisas que é necessário aplicar a força para infligir o castigo, que, em obediência a Deus ou alguma autoridade legal, fazem bons homens empreender guerras (...). Para

punir esses excessos com justiça, é necessário que os homens virtuosos empreendam guerra [...] sob a ordem de um governo legítimo porque a ordem das coisas os acumula com essa necessidade [...] a vontade desordenada das criaturas, sendo contidas pela ordem estabelecida pela lei divina (AGOSTINHO, Contra Faustum, XXII, 74).

[37] A expressão "mochilas vazias" é inspirada no filme de George Clooney, Amor Sem Escalas, 2009, que tem por função demitir pessoas. Nele o autor desenvolve a questão de como a vida moderna afeta nossas relações. O mundo moderno tem sido pródigo em afastar as pessoas, sob a desculpa da tecnologia, ou melhor, afastar sob determinado ponto de vista. A internet e suas inúmeras ferramentas sociais serviram para aproximar pessoas dos mais diversos recantos, mas também diminuíram o contato real, da convivência e o contato físico. A pergunta "nos momentos mais importantes de sua vida: você está sozinho?" logo é aplicada a ele próprio, ao autor que fazia suas palestras se inspirando na expressão: "mochilas vazias". A resposta leva o autor a uma mudança brusca, no sentido filosófico de existência. Ryan Bingham (George Clooney) jamais será o mesmo, por ser impossível retornar ao estágio anterior quando se conhece o outro lado. Amor Sem Escalas é um filme sobre a solidão, sobre as dificuldades de relacionamento nos dias atuais, sobre o impacto emocional que imprevistos provocam, sobre o que esperar da vida e sobre não conseguir suportar a vida em família e, ao mesmo tempo, sentir falta de algo por estar sozinho.

[38] A compreensão do diálogo está ligada de forma efetiva à concepção do ser humano "como pessoa, ou seja, como sujeito essencialmente relacional e conotado por uma racionalidade peculiar e ampla, capaz de agir em conformidade com a ordem objetiva da moral". Para mais aprofundamentos confira WOLFF, E., Caminhos do ecumenismo no Brasil: história, teologia, pastoral. Editora Paulinas, Paulus e Sinodal, 2ª Ed, 2018 e Igreja em diálogo, Editora Paulinas, 2018ª.

[39] Temos hoje um modelo antigo e um novo de cristãos que se atrelam à perspectiva institucional de Igreja e defende esse modelo como sendo único e imutável. Segundo Brighenti (2021, p. 25): "Neste modelo, a catequese, enquanto atrelada à instituição, alicerça-se sobre um catecismo único, de caráter doutrinal, pois se defende que a unidade institucional depende da unidade doutrinal. A liturgia é expressão mais da visibilidade institucional do que da celebração da fé na vida".

[40] Para Nouwen (2018, p. 27), o ser humano "pode escutar com maior atenção um rabi, um pastor, um presbítero, sem considerar a aceitação de qualquer forma de pensamento, mas, ainda assim, desejoso de aprofundar o seu próprio entendimento do que ele sente ser parcial e fragmentado".

[41] Para Brighenti (2021, p. 33): "É um seguimento que se distancia do modelo pastoral e eclesial proposto pela renovação do Vaticano II e a tradição libertadora latino-americana. Referenciais importantes para este seguimento são os pontificados de João Paulo II e Bento XVI, assim como movimentos apostólicos e de espiritualidade, com especial alinhamento com a Renovação Carismática Católica (RCC)".

[42] Para Amado (2019, p. 22-23): "Essa distinção entre dados da fé e mediações é tão importante que a não distinção pode levar a extremos, como o risco de embaçar ou mesmo bloquear o acolhimento do Cristo, que incessantemente diz vinde. Um primeiro risco será o de quem identifica, sem mais, o dado da fé com as mediações, concretizando na pastoral posturas usualmente chamadas de fundamentalistas. Esses correm o risco de sobrepor as mediações aos dados da fé, ainda que o estejam fazendo em nome da fé e sejam sinceros no que afirmam. Um segundo risco, também ligado à não distinção, acontece quando a identificação com as realidades histórico-culturais é tamanha que se acaba perdendo a força interpeladora da fé. O relativismo chega ao ponto de, algumas vezes, fazer-nos perguntar em que momento o anúncio do Evangelho acabou sendo cooptado pelos valores de um mundo como esse que temos diante de nós".

[43] Em sua mediação sinodal, temos o intercâmbio da graça de Deus: "Pois vocês conhecem a generosidade de nosso Senhor Jesus Cristo: sendo rico, ele se fez pobre por causa de vocês, para com sua pobreza enriquecer a vocês" (2Cor 8,9). Para Santo Irineu, há dois aspectos da mediação: "ela é redentora enquanto nos livra do pecado; ela é divinizadora enquanto nos dá a filiação adotiva: "Pois esta é a razão pela qual o Verbo se fez homem: para que o homem, ao se misturar com o Verbo e ao receber assim a filiação adotiva, torne-se filho de Deus" (Irenee de Lyon, in: *Contre les hérésies. Dénonciation et réfutation de la gnose au nom menteur*, III, 18,7; trad. A. Rousseau. Paris: Cerf, 1984, p. 368).

[44] A fé é mais lenta que o amor, mas ela amadurece com o tempo e a provação (Ecl 2,1). Muitos têm devocionismo, tradicionalismo, intimismo religioso, medo ou respeito pelo sagrado, mas não têm fé (Mt 17,20). Sabe-se que as práticas devocionais, muitas vezes, vêm carregadas de vícios, serviram e servem a muitas pessoas simples para aproximar a fé e a devoção delas, mas, como afirma Cantalamessa (2109, p. 130): "Se elas não forem acompanhadas de uma sólida catequese, são suscetíveis de fazer crer às pessoas que a misericórdia de Deus é a recompensa e o fruto de tais práticas piedosas: se fizerem isso e aquilo, obterás isto e aquilo. É a tendência inata de querer 'pagar a Deus o seu preço' (Sl 49,8), estragando completamente a relação entre a fé e as obras".

[45] Essa consciência que se pretende ser universalista é chamada por alguns autores de consequencialista. Para Mastrovincenzo (in: MANCINI, 2000, p. 199): "O aspecto mais perigoso do consequencialismo está, portanto, na conclusão cínica segundo a qual uma carnificina ou a tortura podem ser sempre lícitas quando valem para evitar prejuízos maiores ao estado, que se torna responsável disso e pela população que ele deve defender". Segundo o mesmo autor, os adeptos dessa visão, não por acaso, repropuseram a teoria da guerra justa, legitimando o massacre e a eliminação de seus contrários. Dessa forma, essa visão estaria a favor, não da humanização da humanidade, mas de grupos dominantes.

[46] Para Mastrovincenzo (in: MANCINI, 2000, p. 207): "Na face de um está testemunhada a humanidade de todos. Quem desconhece o irmão que vê não pode mais sentir-se responsável pelas multidões distantes, invisíveis e inaudíveis".

[47] Segundo Fernandes (2019, p. 103): "Sagrada Escritura apresenta-nos Deus como misericórdia infinita e também como justiça perfeita o que dificulta, no plano da humanidade, articular essas duas realidades. Em uma análise imediata, pode parecer-nos que são duas realidades que se contradizem; e na verdade tal oposição não acontece, porque é próprio da misericórdia divina levar ao cumprimento a verdadeira justiça, superando a lógica retributiva porque ao mal não se responde com o mal, mas com o bem (...). A justiça na Bíblia apresenta-se como uma estrada mestra a percorrer. Trata-se de chamar aquele que fez mal à conversão e, deste modo, suscitar a paz para o ofendido e o ofensor, sem necessidade de recorrer a um tribunal. Trata-se de um caminho difícil que requer da parte daquele que foi prejudicado estar disposto a perdoar, a querer a salvação e a desejar o bem de quem o ofendeu. O mal foi perdoado, e aquele que o praticou é ajudado a voltar ao caminho do bem; nessa atitude, concretizam-se o perdão e a misericórdia".

[48] Segundo Fernandes (2019, p. 17): "Imanuel Kant diz-nos que é por sermos seres racionais que temos a capacidade de agir moralmente; isso acontece porque temos leis que regulam a nossa ação, caso contrário seríamos como o comum dos animais. O homem não tem vontade divina, por isso necessita de leis que orientem a sua conduta, concretamente, 'as imperfeições subjetivas' da vontade de um determinado indivíduo".

[49] De acordo com informações que correm pela internet, o ser humano é capaz de gerar aproximadamente 70 mil pensamentos por dia. Isso se traduziria em 3 mil pensamentos por hora, 50 por minuto, e um pouquinho por segundo. Mas será que realmente somos capazes de pensar tanto assim? Para "assustar" ainda mais: um estudo da University of Southern California revela que a quantidade de informação – o input para nossos pensamentos – que recebemos todos os dias equivale ao conteúdo de 174 jornais – cinco vezes mais do que em 1986.

[50] Diante da mulher surpreendida em flagrante adultério (Jo 8,1-11), se Jesus consentisse que a mulher fosse apedrejada, cairia por terra todo o seu ministério, que se centrava no anúncio da misericórdia e do amor de Deus; contudo, se se opusesse a tal acontecimento, seria tido como um violador da Lei. Jesus, que conhecia o íntimo daqueles que apresentavam a mulher para ser apedrejada, com sabedoria e diante de tanta maldade daqueles corações impuros, deu o veredicto (Jo 8,7). Tocou a consciência daqueles homens que exigiam justiça e se apresentavam como fiéis cumpridores da Lei, subjugando os mais fracos, sem olharem primeiro para dentro de si mesmos. O diálogo que se estabeleceu entre aquela mulher e Cristo revelam o mais fino teor daquilo que é a misericórdia divina. O pecado é perdoado por Jesus, mas não sem um pedido de mudança de vida, ou seja, de conversão: "Eu também não a condeno. Vá, e não peques mais" (Jo 8,11). Segundo Cantalamessa (2019, p. 43): "A frase que Jesus dirige: 'Podes ir, e não voltes a pecar' não é uma ameaça, é um convite, urgente certamente, para permitir ao amor gratuito que oferece por parte do Pai permear toda a sua existência e as suas relações com os outros". Aquela mulher terá conseguido mudar radicalmente a sua vida e não pecar mais? Sabe-se que o ser humano é pecador, mesmo depois de ter reconhecido e aceitado o amor gratuito de Deus, pois ele é pequeno. Ademais é preciso recordar o que disse Jesus a Pedro: "Não te digo até sete vezes, mas até setenta vezes sete" (Mt 18,22). Com o perdão devemos ir longe, porque longe chega a fraqueza humana. Em outras palavras, nunca se deve condenar, mas sempre perdoar, sem colocar limites à misericórdia, nem ao tempo, nem às intenções.

[51] Quando lemos os livros de Esdras e Neemias, corroborados pelos profetas Ageu e Zacarias (Ed 5,1), vemos aí a necessidade da reconstrução das muralhas de Jerusalém, da reconstrução do Templo e da identidade da comunidade a partir do culto (Rita J. Burns, in: Dianne Bergnt & Robert J. Karris, – Org. – Comentário Bíblico, v. II, Edições Loyola, 2ª edição, 1999, p. 303-332). Nessa restauração existe uma grande preocupação com o culto, e daí deriva toda a questão da pureza ritual e a preocupação dos casamentos mistos dos Levitas e Sacerdotes. Tudo isso é uma espiritualidade exterior, uma espiritualidade que ergue muro entre as pessoas.

[52] Segundo Kenth E. Bailey (in: As parábolas de Lucas; a poesia e o camponês: uma análise literária-cultural, Editora Vida Nova, 1985), "as ovelhas perdidas" seriam pessoas oriundas do mundo gentí-

lico, que não cumpriam as exigências das leis de pureza judaicas, pois as leis e normas eram símbolos da identidade do grupo dos judeus.

[53] Paulo Roberto Garcia, in: O sábado do Senhor teu Deus: o evangelho de Mateus no Espectro dos movimentos judaicos do I século, Editora Universidade Metodista de São Paulo, 2001.

[54] Sabe-se que o discurso religioso, por si mesmo, tende a usar a mediação do "discurso autoritário" e monolítico, no qual não há verdadeiros interlocutores, pois o falante se manifesta de modo absoluto, tirando qualquer possibilidade de "diálogo", e o bom fiel acaba sendo aquele que não questiona nada, aceitando tudo em nome da "obediência" e como vontade de "Deus". A introdução de canções dentro das preleções religiosas tende a facilitar a acentuação da mensagem religiosa, aumentando o efeito hipnótico e emocional do fiel. Essa assimetria entre "Deus e o falante", no qual se busca revestir da autoridade e do poder de "Deus", tende a causar nos fiéis devotos uma certa passividade. A eficácia do arrebanhamento depende muito mais do carisma do orador do que da "verdade pregada", pois, muitas vezes, não é a palavra dita nem o conteúdo da pregação que causam efeito, mas a pessoa do pregador. Diante do dilema de ver diminuir ou aumentar o seu rebanho, o pregador, percebendo que muitos fiéis têm consciência neofóbicas, isto é, horror às inovações, acreditando no velho chavão de que "sempre foi assim" e a verdade é aquilo que foi repetido no passado, pode escolher o caminho da mediação "infantilizadora da consciência dos fiéis" por meio de exemplos de santos e pregações tradicionais, devocionais, legalistas, fundamentalistas, ameaçadoras, autoritárias, monológicas e condenatórias, inibindo nos ouvintes o espírito crítico, consequentemente, evitando libertar o seu povo.

[55] Depois de dois mil anos, tudo indica que Jesus não estava pregando o Reino de Deus como algo apocalíptico, isto é, algo que mudaria toda a natureza da humanidade, mas sim dizendo que devíamos pegar um outro caminho, não o caminho da religião judaica, que apresentava um Deus castigador, mas de um Deus amor e dialogal e de uma humanidade fraterna, solidária, uma comunidade de irmãos e irmãs. Nesta questão, Jesus também era um profeta, só que os outros profetas pregavam a catástrofe, e Jesus, o Reino de Deus. Para Jesus o Reino de Deus não vem com o poder das "armas", mas com a força do amor e do diálogo.

[56] Para Nolan (2014, p. 143): "Jesus não criticou os zelotas por serem políticos demais; ele os criticou, bem como os fariseus e os essênios, por serem religiosos demais".

[57] Segundo Nolan (2014, p. 31): "O objetivo prático de uma profecia é persuadir as pessoas a mudarem ou se arrependerem". Somente a partir do arrependimento, da conversão, é que se é possível encaixar-se como membro do Reino de Deus.

[58] Quanto ao Perdão dos pecados, segundo Nolan (2014, p. 32): "significa ser poupado do castigo futuro".

[59] Para Halik (2018, p. 57): "Às vezes, a fé se esconde no amor, 'encarna-se' no amor, assume a forma do amor; o próprio apóstolo ensina que o amor é o maior e persiste também quando a fé já cumpriu a sua missão de peregrinação". Na Igreja temos duas Santas de modernidade tardia, Teresa de Lisieux (Santa Teresinha) e Madre Teresa de Calcutá, que tiveram crises de fé durante um longo período de suas vidas, mas elas nunca deixaram de amar. Sabemos que, dentro de cada ser humano, existe um crente e um ateu, mas, na questão do amor, sempre tem alguém capaz de perseverar no amor.

[60] Dado que possa ter influenciado para se focar na narrativa do sofrimento é o grande acento que a Igreja continua dando à Semana Santa. Para Castillo (2018, p. 67): "A consequência que podemos deduzir de tudo isso é clara: nós deformamos a Deus e a fé em Deus, sempre que nessa fé não entra a alegria como experiência. E com certeza, como experiência central, imprescindível".

[61] O modelo de santidade da Idade Média, vindo do monarquismo, era "masoquista". Podemos ver isso, quando São João da Cruz (1542-1591), conselheiro espiritual da monja Teresa d'Ávila (1515-1582), queria impor fórmulas de vida conventual cada vez mais austeras aos membros dos conventos. São João da Cruz recebeu do Papa Pio XI o título de "doutor místico". Seu livro, "A noite escura da alma", exalta os sentimentos de angústia do santo diante do "silêncio de Deus". Nesse modelo de santidade, traçado pelo místico carmelita e Santa Tereza d'Ávila, está a repressão de todos os desejos da carne sobre a capa da "amizade espiritual". O modelo de santidade aí proposto é do "autossacrifício". Muitas vezes, os modelos de santidade exaltam a obediência e a primazia da devoção sobre a escolaridade (como, por exemplo, São João Maria Vianney). Segundo pesquisas de Erving Goffman (1922-1982) e Michel Foucault (1926-1984), as tecnologias de disciplinamento e controle, desenvolvidas por mais de um milênio nos conventos, foram transferidas, no século XIX, às instituições totais – prisões, hospitais, seminários, conventos, manicômios e escolas.

[62] Macário, o Egípcio (300-390), considerado um dos fundadores do monasticismo cristão, definia o perfeito monge como aquele disposto a torturar-se ou autoflagelar-se de todas as formas possíveis, chegando a odiar a vida. Em alguns mosteiros, chegou-se a aconselhar o monge a ter um chicote com cilício para autoflagelar-se como forma de expulsar as "tentações do demônio" (Confira livro: Escalada da Ascensão Divina, de autoria do monge João Clímaco – 580-650). Hoje se alguém tenta autoflagelar dizemos que está tendo problemas psicológicos e precisa de médico.

[63] Para Lewis (2017, p. 56): "Em primeiro lugar, sempre pensei que os períodos de baixa da instabilidade humana oferecessem excelentes oportunidades para todas as tentações sensuais, particularmente aquelas relativas ao sexo". Sabe-se que existe um conflito muito grande nessa questão uma vez que muitos, pretendendo imitar os Apóstolos e o próprio Jesus, pregam o desapego de todas as coisas, citando o texto de Mateus (19,2-23-29). Lucas (18,29-30) acrescenta a expressão "mulher". Em 1Coríntios (9,1-15), Paulo lembra seus direitos e um deles era levar uma mulher junto como os Apóstolos. Sabe-se que a cultura dos monges penetrou nos quadros da Igreja e um número de clérigos da Igreja Católica passou a deixar tudo e não aceitava a propriedade privada por ser uma realidade diabólica nem lutava pelo direito de ter uma esposa e formar uma família. Uma vez que imperou esse princípio para os ministros da Igreja, parece que o princípio maior do Evangelho de Jesus, que era a partilha dos bens, a comunhão e a fraternidade na comunidade cristã, ficou prejudicado.

[64] Veja também: SÍNODO DOS BISPOS. Assembleia Especial para a Região Pan-Amazônica. Documento Final Amazônia: novos caminhos para a Igreja e para uma ecologia integral (2019). Disponível em: <http://www.vatican.va/roman_curia/synod/documents/rc_synod_doc_20191026_sinodo-amazzonia_po.html>. Acesso em: 20 nov. 2019.

[65] Segundo Fernandes (2019, p. 55): "O pai vai transgredir a lei da distribuição da herança, no entanto os dois irmãos não conseguem ir além da lógica do dar e do receber".

[66] Na perspectiva dos teólogos de Israel, as riquezas são uma bênção de Deus (Dt 28,3-8); mas a catequese tradicional também está consciente de que colocar a confiança e a esperança nos bens materiais envenena o coração do homem, torna-o orgulhoso e autossuficiente e afasta-o de Deus e das suas propostas (Sl 49,7-8; 62,11). Em uma leitura, com viéis acético, Jesus vai retomar a catequese tradicional, mas só que, desta vez, na perspectiva do Reino. No Antigo Testamento, a ideia de vida eterna aparece, pela primeira vez, em Daniel (12,2) e é retomada em outros textos tardios... Para alguns teólogos da época do judaísmo helenístico, os justos que se mantiverem fiéis a Deus e à Lei não serão condenados ao sheol (onde os espíritos dos mortos levam uma existência obscura, no reino das sombras), mas ressuscitarão para uma vida nova, de alegria e de felicidade sem-fim, com Deus (2Mc 7,9-36). A vida eterna de que falam os teólogos dessa época parece já incluir a ideia de imortalidade (Sb 3,4; 15,3). É provavelmente isso que inquieta o tal homem que se encontra com Jesus (Mc 10,17-30): o que é necessário fazer para ter acesso a essa vida imortal que Deus reserva aos justos? Podemos dizer que tal "jovem rico" não esperava que a resposta de Jesus fosse que a riqueza era fugaz e que a partilha com os pobres e o seguimento de Deus é que tornariam "imortal o ser humano", isto é, ser lembrado de geração em geração. Para Jesus, na catequese com o "jovem rico", não bastava viver de acordo com a Lei para ter a vida eterna, mas viver o amor aos mais necessitados e segui-lo, isto é, não centrar a própria vida nos bens passageiros deste mundo, assumir a partilha e a solidariedade com os irmãos mais pobres, seguir o próprio Jesus no seu caminho de amor e de entrega. Quanto à salvação, esta é gratuidade de Deus (Mc 10,26-27).

[67] Conta-se que, certa noite, um franciscano gemia de fome, e São Francisco acordou todos os franciscanos, mandou-os colocar comida na mesa e todos se alimentaram. Eis o desafio da unidade dos contrários. Se é verdade que uma ascese repressiva é caminho aberto para as patologias, não há grandeza humana sem ascese. O interesse da mortificação do corpo é para forjar a fortaleza e o aguçamento do espírito. A vida espiritual é uma batalha. Tudo precisa de muito discernimento, caso contrário se confunde tudo com leviandade e extremismos.

[68] Para Castillo (2015, p. 414): "O resultado disso é que a religião deformou Jesus a tal ponto que nos tornou incapazes de entender sua pessoa, sua vida e sua mensagem. Um Jesus filtrado pela religião perdeu sua originalidade, seu significado e, sobretudo, suas exigência".

[69] Segundo Brighenti (2021, p. 75), ainda hoje, para muitos, na esteira da comunidade conservadora cristã, "o cristianismo deve reivindicar sua hegemonia sobre a cultura, o que se traduz em uma superioridade moral que orienta e domina o mundo".

[70] A Igreja teve sérias dificuldades em reconhecer os valores positivos dos meios de comunicação e em perceber suas potencialidades para atuar como instrumentos na defesa da dignidade dos seres humanos. Apesar dessa dificuldade, durante o período de 1878-1939, a Igreja mostrou flexibilidade em relação à imprensa e às novas tecnologias da comunicação, particularmente ao cinema e ao rádio, mas ainda se movia com cautela. A revolução do cinema no início do século XX impressionou Pio XI, que se tornou pessoalmente interessado na recente invenção. Essa nova tecnologia de comunicação levou-o a criar a Organização Católica Internacional para o Cinema (1928). Sua encíclica Vigilante Cura (1936) menciona o poder e o potencial do cinema como tecnologia de comunicação. Realmente havia progresso, mas não havia confiança plena no novo meio nem mesmo tentativa de abordá-lo de maneira diferente e positiva.

[71] Confira SÃO BENTO, A Regra, editora Vozes, 1993, e também Diário secular de Thomas Merton, editora Vozes, 1961.

[72] Ser de direita ou de esquerda está ligado a uma questão que foi ganhando contornos a partir da Revolução Francesa, na qual fizeram a assembleia nacional. Dizem que, por um acaso desses da vida, quem era fazendeiro, nobre pessoa que explorava o povo sentou-se na parte direita e quem era pobre, trabalhador, miserável sentou-se do lado esquerdo. Quem era trabalhador, mas fingia ser rico, sentou-se no centro; quem era rico, mas fingia que amava o pobre, sentou-se no centro e quem era rico e queria explorar o pobre sentou na extrema direita e quem defendia comida, trabalho, saúde, educação e casa para o povo sentou-se na extrema esquerda.

[73] Na visão do sacrifício, a tendência é gerar violência ou desprezo contra quem não obedece às mesmas normas ou regras ou não as segue. Segundo Rene Girard (2004) e James George Frazer, in: O ramo de ouro (Zahar Editora, 1982): "é uma desonra de todo grupo alguém não seguir as mesmas regras". Dessa forma, a tendência é agir com violência contra quem se comporta de forma diferente. Dentro de uma visão de sacrifício e renúncia, todos devem observar com rigor as normas de conduta tanto com relação a si próprio quanto com relação a quem age diferente, exigindo o mesmo padrão de comportamento. Quem não segue o comportamento acordado pelo grupo é violentamente advertido, excluído ou eliminado. Sabe-se que, em um ambiente de violência, não há nada que sobreviva por muito tempo. Na questão da renúncia, o caminho da vida é aberto somente àqueles que são capazes da renúncia. Assim, em uma visão religiosa, quem renuncia parte em busca do Sagrado para estar com ele e receber a recompensa por tal façanha. Na renúncia está o sacrifício. Em muitas vertentes espirituais da teologia católica, o único caminho para apaziguar o mal e fazer aliança com Deus é o do sacrifício ou da renúncia.

[74] Para Girard (1998, p. 55): "Não há nada no sacrifício que não se encontre rigidamente fixado pelos costumes. A incapacidade de adaptação a novas condições é característica dos fenômenos religiosos em geral".

[75] Segundo Girard (1998, p. 357): "A ação ritual tem apenas um objetivo, a imobilidade completa ou, na sua ausência, o mínimo de mobilidade". Assim, não há rito que não envolva a unidade fundadora, o restabelecimento da unidade ou do princípio original. Até no caso da cura, trata-se por meio do ritual de ajudar o doente a produzir sua própria cura como outrora produzia. Para Kung (2003): "As religiões institucionalizadas e as Igrejas cristãs encontram-se hoje em crise. Na Europa, isso se verifica graças à rigidez e ao isolamento (Igreja Católica) e em razão do desgaste e da falta de performance (Igreja protestante)".

[76] No mito do "Chefe Pestilência, Senhor das deformidades", o príncipe que está com a face toda mutilada, para se casar com a princesa, sua prima cruzada, isto é, filha do irmão de sua mãe, vai ao "Chefe Pestilência", onde vive um povo de cortesão, todos enfermos ou mutilados; é preciso evitar seu contato, pois quem responde a seus apelos torna-se semelhante a eles; o príncipe não responde. Então o "Chefe Pestilência", aceita restituir-lhe uma beleza superior àquela que perdera. Colocam o cliente para ferver em uma panela mágica, de onde só saem ossos embranquecidos e limpos, sobre os quais a filha do Chefe salta várias vezes. O príncipe ressuscita, fulgurante de beleza. Já o mesmo não acontece com a rainha que sede aos apelos dos mutilados. "Então, estes estropiados tornam a princesa semelhante a eles próprios: quebram-lhe os ossos, dilaceram seus membros e lançam longe para que ela morra" (Girard, 1998, p. 305-306). No mito sabemos que as diferenças se apagam e desaparecem, mas, sob um outro aspecto, elas todas substituem. E ainda, Para Girard (1998, p. 293): "Para que os homens façam descobertas sobre sua cultura, é necessário que a rigidez dos rituais dê lugar à agilidade de um pensamento que utiliza os mesmos mecanismos que o religioso, com uma flexibilidade ignorada por ele".

[77] Para Jungmann (2009, p. 193), "principalmente desde o século IX, temos a interpretação alegórica de todo o rito da missa no sentido de uma representação completa da Paixão de Jesus: percebe-se a fuga dos discípulos no recuo dos clérigos assistentes no início do prefácio, percebe-se como o Senhor sofre na cruz, de braços estendidos, percebe-se sua ressurreição na mistura das espécies; mais ainda encontra-se toda a vida de Jesus, até toda a história da salvação, representada na missa. O ato sagrado, no altar, torna-se um espetáculo no qual se mescla misteriosamente com a representação da realidade. A expressão 'ouvir a missa' mostra quão forte este modo de interpretação está vivo ainda hoje".

[78] Para Edith Stein, citada pelo Papa Francisco (2020, p. 147): "Certamente os acontecimentos decisivos da história do mundo foram essencialmente influenciados pelas almas sobre as quais nada se diz nos livros de história. E quais são essas almas a quem devemos agradecer os acontecimentos decisivos da nossa vida pessoal é algo que só saberemos no dia em que tudo o que estiver oculto for revelado".

[79] No Concílio de Trento se lê: n. 948. Cân. 1. Se alguém disser que na Missa não se oferece a Deus verdadeiro e próprio sacrifício, ou que se oferecer Cristo não é mais que dar-se-nos em alimento, seja excomungado (cf. n. 938). Cân. 2. Se alguém disser que Cristo não instituiu os Apóstolos sacerdotes

com estas palavras: Fazei isto em memória de mim (Lc 22,19; l Cor 11,24), ou que não ordenou que eles e os demais sacerdotes oferecessem o seu Corpo e Sangue, seja excomungado (cf. n. 938). Cân. 3. Se alguém disser que o sacrifício da Missa é somente de louvor e ação de graças, ou mera comemoração do sacrifício consumado na cruz, mas que não é propiciatório, ou que só o aproveita o que comunga e que não se deve oferecer pelos vivos e defuntos, pelos pecados, penas, satisfações e outras necessidades, seja excomungado (cf. n. 940). Cân. 4. Se alguém disser que o santo sacrifício da Missa é uma blasfêmia contra o santíssimo sacrifício que Cristo realizou na Cruz, ou que aquele derroga este, seja excomungado (cf. n. 940). Cân. 5. Se alguém disser que é impostura celebrar Missas em honra dos Santos com o fim de conseguir a sua intercessão junto a Deus, como é intenção da Igreja, seja excomungado (cf. n. 941). Cân. 6. Se alguém disser que o Cânon da Missa contém erros, por isso se deve ab-rogar, seja excomungado (cf. n. 942). Terminado o Concílio de Trento, São Pio V, papa reinante entre 1566 e 1572, em 1566 publicou o Catecismo Romano, em 1568 o novo Breviário e em 1570 o Missal. O Catecismo enaltece o sentido de sacrifício da missa, e o Missal é a reafirmação da estrutura do rito romano de Gregório Magno (509 -604), outorgado ao mundo católico a partir de então. Em forma de "anátema", todas as outras possibilidades de reflexão foram excluídas. Assim, de forma autoritária e excludente foi imposto um modo único de pensar a "missa". Segundo Jungmann (2009), é essa visão que imperou até o Concílio Vaticano II, no qual a Igreja procurou mudar o seu rosto, devendo sua essência continuar. Na *Sacrossanctum Concilium*, a expressão "sacrifício" é usada nove vezes, paixão e "Ceia", cinco vezes, duas vezes memória, banquete e "fração do pão" uma vez. A lucidez da Igreja poderá levar anos para se purificar e libertar de um modo viciado de pensar. No missal de Paulo VI, quando se reza a oração Eucaristia II, a expressão sacrifício é proferida uma única vez. Hoje, em muitos lugares, tem-se o costume de colocar o crucifixo no altar para lembrar que missa é sacrifício. Na introdução do missal de Paulo VI, as expressões usadas são: missa e Ceia do Senhor.

[80] Temos também a hipótese de, desde do século III, início do cristianismo, aparecer o costume do celebrante assumir o lugar de Deus ou mudar de voz para parecer que era Deus que estava falando com a assembleia. Vemos isso no fragmento de Melitão de Sardes: "No triunfo de Cristo, Ele, o Senhor, revestido do homem, padecente pelo homem que sofria, atado pelo homem prisioneiro, julgado em prol do culpado, sepultado pelo que jazia na terra, ressurgiu dentre os mortos e clamou em alta voz: 'Quem se levantará em juízo contra mim? Venha defrontar-se comigo! Eu libertei o condenado, vivifiquei o morto, reergui o sepultado. Quem me irá contradizer? Eu, o Cristo, destruí a morte, triunfei do inimigo, esmaguei o inferno, venci o forte, arrebatei o homem para as alturas dos céus. Eu, o Cristo! Vinde, pois, famílias dos homens manchadas por pecados, recebei o perdão dos pecados! Pois sou vosso perdão, eu, a Páscoa da salvação, o cordeiro imolado por vós, a vossa redenção, a vossa vida, a vossa ressurreição, a vossa luz, a vossa salvação, o vosso rei. Eu vos elevarei à sublimidade dos céus e vos mostrarei o Pai, que existe desde os séculos, e vos ressuscitarei por minha destra'" (Melitão de Sardes, bispo que viveu no início do cristianismo, pelos anos 185 – Fragmentos de Sulla Pasqua).

[81] Já no século XII, segundo Jungmann (2009, p. 127) temos toda uma alegoria de interpretação das vestes: "Em geral, porém, os explicadores medievais da missa se dedicam à ampliação da alegorese rememorativa. Rupert Deutz (†1135) a amplia para as vestimentas sacerdotais, enquanto enxerga nelas alusões à pessoa de Cristo por sua humanidade; a alba com o Amito e o Cíngulo como símbolos de sua presa, a estola de sua obediência no sofrimento, e a casula de sua veste, que é a Igreja", bem como as cores litúrgicas que usamos até hoje para os tempos litúrgicos são desta época, mais precisamente, de Inocêncio III. Com Inocêncio III as vestes litúrgicas ganham nova interpretação e passam para a confecção prática dos paramentos. Tal alegoria de interpretação é assumida na Suma Teológica por Santo Tomás de Aquino para explicar a missa. Segundo Jungmann (2009, p. 283): "Pertence ao traje do sacerdote o manípulo e a estola. A última parece ter sido originalmente um distintivo hierárquico outorgado ao clero pelo imperador; no manípulo sobreviveu principalmente o lencinho de bolso da época romana, chamado de mappa ou mappula, que se levava na mão – daí o posterior nome de manipulus – que agora é atado ao braço".

[82] Com o Concílio de Trento, quanto ao coral e à música sacra, além de tirar o direito do povo de participar ativamente da liturgia da missa, tirou-se o direito dos leigos de se envolverem nos cantos e nesse ambiente. Segundo Jungmann (2009, p.163): "A missa é tratada também na música sacra daquela época, que estende sobre ela sua veste de gala de tal modo que os demais detalhes do rito quase não aparecem mais". Com a perda da ligação do canto com a liturgia da missa, contribuiu-se também para que nas ocasiões solenes surgissem a imagem da música sacra ser um "concerto sacro com presença litúrgica", por isso deveria ser cantada somente pelo coro e de um lugar separado do povo, isto é, fora da nave da Igreja e do presbitério; quando na nave da Igreja, num lugar mais alto, ao povo restava a possibilidade de ouvir a missa e ver o elevar da hóstia pelo sacerdote. A alienação do povo da liturgia chegou-se a tanto, que foi preciso colocar um "R" e um "Amém", em vermelho

depois das orações que o sacerdote fazia em voz baixa para que o povo pudesse responder pelo menos o "Amém".

[83] Para o protestantismo a missa é apenas um memorial da paixão de Cristo e não um sacrifício de expiação, de adoração e de louvor, como entendem os católicos. Segundo o Monsenhor Lefebvre, Bernard Fellay, Bernard Tissim de Mallerais, Richard Williamson e Alfonso de Galarreta, acreditavam que o Vaticano II constituiu uma quebra na tradição da Igreja e que o novo *Ordo Missae* de Paulo VI representava uma protestantização da missa, ignorando o sacrifício e a transubstanciação, transformando-os em memória.

[84] Diante do acúmulo desnatural das celebrações das missas, com missas votivas e dos mortos com exploração dos fiéis, busca de ver a hóstia, como meio para se alcançar milagres, crescimento desnatural do clero, o leigo nem poder estender a mão para tocar a hóstia, o entendimento da Eucaristia somente como memória e não como sacrifício de Jesus, uso e abusos das Sagradas Escrituras e muitas outras dificuldades, temos a Comissão de poucos homens que trabalharam o texto do novo Missal ou do Missal que depois foi promulgado por Pio V. Quanto às missas, sabe-se que, sobretudo, as missas dos fiéis defuntos, sendo sete dias seguidos de missas, ou no terceiro, quinto, sexto, sétimo, nono, trigésimo, quadragésimo primeiro, quadragésimo quarto e quadragésimo quinto, isto é, nove missas obrigatórias para os defuntos, eram as mais solicitadas pelos fiéis. Os sacerdotes eram sustentados pelas espórtulas dessas missas, como afirma Jungmann (2009, p. 147): "Em 1528 temos a afirmação de que, na Igreja de Salzburg, cem sacerdotes de Graciano (que vivia de estipêndios) teriam antigamente encontrado seu sustento mais facilmente do que agora um único sacerdote".

[85] Segundo Jungmann (2009, p. 152): "Ninguém pode se admirar que a meta alta visada foi alcançada somente em medida reduzida. Mesmo se estivessem estado à disposição fontes ainda mais ricas, não se poderia esperar de uma comissão de poucos homens, chamada para um trabalho prático, que antecipasse, dentro de uns poucos anos, também os conhecimentos no campo da história da liturgia que iam amadurecer somente depois de séculos como frutos do trabalho comum de muitos. Dessa maneira, no missal e também no ordinário da missa, permaneceu sem ser tocada e provavelmente também sem ser verificada muita coisa que tinha sido colocada no período franco-alemão como manto bruto sobre as formas sóbrias da antiga missa da cidade de Roma".

[86] Para Jungmann (2009, p. 191): "Missa é uma celebração dedicada ao Senhor; uma celebração que representa uma ação de graças, uma oferta, até um sacrifício a Deus e que tem um efeito de bênção sobre as pessoas que para ele se reúnem". Segundo o mesmo autor, ao percorrer a história da missa, "não podemos tomar como base, de antemão e exclusivamente, o conceito do sacrifício; isso nos faria perder o espaço para contemplar vários outros traços essenciais. Precisamos partir de um dos termos mais genéricos e mais amplos que são aplicados no estudo da essência da celebração da missa. Um termo destes é aquele pelo qual o Senhor indicou o sentido de sua instituição: Fazei isto em memória de mim. A missa é uma celebração da memória de Cristo" (p. 191-192).

[87] Quando falamos de tradicionalismo, até mesmo na seleção de um papa, escolhe-se alguém que possa confirmar as ideias mais tradicionais e não mudar muitas coisas para não trazer problemas e questionamentos para os bispos na base, o mesmo se diga da seleção dos bispos. Como também, nos sínodos, as ideias aceitas e levadas adiante são aquelas que confirmam a tradição e não aquelas da ala mais progressista. Para mais informações sobre essa questão ver livro de Reese (1997).

[88] Para Jungmann (2009, p. 98-99), a Eucaristia no reino dos Francos sofreu mudanças: "Enquanto encontramos, na fase anterior da vida litúrgica, o destaque do caráter da missa como Eucaristia, como ação de graças a partir da comunidade que foi chamada a participar dela pela convocação *Gratias agnus* e em cujo decurso as oferendas dos fiéis foram elevadas a ser oferendas de sacrifício celeste, por meio das palavras do sacerdote, agora se coloca em primeiro plano, por meio de raciocínios estimulados principalmente por Isidoro de Servilha, um movimento contrário (...). Unicamente o sacerdote deve entrar neste santuário, enquanto o povo, como antigamente na hora do sacrifício de incenso de Zacarias, fica em pé fora do templo e espera a reza".

[89] Segundo Jungmann (2009, p. 99), foi a partir da compreensão litúrgica do reino dos Francos que se passou a ter o costume de afastar o altar para o fundo da Igreja: "Portanto, a linha divisória entre altar e povo, entre clero e laicato, entre os protagonistas da ação de graças e a comunidade celebrante, que sempre existia por causa da natureza da Igreja e que nunca foi esquecida, tornou-se agora uma forte barreira divisória; podemos até dizer que ela é levantada como uma parede de separação entre os dois. Isso começa a ter seu impacto até na arquitetura das Igreja. O altar é deslocado mais ao fundo da apside". O modelo de arquitetura de Igreja que fica mais perto do "quadro dos apóstolos" não é levar o altar para o centro da Igreja, como até se pensou, mas o altar dar abertura à circunferência, isto é, o altar abrir o círculo de modo que todos possam estar voltados para todos.

[90] Segundo Jungmann (2009, p. 17): "A missa foi denominada a arte central da cultura cristã. O dramaturgo Hugo Ball († 1927) opina: 'Para o católico. No fundo não pode existir um teatro. O espe-

táculo que o domina e que o prende cada manhã é a Santa Missa'. Depois de sua conversão, nas suas primeiras visitas à Igreja de Notre Dame, Paul Claudel ficou entusiasmado pela grandeza do drama sagrado: 'Foi a poesia mais profunda e mais grandiosa, foram os gestos mais nobres que jamais foram permitidos a um ser humano. Não podia me saciar na contemplação do espetáculo da Santa Missa'". Nos desdobramentos litúrgicos da celebração da missa, pelo século XV, não se vê, como nos séculos anteriores, a atuação da Igreja, sua ação de graças e sua oferenda, e sim, principal e quase que exclusivamente, a atuação redentora de Deus. Somente o sacerdote está ativo, pois o povo é totalmente passivo. A missa passa a ser uma epifania, uma vinda do Senhor, no qual o povo aparece para receber as graças e não para louvar a Deus. Segundo Jungmann (2009, p. 133): "A compreensão da missa como epifania, que se manifesta na alegorese, encontrou seu reforço e destaque ainda em um ponto especial quando se tornou prática, desde o fim do século 12, a elevação das espécies na consagração". A genuflexão depois de cada palavra da consagração, isto é, do pão e do vinho, é desconhecida até o século XIV, bem como o uso do incenso.

[91] Quanto à lei de pureza ritual para receber a comunhão, segundo Jungmann (2009, p. 805): "Desde o séc. 10 temos a determinação sempre maior para a exigência de uma confissão antes de cada recebimento da comunhão (...) Soma-se a isso o fato de que, no espírito das leis de pureza vetotestamentárias, foram determinados sempre mais casos de exclusão para cônjuges e mulheres e que, por outro lado, foram estabelecidas exigências sempre maiores para a preparação (...), como o jejum de meia semana". Sabe-se que, segundo o mesmo autor, "Temos até o séc. 4. o costume frequente de todos os fiéis participarem da comunhão" (p. 802). Depois temos a comunhão 4 (quatro) vezes por ano, tendo a comunhão do sacerdote em nome de todos e a comunhão espiritual dos fiéis: "Já Crisóstomo tem motivo para a queixa de que são poucas as pessoas que ainda ousam receber a Eucaristia" (p. 56). O mesmo autor cita: "Santa Hildegard de Bingen ordenou a suas freiras receberem a comunhão usando roupas brancas, enfeitadas como noivas com uma coroa que levava no centro da fronte a imagem do Agnus Dei" (2009, p. 817). Quanto à lei de pureza ritual, as mulheres menstruadas passaram a ser proibidas de comungar, bem como passou a exigir dos cônjuges que se abstenham do uso do matrimônio alguns dias antes da comunhão (...) Os cônjuges não deveriam pisar a Igreja por 30 dias depois da relação conjugal" (Nota de rodapé, n, 23, p. 805). Nos livros penitenciais da Baixa Idade Média, temos também a necessidade do jejum de carne por seis dias para poder comungar. E ainda: "São Crisóstomo defendeu e também praticou o costume de tomar, depois da comunhão, um pouco de água ou de comer um pedacinho de pão para evitar porventura que um restinho das espécies sagradas pudesse sair da boca, junto com a saliva" (p. 848).

[92] Na verdade, nossa Teologia sobre o pecado é muito complexa. Teologicamente, segundo Castillo (2018, p. 54): "Para desgraça nossa, aconteceu que a narrativa de Adão deu margens para que ela se deduzisse não somente que o homem é responsável pelos males do mundo, mas, além disso, que Deus está irritado, indignado contra nós, culpados por tanto mal e tanta desgraça". Quando essas ideias entram em contato com a cultura dos helenistas, uma cultura que mostrava notável desprezo pelo corpo e pela matéria, para enaltecer a alma e o espírito, aconteceu que as interpretações sobre o pecado de Adão e suas consequências foram reforçadas por uma mentalidade quase fanaticamente "puritana" que, como afirma Castillo (2018, p. 55), "invadiu a Teologia dos Padres da Igreja e deixou sua marca, com 'certificado de origem', na espiritualidade e na moral que foram ensinadas durante séculos". Daí vermos a dificuldade em lidar com o sexo, o poder, o prazer e a felicidade, a "justiça social", a igualdade e fraternidade. Contaminados por uma Teologia que despreza o corpo e considera os prazeres como pecado, quase todos os livros de espiritualidade tropeçam nesta visão e acabam repetindo, de mil modos, que o importante é pensar na outra vida e não importa os assuntos desta; bem como que devemos buscar os bens da outra vida e desprezar os bens da terra, pois o importante é mortificar-se nas coisas prazerosas e agradáveis, negar os gostos e aceitar com paciência os desgostos, sendo somente assim possível alcançar a salvação.

[93] Quando olhamos para a pós-modernidade, vemos que ela é um conceito da sociologia histórica que designa a condição sociocultural e estética dominante após a queda do Muro de Berlim (1989), o colapso da União Soviética e a crise das ideologias nas sociedades ocidentais no final do século XX, com a dissolução da referência à razão como uma garantia de possibilidade de compreensão do mundo por meio de esquemas totalizantes. Algumas escolas de pensamento situam sua origem no esgotamento do legado do projeto moderno, que dominou a estética e a cultura até o final do século XX. J. F. Lyotard (in: O Pós-Moderno, Editora José Olímpio, 1988) caracteriza a pós-modernidade como uma decorrência da morte das "grandes narrativas" totalizantes, fundadas na crença no progresso e nos ideais iluministas de igualdade, liberdade e fraternidade.

[94] Para Zygmunt Bauman (in: Comunidade: a busca por segurança no mundo atual, Editora Jorge Zahar Editor, 2003, p. 112) pode ser problemática a canção: "Uma cacofonia de vozes, confusão e nenhuma canção será cantada em uníssono, mas não se preocupe: nenhuma canção é necessariamente

melhor que a próxima, e, se fosse, não haveria maneira de sabê-lo – por isso fique à vontade para cantar (compor se puder) sua própria canção (de qualquer maneira, você aumentará a cacofonia; ela já é ensurdecedora e uma canção a mais não fará diferença)".

[95] Jesus, diferente de João Batista, o profeta, festejava; João jejuava (Lc 7,31-34). O tempo de João Batista era de lamentação, e o tempo de Jesus era de alegria. Conversão para João Batista significava jejuar e fazer penitência, para Jesus, significava aceitar o convite para a festa (Lc 14,15-17). Jesus é o vinho novo que não pode ser colocado em odres velhos (Mc 2,21-22). João Batista profetizou o julgamento de Deus, Jesus profetizou a salvação de Deus; João vivia da perspectiva da grande catástrofe, Jesus vivia da perspectiva da vinda do Reino de Deus, por isso anunciava uma boa nova (Mt 11,4-5). O Deus de Jesus parece que mudou de mentalidade, mudando seu modo de pensar, como nas parábolas da misericórdia (Lc 15,1-32), "Sendo bom para com os ingratos e com os maus" (Lc 6,27-35). João Batista parece que se enganou quanto à identidade de Jesus, pois ele anunciou um Deus justiceiro, com forcado e a peneira, ameaçando os pecadores com um machado que corta até a raiz das árvores, ou seja, pronto para realizar uma poda implacável (Mt 3,7-10). Mas o fato é que Jesus não se comportou como João Batista esperava, mostrando um Deus amor, um Deus dialogal.

[96] Sabemos que muitos santos que foram levados aos altares são também "extremados" em suas posições e atitudes. Muitos deles acabaram negando todo o deleite da vida, como se fosse possível somente encontrar Deus no sacrifício, na cruz e na dor. Às vezes, é possível perceber aí um "transtorno de fé", algo que foi passado e confirmado de geração em geração.

[97] Constituição de promulgação do Concílio Vaticano II, in: Raniero Cantalamessa, O Verbo se fez Carne, Editora Ave Maria, 5ª edição, 2012, p. 247.

[98] Quando falamos de rupturas e descontinuidade, ao analisar os sínodos, segundo Reese (1997. p. 92), ninguém tem coragem de apresentar ideias novas nem discordar do papa: "Essas atitudes diferenciais também limitam a liberdade dos delegados sinodais para criticar a Cúria, cuja função é realizar a vontade do papa. Sem discussão honesta e aberta, o sínodo torna-se mais uma mostra de unidade que uma fonte criativa de ideias novas". Segundo o mesmo autor, São João Paulo II ficou rezando o breviário durante os debates, depois escreveu o Familiaris Consortio, "que poderia ter sido escrito mesmo que o sínodo não tivesse ocorrido" (p. 92). E ainda, na eleição de um papa, "os cardeais não querem um papa que faça ou diga coisas embaraçosas que lhes tornarão a vida difícil em suas dioceses" (Reese, 1997, p. 141).

[99] O ser humano mostra sua individualização no amor. Lutero revela sua individualização saindo do mosteiro e casando-se com Catarina de Bora. Já Kierkegaard se individualiza renunciando ao amor de Regina. Segundo Buber (2018, p. 94): "Não podemos, entretanto, deixar de considerar o fato de que Kierkegaard não está absolutamente interessado em desacreditar Lutero por este se evadir do mosteiro. Ele trata o casamento de Lutero como algo despojado de todo caráter próprio à pessoa, de tudo que é relação imediata entre homem e mulher, como uma ação simbólica, um ato que manifesta representativamente a transformação da história espiritual do ocidente 'o mais importante', faz Lutero dizer: 'é que se torne notório que sou casado'. Por trás do casamento de Lutero com Catarina aparece agora entretanto, anônima, mas claramente, o não casamento de Kierkegaard com Regina. 'Inversamente, poder-se-ia dizer: ...em desafio a todo o século dezenove, eu não posso me casar'. Acrescenta-se aqui então, como uma nova perspectiva, a diferença qualitativa entre as épocas históricas". Podemos entender aí que o casamento é visto por Kierkegaard como algo negativo, um cair na "multidão" e a multidão é a não verdade.

[100] O que somos? Essa é a pergunta ou o caminho a ser percorrido por todo ser humano na busca do ser. O mundo verdadeiro não é o mundo da solidão e do isolamento como quis Kierkegaard: "Kierkegaard comporta-se como um esquizofrênico que tenta atrair o indivíduo amado para o 'seu mundo como se este fosse o verdadeiro'. Mas este não é o mundo verdadeiro. Nós próprios, que caminhamos em um cume estreito, não podemos recuar diante da visão saliente do rochedo em que ele está de pé, pairando sobre o abismo, e nem nele devemos pisar. Temos muito que aprender com ele, mas não a última lição" (Buber, 2018, p. 97).

[101] Pode-se afirmar que a ética está na moda, "pois ela se converteu no espaço privilegiado no qual se decifra o novo espírito da época" (Gilles Lipovetsky). Quanto à comunhão para os casais de segunda união, muitos já fazem isso sem buscar a aprovação dos líderes da Igreja, algo que seria apenas um desencargo de consciência.

[102] Para São Paulo VI (1967. n. 39): "Mas, garantidos estes valores, é admissível e, até certo ponto útil, um pluralismo de organizações profissionais e sindicais, contanto que ele proteja a liberdade e provoque a emulação. E com toda a nossa alma que prestamos homenagem a quem quer que, por este meio, trabalha servindo desinteressadamente os seus irmãos".

[103] Para Halik (2018, p. 37): "Uma pessoa indignada, joga pedra em uma mulher que se submeteu a um aborto (ou que a faz simbolicamente com demonstrações barulhentas na frente de clínicas ou par-

lamentos) cede facilmente à tentação de se colocar no lugar de um Deus justo, sem refletir ou tentar descobrir o que levou aquela mulher àquele passo trágico e sem oferecer apoio material, psicológico ou espiritual que a poderia ter impedido de tomar tal decisão".

A cultura digital não é uma realidade passageira, por isso devemos descobrir como viver na graça de Deus e evangelizar nessa nova realidade. Se evangelizar é comunicar, então evangelizar é partilha da alegre notícia da salvação e não propagar um conteúdo e fazer marketing religioso. Sabe-se que a linguagem digital provocou, sem sombra de dúvida, uma revolução cultural, moral e ética da sociedade e, consequentemente, da Igreja. Em pouco mais de 30 anos de popularização da internet e das redes sociais, vimos nascer nova cultura, nova era, novos valores, mudança de conceitos como tempo, espaço, presença e relações. Estamos imersos em uma "mudança de época". Nesse ambiente digital o que nos tem assustado ultimamente é ódio expresso em forma de intolerância, indiferença, desinformação, negacionismo, difamação, discriminação, preconceito, xenofobia e assim por diante. Como diz Moisés Sbardelotto (In: "Vejam como não se amam!": intolerância intracatólica e antievangelização em rede, in: Vida Pastoral, ano 62, n. 340, Julho e Agosto de 2021, p. 26): "A intolerância intracatólica se manifesta na comunicação de opiniões agressivas, repressivas ou violentas contra o diferente e a diferença no interior do próprio catolicismo. Desse modo, a pessoa que está do outro lado da tela já não é um 'irmão ou irmã de fé', mas apenas alguém sobre o qual se descarrega o ódio pessoal, camuflado de defesa da tradição, da doutrina e da liturgia, com citações artificiosamente pinçadas da Bíblia e do Catecismo". Diante desse ódio nada nem ninguém fica longe desse "tribunal da inquisição digital", nem mesmo o papa ou a hierarquia religiosa. Basta circular nas redes sociais para verificar que tais autoridades são censuradas como "hereges" ou coisas piores. Sabe-se que, por trás das telas pelas quais comunicamos, está nosso "próximo", cuja dignidade deve ser respeitada e defendida.

[104] BERGER, Peter L. & LUCKMANN, Thomas, Modernidade, pluralismo e crise de sentido, Editora vozes, 2004.

[105] Para Manuel Castells (in: O poder da Identidade – A era da informação: economia, sociedade e cultura, v2, 3ª edição, editora Paz e Terra, 2006, p. 85), "quando o mundo se torna grande demais para ser controlado, os atores sociais passam a ter como objetivo fazê-lo do tamanho compatível com o que podem conceber. Quando as redes dissolvem o tempo e o espaço, as pessoas se agarram a espaços físicos, recorrendo à sua memória histórica. Quando o sustentáculo patriarcal da personalidade desmorona, as pessoas passam a reafirmar o valor transcendental da família e da comunidade como sendo vontade de Deus"; e ainda: a organização da sociedade em rede trouxe uma nova flexibilização da cultura, da economia, do capitalismo, da religião, trazendo esperança, evolução, abalando instituições, mas também, desespero, pobreza, ganância, inovação (cf. Manuel Castells, in: A sociedade em rede – A era da informação: economia, sociedade e cultura, v. 1, 6ª edição, editora Paz e Terra, 2002, p. 17). A sinodalidade é um caminho de cura da humanidade. Nos últimos tempos, a humanidade tem passado por três grandes revoluções: a) Revolução do tempo cronológico e horizontal para o tempo vertical – nessa revolução tudo está posto ao mesmo tempo para todos os seres humanos, todos tem acesso às informações; b) Revolução do mundo real para o mundo virtual – nessa revolução o mundo real é agora o mundo virtual; c) Revolução do visível para o invisível – nessa revolução temos não mais o objetivo e o científico, mas o subjetivo como verdade. A revolução muda o olhar. Todos, hoje, têm acesso a informações, algo que era reservado a poucos no passado. Muitas coisas que ficavam nos esconderijos, hoje, vieram à tona, tanto veio à tona os esconderijos quanto os lugares abertos, as verdades e as mentiras.

[106] Lewis (2017, p. 50), falando de sistemas demoníacos, coloca na boca do demônio essa afirmação: "Desde que os encontros, as panfletagens, as políticas, os movimentos, as causas e as cruzadas importem mais para ele do que as orações, os sacramentos e a caridade, ele será nosso. E quanto mais 'religiosos' (nesses termos) forem os homens, mais seguramente os teremos em nossas mãos". Assim, vemos que tanto o progressismo quanto o tradicionalismo podem ser uma armadilha, não correspondendo ao que o Evangelho de Cristo nos leva a viver.

[107] Para Maggi (2013, p. 138): "A doutrina precisa de formulações diversas segundo as diferentes culturas. O amor que se torna serviço é a linguagem universal que todos podem compreender".

[108] Segundo Maggi (2013, p. 153). "O assassínio como culto a Deus, codificado no Talmude ("Se um homem derrama o sangue do malvado, é como se tivesse oferecido um sacrifício", Midr. Rabb. XXI, 3), tem longa tradição em Israel e se iniciou na primeira grande matança fratricida realizada por ordem de Moisés após o episódio do bezerro de ouro. Moisés colocou-se à porta do acampamento e disse: "Quem está com o Senhor venha a mim!" Reuniram-se em torno dele todos os filhos de Levi. Disse-lhes: "Diz o Senhor, o Deus de Israel: 'Cada um de vós tenha a espada ao lado. Passai e repassai no acampamento de uma porta à outra: mate cada qual o próprio irmão, cada qual o próprio amigo, cada qual o próprio vizinho'". Os filhos de Levi agiram de acordo com a ordem de Moisés e naquele dia pereceram cerca de três mil homens do povo. Então Moisés disse: "Recebei hoje a investidura

do Senhor; cada um de vós foi contra seu filho e contra seu irmão, para que hoje ele vos conceda a bênção" (Ex 32,26-29).

[109] Mas é bom lembrar que tanto – no mundo hebraico entre 1750 a.C. e 539 a.C. – no Antigo Testamento, temos histórias de suicídio, quanto no cristianismo: Abimelec pede para ser morto após ter tido seu crânio quebrado por uma mulher (Jz 9,54); o rei Saul, após a derrota pelos Filisteus, lança-se sobre a espada (1Sm 31,4); Sansão, para matar os Filisteus, é soterrado também (Jz 16,28-29). No cristianismo temos Santa Apolônia (viveu na época do imperador Felipe, 249, padroeira dos dentistas), que se jogou na fogueira onde morreria, dizendo que preferia a morte a renunciar sua fé em Cristo Jesus; e Santa Pelágia (que viveu na época de Diocleciano), que, após os soldados chegarem a sua casa, subiu e se lançou, morrendo na queda; ou santa Pelágia, que se converteu com a pregação de São João Crisóstomo; a bailarina de Antioquia que, depois de convertida, vestiu-se de homem para poder ir para Jerusalém.

[110] Veja, na reportagem sobre suicídio na França, os dois padres que se suicidaram aos 50 anos: https://domtotal.com/noticia/1469031/2020/09/suicidio-de-padres-na-franca-expoe-solidao-presbiteral/ Veja também o trabalho de Fabiano Albuquerque de Lima*: IGREJA E SUICÍDIO: QUANDO OS PADRES SE "AUTODESTROEM": https://catolicadefortaleza.edu.br/wp-content/uploads/2021/05/Adriano-Albuquerque-DEPRESS%C3%83O-E-SUIC%C3%8DDIO.pdf

[111] Quanto à solidão, sabe-se que muitos ministros ordenados acabam por abraçar uma teoria ou um modo de viver a vida, colocando isso acima das relações sociais. Muitos têm admiradores de suas pregações e opções de vida, mas poucos ou nenhum amigo. Eles são amados em sua forma exterior e não como as pessoas que são. Além do mais, qualquer radicalismo tende a aproximar um monte de pessoa que tem aquela mesma patologia e afastar ou criar um monte de inimigos por não discordar daquele modo de ser. Isto tende a levar a ficar isolado da vida e dos outros, ficando na solidão, consequentemente, perdendo, assim, o equilíbrio interior.

[112] No ano 967, na Inglaterra, o suicídio passa a ser crime. Em 1827 o suicídio passa a ser considerado como problema de caráter psiquiátrico e, em 1976, fica consagrado, de forma abrangente, como algo de ordem biológica. O ato de pôr fim à vida aparece modernamente como patologia, sofrimento ou desequilíbrio psíquico, conduzindo a uma política de prevenção do ato. Com a ideia de que a vida deve se dar em uma lógica da superação, intensifica-se o desespero; essa é a doença do homem moderno.

[113] BASTOS, R.L. Suicídio: estudo psicossocial. Rio de Janeiro: e-papers, 2006.

[114] O termo burnout, do inglês "combustão completa", passou a ser utilizado para definir um tipo de estresse relacionado com o trabalho. Essa palavra foi cunhada, na década de 1970, pelo psicólogo Herbert Freudenberg, para definir o esgotamento que acometia um grupo específico de profissionais especialmente dedicados ao cuidado de outras pessoas, como, por exemplo, médicos, enfermeiros, sacerdotes etc.

[115] Podemos dizer que o suicídio é uma séria questão sobre a qual merece que nos debrucemos. Pensar significa não ter pressa no sentido de encontrar as causas. Segundo Foucault, "a interpretação ambígua de que o suicídio é um ato de coragem e de covardia só faz sentido em uma sociedade que se organiza por meio de uma biopolítica que afirma a vida como uma produção que deve se dar em sua docilidade, utilidade e moralidade (in: Michel Foucault, História da sexualidade II: O cuidado de si, Editora Lisboa: Relógio D'água, 1994).